狂密與真密

第四輯

——平實導師 著——

ISBN 957-30019-5-0
ISBN 978-957-30019-5-9

佛言：「迦葉！以能護持正法因緣故，得成就是金剛身。迦葉！我於往昔護法因緣，今得成就是金剛身，常住不壞。善男子！護持正法者不受五戒，不修威儀，應持刀劍弓箭矛槊，守護持戒清淨比丘！……若有欲得護正法者，當如是學。迦葉！如是破戒不護法者，名禿居士！非持戒者得如是名。」

——《大般涅槃經》卷三——

佛云：「迦葉！護正法者，得如是等無量果報，以是因緣，我於今日得種種相、以自莊嚴，成就法身、不可壞身。……善男子！以是因緣故，比丘、比丘尼、優婆塞、優婆夷，應當勤加護持正法；護法果報，廣大無量。……若有受持五戒之者，不得名為大乘人也；不受五戒，為護正法，乃名大乘。護正法者，應當執持刀劍器仗，侍說法者。……迦葉！夫護法者，謂具正見，能廣宣說大乘經典，終不捉持王者寶蓋……不為利養親近國王大臣長者；……」

——《大般涅槃經》卷三——

目次

第二章　觀想及天瑜伽

第三章　密宗之明點與脈氣

第四章　甘露

第五章　持明、手印及夢瑜伽

《第二輯》：

《第三輯》：

《第四輯》：

第十六章　狂密與真密

第十七章　總結

自序

凡修學佛法者，全仗佛語開示、輯成經典以表佛旨，遵行不渝而證法道；凡我佛子親證佛道，莫不仰仗　佛力加持，然後方得一念相應、親證般若；若人欲修佛法、欲證佛道，而不依止　世尊，如是欲證佛菩提者，名爲愚人。然而密教之見、修、行、果，悉皆依止密教祖師自設之雙身佛──以恒時手抱女人而受淫樂之雙身「佛」爲報身佛（如是報身佛，實非真正之報身佛，悉是鬼神夜叉之假形示現），復以得自外道中之性力派雙身淫合之法而求佛道，以之作爲佛法之正修，而不依止創建佛教之　釋迦世尊，乃竟依止凡夫俗子之蓮花生上師，以爲密教之主，而與顯教分庭抗禮，不依止　佛，名爲顚倒。

蓮花生本是外道凡夫，肉胎出生，娶妻生子，並非眞正蓮花化生；密教上師爲建立密教之教主，是故渲染附會而流傳之，加以後人盲目誤傳，遂成密教所公認之蓮花化生，故名蓮花生。彼蓮花生既是凡夫，所弘之法復又全是外道性力派之世間淫樂邪道，乃是　世尊於諸經中一再指斥之欲界愛無明，說爲三乘一切佛子所應斷者，而蓮花生竟教人貪著淫欲中最大之樂觸，完全反　佛所說，焉得名爲「佛教之密教主」？是故學佛之人當依　釋迦牟尼佛，不應依止凡夫外道之蓮花生上師。

復次，已知依佛而不依凡夫外道已，當知依止正法而不依止於人（依法不依人）之正理。佛所說法，不外解脫道及佛菩提道；如是二法，綜而言之，則悉函蓋於佛菩提道中。解脫道之修證，要依斷我見及我執而得；我見者，執見聞覺知之心爲「常不壞我」，堅認此意識心由往世轉生而來，死已能去至後世，誤執此心作爲輪迴之主體識，是名我見；如是我見，即是密教「證悟成佛」後之蓮花生上師所說離念靈知心也。今者密教建立蓮花生爲教主之後，復又將彼常見外道法套用佛學名詞而說爲佛法，再將彼外道法高推爲更勝於佛教顯宗之法，名爲即身成佛之妙道，然實完全違背佛法，故名外道。

斷我見後尚須除斷我執，我執斷已，名爲三界一切人天應供之阿羅漢或辟支佛，此是解脫道之正修行也。今者密教上自教主蓮花生，下迄今時一切上師法王，悉以樂空靈知心及離念靈知心爲佛地眞如，悉墮意識之中；復又誤認淫樂空無形色、受樂之覺知心空無形色，名之爲空性，誤會般若經中 佛意，由此二緣名爲未斷我見之凡夫；依此而弘之法悉是常見外道法，與民間信仰所說之靈魂無異，唯是「有念離念」之差別爾。如是常見外道法若可依止者，則一切外道法悉可依止爲佛法也。

今者密教古今上師所說之法，悉是常見外道法，復以鬼神夜叉所傳之性力派雙身法爲中心思想，焉可依止？有智之人悉當審觀細思，而後知所取捨：依正法而不依上師。佛菩提道之正修，則是以佛所說：親證第八識如來藏爲首，然後依所證如來藏而親領受—親自現前領受如來藏之體性，因而發起般若慧之根本智（般若總相智）及後得智（般若別相智與一切種智）；以證此識故知實相，以證此識故起後得智中之一切種智少分，名爲道種智，是名初地菩薩，如是方名佛菩提道之正修行也。

然密教卻因不能證得第八識如來藏，因之不能發起般若慧；便另行發明觀想所出現之中脈內明點，作爲佛所說之如來藏阿賴耶識，以之矇混代替，作爲般若慧之修證而秘密之，不令顯教中人知其所證如來藏阿賴耶識即是明點。復以明點能通達中脈上下五輪之外道法證量，作爲佛教般若慧通達位之初地菩薩證量，以之籠罩顯教出家在家菩薩，及籠罩密教中之初機學人，令之崇拜不已，不敢生疑。

如是，密教古今諸師，悉皆依止蓮花生外道而欲求證佛法，悉皆依止中脈明點觀想之外道法而欲求證佛法，猶如煮沙而欲成飯，與佛法實不相應，名爲顚倒。是故一切佛教學人修學佛法，悉當依止　釋迦世尊，莫依止外道蓮花生；當依止佛教正法，莫依止密宗外道法；當依止佛教僧寶，莫依止密教外道喇嘛上師，否則即成顚倒想、顚倒修也。

復次，密教以男女雙身淫合之法，作爲佛法正修；以性高潮之一心不亂名爲等至，以行淫作爲禪定之正修行，與 佛所說外道及菩薩修證之四禪八定相違，亦與 佛所說之解脫道相違，更與 佛所說之佛菩提道完全抵觸、背道而馳。如是印度教性力派外道所說世間淫樂之法，而密教高推之爲超勝於佛教之勝法，依之而修者，必將導致後世之長劫輪迴三途而不可止，受苦無量，焉得名爲佛法正修？是故一切人修學佛法者，當依 佛所說法，莫依密教諸師所說之外道法。

密教興而佛教亡，是古印度之歷史事實。密教之興盛，必將導致佛法之衰落；興盛至極而完全取代顯教已，則必滅亡佛教；此因密教之法並非眞正佛法，乃是外披佛教表相，內實常見外道及淫合享樂之世間法——乃出家人行在家法；是故密教完全取代顯教之後，佛教即告滅亡，徒有佛教寺院及僧侶，本質已轉變成鬼神爲中心、爲依止之外道。

凡修密教之法者，全仗 佛力加被，此是密教一切上師法王之共識。而今密教諸師卻一致主張：「依止上師爲主，依佛爲次。」主張「應依上師所造密續、不依 釋迦佛所說經典，密續勝於顯教經典。」亦如宗喀巴之主張「依雙身法大貪而修，離貪即是違犯三昧耶戒。」而古今法王上師之修證，悉墮常見外道法中；密續中之一切經續，復是密教祖師之長期集體結集，非佛所說；其中之法復是外道法，如是而言依止上師、不依顯教經典，依止密教所崇奉之鬼神化現雙身佛、不依止顯教眞正之佛，焉能證得佛法？則知密教諸師之言及密續所說，悉是顚倒之說也。

余造此書者，其故衆多：乃因密教學人普皆不知密教之本質，故受矇騙誤導；復因台灣顯教近年來有許多大法師，競相夤緣密教達賴喇嘛大名聲，以抬身價；如是作爲，導致顯教許多出家二衆，不知彼諸大法師攀緣密教自高之用意，誤以爲密教眞是佛教；復因求證般若極爲困難，久修而不能親證之，每見密教諸師個個皆有「證量」，所言證量「高超」——動輒入地、成佛，彼諸出家二衆不知密教底細，乃轉向密教求法；末因社會普遍不知密教非是佛教，但見弘密之道場爆發「性醜聞」已，便謂是佛教道場法師發生邪淫之事，怪罪佛教，令佛教常受密教之牽累，屢受其害。由是諸故，應造此書，以正視聽，以護佛教。

然造此書最大之原因，則是觀察密教以外道法代替佛教法義，處處說爲更勝於顯教之究竟成佛法門，如是以外道法冒充佛法，以喇嘛外道身冒充佛教僧寶，再以崇密抑顯之手段而蠶食鯨呑佛教資源，以漸進和平之方式，滅亡佛教於佛子不知不覺之中，將又重演古天竺佛教滅於密宗手中之歷史。而密教法義之當代首領，首推達賴喇嘛及印順法師；達賴公開推廣無因論之緣起性空觀，否定第三轉法輪之唯識諸經，依宗喀巴之說而指爲不了義法；復又暗中弘傳雙身法，說爲究竟成佛之法；印順法師則以顯教法師身份而主動繼承密教邪法，極力弘揚密宗黃教無因論之應成派中觀，明爲反對密教（指斥密教雙身法），實際則以廣弘應成派中觀之無因論而護持密教，以此而否定 佛說之第三轉法輪諸經如來藏妙義，由此故令密教之雙身法獲得生存之空間；如是今時顯密二大師之弘傳密教邪法，一明一暗，同令密教得以擴大其勢力，同令佛教學人誤以爲密教眞是佛教，其惡劣影響極爲重大深遠，不能不據實加以披露。

由是諸因，必須盡示密教之法義秘密，必須盡辨密教法義之邪正，普令一切佛子及社會人士知之，乃有此書之著作與發行，欲令大眾了知密教之外道本質及其異於眞正佛教之處，以護眞正之佛教。

余作是辨正密教法義之行，欲令密教回歸顯教法義，驅逐密教崇奉之外道邪法遠離佛門，故以此書爲緣，期望佛教法義回歸佛世之純淨——不夾雜密教諸外道法，普願我教一切大師學人悉知密教之眞實面目，亦令密教遠離外道法，回歸顯教諸經 佛說正法，而令佛教日趨純淨，以求賡續佛法慧命至月光菩薩降世之時。若密教不願修正其外道法者，則當令密教脫離佛教，與佛教兩不相干，方能令 世尊聖教從此永安，不復受密教外道法之干擾。

然今密宗諸師眼見余之辨正密教法義，不願修正其邪謬法義，而欲繼續原有邪法以救密宗外道法之將亡、思圖密宗謬法之久存，乃故意於網站上以顯教之學人之身份，化名誣蔑余為附佛法外道，藉以混淆視聽——令人誤以為是顯教學人對余之批判；如是行為卑劣失格，猶如賊人之大喊抓賊無異。密宗諸師生大瞋恚於余——大肆詆譭余為外道，然彼等只能私下對信眾飾言：「平實居士於密法外行，吾人不屑與之對話或辯論。」而皆不敢、亦不能對平實之言論，公開書具眞名地址而提出佛教法義上之辨正，只能作諸飾辭及遮掩之說。

此因彼等密教中修行三十年以上之喇嘛上師實已自知：密宗之法只是將佛法名相套用於彼等祖師從外道所學得之世間法中爾，本質絕非佛教。彼等實亦自知未曾證悟般若，自知未證如來藏，自知尚未入菩薩法中；然若據實而言，必將遭致密教衆人圍攻，故無人肯據實而言；亦因難捨名聞利養，是故仍藉密教之法續受供養，因循苟且以度時日。由是之故，密教諸師於余所說密教法義之內涵，悉皆諱默如深，不敢作具名公開之辯解，亦不敢前來與余作私下之法義辨正；彼等皆已了知：密教之法皆是套用佛法名詞之外道世間法，皆不能端上大雅之堂故。

復次，密教之法，自始至終不離雙身淫樂第四喜之法，將之懸爲修證成佛之最終鵠的，是故西藏密教之所有密續一切隱語所言者，悉皆同是此法，無有二意；若必各派一一密續皆一一加以闡釋者，則必導致極多前後重複之討論，讀者閱已，唯增厭煩，並無實義，是故僅舉代表性之宗派密續，以括弧註解之，令讀者能了其意即可。

復次，本書文辭必須淺白，乃至使用世俗常用而非正統之成語文字者，於此亦應說明。蓋密教之法確實邪淫荒謬，是故不許令外人知之，乃以隱諱之暗語而弘傳之，故其密續之中，多諸暗語。此諸暗語若不加以淺白之解釋，則學人讀之亦不解其義；若不解義，則不能辨正其法之正邪，此後密教諸師仍可從中作諸飾辭而轉移焦點、遮掩其謬，令余護持佛教正法之行功虧一簣；是故本書文辭必須淺顯明白，令讀者悉得解知其義，亦令密教諸師不能曲解掩飾。復次，鑑於密宗初機行者多屬教育層次較低者，爲令彼等諸人讀已，能得眞解余書所說之意，故本書言詞必須淺白，儘量避用一般人不常用之詞彙。

復次，本書對於所舉證之密教「經部、續部」文詞，多以括弧（）而附註於後，乃因：若必一一加以逐段解釋者，則篇幅將更大幅增加，是故採取較爲簡便之方式，以括弧而附註之，節省篇幅；讀者閱已即知，便能據實而作解析、了知密教法義之邪正，即能回歸正道而捨邪法，則余目的已可成就，是故作此較爲簡便之方式而註釋之。

復次，本書原計劃篇幅爲一册約四百頁；然因密教法義之全面偏邪，導致評論之文辭量鉅，無法縮減，達於五十五萬餘字，乃於內文部份每頁增加三行成十七行，如此儘量容納之，仍需分成四册方能完印。是故編排較爲擁擠，可能導致年長讀者較耗眼力，實是不得已之舉，謹此先表歉意。

復次，本書爲防部份迷信之密教信徒大量蒐集焚燬－猶如昔年有人蒐集《正法眼藏－護法集》而焚之，故不以免費結緣方式流通，改以局版書發售之方式流通之，然因不以營利爲目的，故以不敷成本之「成本價」流通之，由本公司餘書所得利潤挹注之，以廣流通、廣益學人，如是護持佛教正法。

茲以此書出版在即，故敘緣由及編輯大意如上；普願顯密一切行者細讀此書，一一加以驗證而明辨之，以護自身、兼救他人，大衆同離破壞佛教正法之大惡業，莫再因循苟且而隨密宗邪法深入岐途。

菩薩戒佛子　平實居士　謹誌

公元二〇〇二年仲春序於喧囂居

蔣巴洛傑 序——從天珠談起

頂禮　一切智薄伽梵，身口意供養三寶

大約從十多年前開始，跟隨著歐美新世紀(New Age)思潮加上台灣本島特有的社會風俗，台灣地區興起一股天珠(Dzi)熱潮，原本是藏區婦女世代傳家的寶石，被有意無意的炒作爲「天上落下、非人間本有的寶物」、「配帶者無需修行，未來必可成佛」，爾後經現代科學檢驗，證實只是古代白化瑪瑙的加工品；今日台灣甚至成爲世界最大古天珠出口地－外銷至藏區以滿足全球收藏家。此一事實眞相之披露，終結了天珠美麗而變調的神話。

從人類學的角度來看，歷史上佛法的傳播，常會因時、因地而進行文化取代(Cultural Substitution)，甚至由環境決定(Environmental Determinize)重組後的文化元素(Cultural elements)，因此現代禪的李元松先生說：「密教的本質是一堆鍍金的垃圾圍繞著一粒鑽石。」但其中光芒耀眼的鑽石，是否眞爲 世尊兜羅綿手觸之本地、澄清紺目夜睹之明星？抑或只是以假亂眞的鋯石，只因炫光刺眼，密宗行者便無法、也不願看清其本質？

大體而言，中國完整地承接唐朝以前的天竺大乘佛教，而西藏則接續了此後印度佛教的外道化發展；在印度，大乘佛教興盛後，逐漸融入了大量的印度教的文化元素，互化（Transculturation）而演化出坦特拉（Tantra）佛教，然後成爲印度佛法的主流思想，這一點可從那爛陀寺遺址的考古紀錄中看出，亦可由玄奘法師及義淨法師著作目錄中得到許多佐證。

吐蕃自松贊干布後（大約唐代初期），正式進入文字時代，並大量向印度及中國引入新的文化元素，其中影響最深遠的莫過於佛法正式成爲其國教；黑暗期後，西藏幾乎完全地接收了印度的坦特拉佛教，並且融入了藏地苯教（Bon）的一些元素，經由後弘期仁欽桑布等譯師的弘傳，藏傳佛教主要架構便已建立：以小乘而後大乘、而後金剛乘（密教）、而即身成佛的修行次第爲主。

就其哲學基礎而言，自古以來，藏傳佛教各派可總括爲如來藏中觀與應成派中觀二個系統。前者如寧瑪、噶舉、薩迦、覺囊，其內容或曰如來藏、自續中觀、唯識見、輪涅不二見、大中觀、他空見等，皆是站在「世俗諦無、勝義諦有」的原則上，而各自講述其勝義諦要旨，其間差異南轅北轍，不可謂不大；而應成派中觀則是由較晚形成的格魯派宗喀巴師徒數代而發揚，挾其政治上新霸主的實力，造成如來藏系思想弘傳不彰、人才凋零，應成派中觀至今仍爲藏傳佛教哲學的主流思想。

藏傳密教思想中則以無上瑜珈（Mahayoga）爲最殊勝、最難行道，也是唯一可以頓超諸地而即身成佛（甚至不經中陰）之道。彼以爲福智兼備行人，可依此道成就三身，圓滿佛果；觀其修行之道，最初的第一、第二灌頂，皆是爲後來第三、第四灌頂建立基礎，向上成就第三灌頂功德事業，進修第四灌頂而成圓滿佛果，其間或有跳過智慧灌頂而直接進修名詞灌頂，但以不違背三灌精神爲原則。

1984年我開始修習密教，花了很長時間接受了完整的灌頂與教法，爾後將修行當做是正業，世間諸事放置一旁；日間讀經思惟—佛學圖書館藏書泰半過目—夜間修習密法，前後達十一年之久；當時密法資訊難得，擁者悉皆自珍，猶記得爲求斷簡殘篇，動輒南北奔波、尋師訪友；爲求法教，多次往來印度、尼泊爾間，走訪各派長老大德，多年來，也算親自見證了台灣密教的興盛過程。

一方面雖於前人修證軌跡多能一一親自經歷，另一方面心中疑問卻越來越深。雖然密法號稱是眞正的教外別傳，然而卻處處違背經典中世尊所說教示，其間差異，已無法用「方便說、一時說」來襲統函蓋，更糟的是：這些無法釋懷的盲點，求諸彼等「學行兼備」的大金剛上師們，卻都指鹿爲馬、籠罩一番。

天珠熱退燒後，台灣又興起天鐵（Iron Meteorite）熱潮。尼泊爾波大塔邊（Bouddhanath）的一家佛具店，有一次店家無意間將一支天鐵杵放在門口，被陽光曬後溫度昇高，只見一位台灣客將其拿起燙手後，就直

「有感應」走了這支「請」了天價出台灣客最後，了持加來薩菩佛著讓

嚷著佛菩薩來加持了，最後台灣客出了天價「請」走了這支「有感應」的鐵杵。從此之後，所有佛具店的老板都將鐵製品放在門口櫥窗曬太陽，以招徠台灣來的朝聖客。台灣佛弟子的慷慨捐輸，大大地建設了藏、印、尼等地的「佛寺」軟硬體，每每在異鄉遇到虔誠弟子，放棄了家庭與工作來依止密教上師，但所得到的仍是在生滅法中的胡思妄想，其心不可謂不誠，其行不可曰怠忽，而終究墮於妄想之中，實爲可憐憫者。

無上瑜伽四種灌頂的修習，都是在意識心上做想像及覺受的領納，甚至要求自我暗示及自我麻醉；有時加上鬼神力感應，不離妄想性自性。如諾那上師所言：「能與本尊對話，只是修行的第一步。」由外力鬼神賜予神異而不自知，等而下之者，淪爲鬼神之代言委辦；不論天瑜伽如何堅固成就，進入開刀房，只需一劑麻醉針便半點也無了，試問如此修行，怎可名爲成就本尊天色身瑜伽？

至於第二與第三灌頂內容，實爲印度教坦特拉派內身(Subtle body)氣、脈、明點之串習；所謂內身成就，是以印度教內容套上佛法三昧的名詞，與佛法修證實無相關，印度教派行者亦修習脈氣明點及雙運，亦多有虹光身成就者傳說，甚至密教史上許多大師也同是印度教之傳承大師。自從美歐嬉皮風潮後，印度教內身思想書籍，多有翻譯爲英文版本，吾人很容易檢驗出藏傳與印傳內身修習法門根本是同一根源，二者

實際修習程序完全相同，唯密宗套用佛法名詞有異；然而密教行人泰多不願廣習佛法經典乃至世間法義，故密教行人無法也不願去承認此現象；又如苯教修習之「大圓滿、金剛橛」等五部法要，亦與密教所傳實質相同，歷史上苯教與寧瑪掘藏者原本就互通款曲，許多「大師」更是兼有佛教與苯教的宗教大師地位，如此，試問佛法與外道不共之處何在？

名詞灌頂顯示修證的終點，但觀乎四大派無上極密心要所言，與香港月溪法師「遍滿虛空大自在」荒唐臆想落處相近，仍是在意識心上蒸沙做飯、或勤做黑窟鬼活，尚無能力現觀自身七八二識作用，卻侈言已證佛地眞如，其實不離第六識體用，何來轉識成智？實則落入大妄語而不自知。

無上瑜伽的修證，於佛法三學皆無有實義，墮入與其他宗教相同的依歸處，而徒具佛法外相，也正是這個原因，天竺的佛教實質上早已亡於密教化的過程中，無待於異教徒的殺戮而後滅亡，因爲佛法的核心已失故。

總結來說，密教思想並非眞實的佛法，且處處違背 世尊經教，其徒衆因爲不具道種智、復不識 文佛本懷，無力檢視教法修證的正確性與否，故皆以上師教導爲依歸，而不能有所簡擇。如此上代便已錯解，下代更形錯亂卻不自知，久而久之，便徒具佛法名相而行外道之實質；密教行人無力自行檢驗，再加上對密教法王上師之名聲權威崇拜等，無法面對事實的眞相、不能剖析正理所在，只能在情感上麻醉自己，要自己相信上師等同於佛、相信想像之天身終究成眞、相信所觀境嫻熟後即成眞實、相信本尊空行所顯境爲實、相信能觀與所觀會合一、相信鬼神化現本尊空行所授爲了義、相信定中所見是眞實、相信香巴拉國土、相信想像之淨土終究成眞、相信脈氣成就即是佛身、相信雙身法乃無上大法無關淫穢、相信樂明無念遍知即是涅槃本心、相信死後身內身外靜忿百尊轉化成佛即入輪涅不二……。

藏傳密教發展至今，益形壯大，光是台灣一地陸續出現的密教中心便達上百處，所吸引徒衆當在數十萬人以上，所聚集的資源更是難以算計；表面上似乎佛法大興，實際上則是帶領這些信衆走向外門法、外道法乃至毀戒重罪法，即是重演天竺佛教衰亡的歷史；而造成這些現象的更深一層內在原因，就是數十年來台灣佛學院所教授者，幾乎皆以印順法師著作爲其藍本。然而印順思想本質上即賡續藏密黃教應成派中觀思想，且其著作中處處暗示：「大乘佛法非佛說，無彌陀無淨土，無釋迦報身常住色究竟天宮說法，無菩薩無地獄……」等，其子弟若欲更上層樓，則必走向南傳佛法或藏傳佛法，向此二極中求取眞法，實可謂「著僧伽黎破 世尊正法」；諸山長老或因不具種智無力勘驗，而信受印順之法；或欲攀緣密教徒衆財力名聲，競相附會依靠，令人不禁憂心：正法的未來何去何從？

三乘佛子應常深切反觀思惟：學佛之初發心爲何？是否益發照見自己內心的黑暗？是否學佛後已經破除了某些迷惑？生出了佛法的智慧？吾人是依智還是依人？所作所爲是否眞正利益衆生？是否眞在奉行 佛所說正法？是否親證菩提了義實相？ 又 佛說衆生七八二識不斷，試問二六時中，吾人七八二識如何無剎那無間斷地現量運作？如果連這個人人本具、時時恒在的阿賴耶、恒審思量的末那都不識，而說其他三昧如何神妙，無異自欺欺人。

1996年冬天，也許因過去生亦有些微福德，有幸從學於吾師 平實先生，此後得窺佛法堂奧，一方面重新修正佛法知見，正法脈絡一一浮現，以往學密之疑難陰霾，次第煙消雲散，才知過去錯誤成見及自我局限，於是由凡夫地而菩薩地而佛地，階梯軌徑方得明朗，漸具道種智及擇法眼，能知各家所學落處爲何，如觀掌中果；一方面由念佛法門入手，以無相念佛拜佛增進功夫，待定力成片，不待臨終彌陀示現，自心確知生西把握，赫然發現古今多少大德，感嘆生西有望卻苦無把握，箇中原因即落此處。待因緣到來，得見實相，則三乘一切了義經典磐基，盡奠於此，神鬼亦不知此眞如實相。依此方得以地地增上，自此悟後起修，依 佛語及 恩師教授，進修一切種智及正修諸三昧；凡此家裏事，只應家裏人知，非如以往之蜉蝣井蛙不能知蟠龍飛天。

恩師 平實先生人如其名，雖過去生實常爲教法領袖，已往法教至今仍多有人禮拜供養，但決意放棄過往虛幻名聲，不屑世間諸師神頭鬼面，壹以平淡踏實作風自行化他，爲衆生典範—於自身證量成就，從不作無謂異譚，故慢心學人多起惡心輕視之念。吾師於正法命脈，輒以身命護之；即使受人輕之賤之，亦不稍改護法之心。悲心所至，不忍「衆生發善心而成就地獄業」，故秉持如來家風，作獅子吼，期望能振聾發聵以救護衆生。不明究理之人，常認爲其貢高我慢，實乃大謬。

多年來隨侍門下，知 吾師爲人處事隨和隨緣，極其慈悲幷無盡老婆，利益大衆無顧自身；今爲救護廣大佛子、爲佛法正本清源、爲正法長久延續，故不能視而無見，不能再作鄉愿，非下苦口針貶則重病不能癒，故廣蒐密典諸續，徹底明示似佛外道脈絡，示種智摩尼珠以澄清穢濁、杜學人來世地獄之門，故造此《狂密與眞密》鉅著，非再來菩薩所不能爲。

忝列門下， 師不以余魯鈍，囑余爲序，敬撰數語，祈願一切讀者能暫置個人成見，詳審比對密經密續，而後加以反覆思考、深切佐證本書內容，以救自沈。是禱！

菩薩戒子 **秋吉．蔣巴洛傑** 二〇〇二年春節序於雙和居

第十四章　餘諸邪見——恣意解釋佛法修證之名相

第一節　密宗對四加行之誤解

佛法中之加行者，謂「伏、除」二取，證得煖法、頂法、忍法、世第一法。此四法者總名「順抉擇分」。此乃一切種智中之所立見道位之前，爲求大乘見道而建立之法，於唯識五位中，說此名爲加行位所證四法。此四法者：謂大乘行者，於外門修學六波羅蜜多、廣修六波羅蜜多，所謂菩薩外門廣修六度萬行滿足者，爲進修見道智慧乃至初地道種智，故修此四種加行之法，以證解脫果而不取涅槃，進修佛果。

四加行之法證，乃依四尋思、四如實智之觀行而立。四尋思者，謂行者尋思「名、名義、名義自性、名義自性差別」，尋思此四法假有實無。然後現觀：「若離能取之識——意識及前五識——則無此四法；而此四法所依之能取識亦非眞實有。」如是現前觀察，發起「明得定」而發「下尋思」，現觀所取空，建立此位尋思之果爲「煖」位。

再作尋思而發起「上尋思」，現觀「名、名義、名義自性、名義自性差別」諸法皆是六識所變，故一切所取諸法（六塵萬法）皆是假名施設，絕非實有；若無前六識，則無萬法現前而可親觸。如是現觀者，乃是依「上尋思」而現觀「所取一切法空」，即此現觀立爲「頂」位，此是世間之「頂」法故。

依頂位之智，於「一切法皆無所取」已能印定；復依「下如實智」而觀察能取非實—了知「能取」萬法之覺知心（意識）非實、心順樂之而能安忍。如是印前「所取非有」，順樂後觀之「能取不實」，說名證得「印順忍」，是名「忍」法，「下如實智」具足。

證印順忍後，印定「所取空」、順樂「能取空」，復作觀行而發起「上如實智」；依上如實智而不退沒，如是心心無間—不曾起心懷疑自己現前觀察所證之「能所取俱空」—雙印能取所取俱空。從此以後，心心無間，不久後必入見道位—證得第八識如來藏而發起般若慧—或入第七住位、或入十行、十迴向位，乃至入初地等。以此「雙印能所取空」，將來必入大乘見道故，說此位乃是世間第一無上之法，故名「世第一法」。

然而密宗古今諸師，由於未能取證此四加行法故，皆將此四種佛法名相之總名—四加行—擅作解釋，以外道法之實質而冠以四加行之名義，令人誤以爲密宗之法即是佛法，並令人誤以爲密宗即是佛教。

譬如密勒日巴歌曰：《《施肥淨信與加行，以五甘露作浸潤》》，於《密勒日巴大師全集》之中，有如是註解：《《加行—密宗之準備性的初步修行，以為「起、正分」或大手印之修法、作為前行準備基礎之工作。普通有四種，所謂四加行是也：一、十萬大禮拜，二、十萬上師咒，三、十萬金剛薩埵百字咒以懺罪，四、十萬供養曼陀羅、或曼達。》》（4-2-220）

如是所言，與眞正佛法中所修之四加行完全相異，與佛法所說四加行無關。密勒之書中註解如是錯誤，阿底峽對四加行之解釋亦復錯會：《《修密咒的條件：一、梵行者……知眞者無過。……。二、在家眾：關於「知眞者無過」這句頌文的意義，我有許多上師恩賜的教授：1・有位賢善的上師說：「如果菩薩了知有情的利益，而他的心又被慈悲所左右，那麼無論他怎麼做，都沒錯，而且其福德反而隨之增長。」這是指證得**小品忍位**的菩薩。

2・某位聖哲說：「知一切法如幻，並明了彼眞實性的瑜伽士，不會有任何過錯。如說：『瑜伽士若知：諸法如水月，則彼將不受，罪福等所染。內外此諸法，是心且如幻，復非常非斷，不分別二俱，執實毒不染。誰能見如是，知幻且無過。』」這是指：證得**小品世第一法**的菩薩沒有過失。

3·關於上師福德比丘對「不生過失」的看法，應該閱讀上師所做的那部論。他的觀點是：即使初學者也沒有過錯。

4·其他的聖哲則說：「依照《聖迦葉所問經、授記變婦女經、吉祥最勝第一續、有義調伏續》，以及上述以外的其他密續和聖龍樹、阿闍梨提婆等所造的那些論典的方式去做，就不會有過錯。」意指：「知眞者無過」是在證得**小品頂位**的時候。

5·其他的聖哲說：「引發一切法無生的勝義菩提心，並且已經在心中生出勝義菩提心的人也沒有過錯，因爲明了諸法眞實性者沒有過錯。」意指：「見眞諦者不會有過錯。」》》（6-257~258）

阿底峽如是解釋四加行法之證量，與佛法完全無涉。阿底峽如是錯會四加行，白教之大修行者陳健民亦復如是錯會，皆是借用佛法名相而實說外道法者：

《《四加行就是在未得無上瑜伽部大灌頂以前，先應該要把四加行修好。現在我對於你們啊，因爲你們年齡的關係，你們夫婦的感情好啊，興趣也相同啊，所以就希望你們氣功修好了，就可以開始依二灌裡頭的觀想來修供養法：**所謂男的供養女的，女的供養男的**。

我雖說過這個話，然而呢，主要還是要這個四加行穩當了，才不會發生毛病。所以現在我要補充說明這個四加行的重要性。這是在表裡頭沒有的。**四加行的內容，一個就是歸依、一個就是禮拜、一個就是百字明、一個就是供曼達**。

如果你懂得五輪的本尊，五部空行母的本尊，互相可以由修供養法來作供養（由男行者以雙身合修之法供養女行者，反之，女行者亦然）。假如有一邊可以不漏點，無論男的、女的，有一邊不漏點，都可以修這個供養法，……普通夫婦關係上講起來呢，你如果是有供養的意樂，那麼你偶然在供養的時候，你漏點放水的時候（你射精與女方的時候），你就想到這是供養對方，也還是多少有些功德。

但是目的既是要成就靈熱，要成就拙火，你就不能像普通夫婦一樣常常的多搞啊！所以呢，頂多一個月兩次啊。並且行房時要觀：在兩眉間有一正三角形，內有文殊菩薩；這會使你們漏失的明點減少。

但是很多人並沒有馬上就把四加行的四十萬都搞滿了，所以我就特別把每一個都分成三段：譬如皈依，你先念皈依佛、皈依法、皈依僧。然後，你把這個三皈依念完之後，又加上四皈依，就有金剛上師，再加上這個本尊、空行、護法，那麼就等於七皈依的樣子了。

禮拜呢，……或者是柔和瓶氣啊，修到相當程度，可以投身拜下去，不會出甚麼毛病了，再補充這種大禮拜；照道理呢，這個投身的才是四加行十萬的這個大禮拜。……百字明也是一樣的，你可以先念「阿」字十萬，然後修「金剛本體莫捨我」十萬，最後才修全部十萬。

曼達也是一樣地你先供這個東西的，然後供這個三十七個東西的，然後才再供三身曼達。……如果已經被金剛（勇父）所捨了，已經被蓮花（空行母、明妃）所捨了，也就是如果被佛所捨了，被空行母所捨了，那你隨做個甚麼功德都不成啊！……你從前在他們的前面犯了很不少的罪，使他們不喜歡；蓮花也是，使空行母不喜歡。

如果他們男的使蓮花—即空行母—不喜歡；女的使金剛薩埵這些不喜歡，那麼就隨修甚麼儀軌、修甚麼氣功、做甚麼火供，都沒得效的。所以由百字明把這些罪業清淨了之後呢，你做一個功德，都會有天龍的保護，都會有佛菩薩金剛的垂憐，都把你們所有的功德記錄起來，所以以後修行就沒得障礙。因此男的應該是念「蓮花本體莫捨我」，……女的就要「金剛本體莫捨我」。》》（32-250~254）

如是錯會四加行者，非唯一端，復作是說：《《般若乘所說煖頂忍三者，即上三品，修此三者之法，分戲論、無戲論。戲論者，作禁住行，續云：少得煖位已，禁住行成辦。無戲論者則行內行。

內行者續所云：遠離業手印，智印相亦捨，行大手印母，離世間一切分別，修別攝支、靜慮支，得五眼六通，為身曼陀羅，一切脈清淨，現證身壇城，果位與般若乘同。莊嚴經論云：「依於禪定得神通。」又頌云：「顯現一切法，無隔能相通，於彼眞實理，無觀一切見，如是法身圓，為清淨相故；具慧諸形相；遍行心攝持，如此乃成辦，菩薩之等持。除意之所說，不見一切義，如增法光明，起堅固精進，法光明增長，唯是心上住，此後現境者，皆成心所現；爾時所取境，遠離於散亂。」如上為煖頂忍位。彼又云：於彼唯剩有，能取散亂心，爾時無間定，迅速能了知，能取心亦離。時輪亦云：別持支等持，加持一切咒，依於靜慮支，可得五神通。如是與上相同。簡言之，依於別攝等二支，為加行道。》》（34-480）

白教上師如是，薩迦派之《道果—金剛句偈註》亦復如是錯會錯解：《《辛四、三暖相：壬一、分別前行暖相：雖於等引中修本尊身等，於其覺受之所現中升起以前見聞之嬉戲事或希有之遊藝等等，而心執其上；此處其他宗派說為放逸相，然本宗則主張其為以本身所作之因而生禪定，故謂分別前行暖相。

壬二、九界集攝之暖相：心無住於不觀待心氣集合而分別本身因者，謂九界集攝之暖相。所謂「九界」者，即是五甘露及四大種之氣作用共九，以其等之淨分可爲自身之元氣及心之所依，如以芝麻油遍塗於身而在，其相或如「果嘎哩嘎」鳥之頸羽，或如冰雪雹霜之映彩，諸色紛然。

謂「集攝」，是以修行之力迴氣於內，行於一切脈移九界之淨分，集攝於四壇城宮殿等。

所謂「暖」爲：以其力加持含藏後，於覺受之所現中，覺見六道城邑或煙等相、或如來身等。

壬三、明點降集之暖相：以修行之力轉氣迴風，用拙火開解脈及融淨分：1・其明點降之暖時，生明點痛。2・明點動之暖時，生樂。3・明點堅固之暖時，生功德。》》（61-159~160）

密宗如是自行方便解釋佛法名相，而用以說明其所弘傳之外道法等；然後向人說其如是修證爲佛法上之修證。若有眞正佛門行人說其四加行之修證時，彼等密宗行者由不解顯教佛法眞旨故，便謂顯教修行者之證量粗淺，不解眞正之四加行，而謂密宗所說之四加行方是眞正之四加行；若究其實，卻是密宗行者自生錯會。如是錯會而言已修、已證顯教之法者，眞乃誤會之大者也。如是誤會之現象，普遍存在於密宗上師與諸學人之間。譬如薩迦派之《道果—金剛句偈註》中所說：

《《加行道：暖（原註：分別前行暖、九界集攝暖、明點降集暖），頂（原註：外、內），忍，世第一法（原註：出輪迴、出世間）。……壬一、暖：此即四灌頂中之四種道，依此爲積聚見覺受暖相智之因，故頌中云此爲：「資糧道」。復次，由修四道而生四見者爲「加行道暖智」，此中復分大中小三種暖：癸一、爲易生分別妄計故稱「分別前行暖」，此爲小。　癸二、爲以難生三分別妄計故稱「九界集攝暖」爲中。　癸三、爲以極難生分別妄計故稱「明點降集暖」爲大。……。

「集」者：中集界中一切所生之暖，爲中者，其景象堅固且能斷外內之蟲，得決不生惡趣，其他經典（密宗之經典）亦云此爲中「忍」位。

壬二、「頂」位有二：癸一、外頂：以心氣集攝於精血二脈之尖頂，外之有界頂則爲世道之最上端。　癸二、內頂：內頂爲中脈頂，以心氣集攝於外相之阿字，爲出世間道之下端。

壬三、「忍」：如此，以前無之**無生法忍**，於空性義理無所懼之忍，爲「忍」。

壬四、「世第一法」有二：癸一、出輪迴法之世第一法：以心氣集攝於中脈，遮遣能所二取分別之部分者為之。　癸二、出世間道法等悉圓足之世第一法：能得出世間初地以上之諸道悉圓足者，且能生身無漏（於此世證得「保持性高潮中絕不漏精之智慧」）、心無分別之因（詳第九章所說雙身修法中之樂空無二、一心不亂）而為無礙者。》》（61-432~437）

如上所舉，密宗之無生法忍者，乃是以中脈明點、寶瓶氣、雙身法之合修，而能長住性高潮、並永保不洩明點者，為無生，為無生法之忍，自名已證「無生法忍」。復以此「無生法忍」而謂為四加行中之「忍」，完全不懂四加行之忍與無生法忍之大異其趣，亦完全不知此二修證在果位上之懸殊。如是而言無上密法之「果地修行」法門，原來卻是以誤會之「佛法」修證，而自矜於顯教。

又如《大樂光明—金剛乘之大手印》一書中，作如是言：《《四加行：這些準備工作是為了進學更深密法而設計，它們可清淨行者身、口、意三業之業障，使修道易於成就；也可以產生一些資糧使行者更易了解較深的密法；這種除障、積集資糧的過程常常被比成農夫耕田、種植，第一步要除掉石塊、雜草，然後澆水、施肥等等，正如這些工作保證了成功的收成，同樣地，這些準備工作保證密法修習成功。

簡略列出四加行如下：1・皈依、發菩提心：從此成為佛子、大乘行者。2·供曼達：這是累積福德資糧的方法。3·觀想金剛薩埵及念誦百字明：這是清淨業障的方法。4·上師相應法：這是獲得上師加持的方法。》》（72-19）

如是四加行，與佛法解脫道及佛菩提道完全無關，而言能使密宗行者證得佛法上之證量，有何意義？復次，密宗諸師一向重視上師相應法；然而密宗諸師既皆未曾見道，所傳、所修、所證皆非佛法，完全不具佛法上之證量，其弟子精勤而修上師相應法者，有何功德資糧之可言耶？唯能與上師於雙身法上有所相應爾。

《藏密修法秘典》卷一如是言：《《四加行法，在密乘中，稱為前行共道。**顯密二道所共修故，顯密修者前導行故**。》》（119-105）

宗喀巴所輯《皈依發心儀觀行述記》中云：《《瑜伽行人修習密宗大法，應先修學四種加行，清淨相續，積集資糧，獲得加持，而後始易相應。四加行者：一、皈依發心，二、金剛薩埵百字明或三十五佛懺，三、供曼陀羅，四、上師瑜伽。》》（119-107）

如是所言「四加行」既是顯密之共道，則應顯密無二，云何密宗所說之四加行迥異顯教至此嚴重之地步？不應正理也。由此可知密宗者，實乃假藉佛教名相及教相，而說外道法者；本質乃是外現佛教、內修外道法之附佛法外道也。

更有近代之密宗上師自創四加行者，譬如蔣貢康楚之開示：《《蔣貢仁波切在所有開示前，均以「將心轉向佛法之四念處」開始。此四念，或曰「四共加行」，即1・人身難得，2・死亡無常，3・輪迴過患，4・業報因果。仁波切尤強調初機者應多方面參考這類資料，這是最基本的教義，應根植於我們心中。》》（181-48）

佛法甚深微妙，本已不易修證，今者蔣貢康楚更自創四加行，混淆佛法名相，令人更加不知所從。如是依於自意妄想而解釋佛法名相者，在密宗之內屢見不鮮，所在多有，不勝枚舉。如是作爲，密宗上師代代仿行，則能漸漸轉易佛法實質內涵而轉變爲外道法。

如是漸漸轉易佛教內涵之作爲，大衆往往忽視而無覺察，不知其嚴重性，是故天竺佛教便在如此情況下，漸漸被密宗之外道性力派思想所取代，而令天竺「晚期佛教」本質轉變成爲外道法，佛教遂告滅亡，此即是天竺波羅王朝之「佛教」，即是認同應成派中觀之佛教研究學者、及印順法師所說之「晚期佛教」，其實已非佛教，只是披著佛教外衣之外道罷了。

後來被回教國家所滅之「晚期佛教」，只是徒有佛教表相之密宗性力派思想之邪教而已。是故佛教並非滅在回教手中，實是提前百餘年便已滅在密宗手中；在回教軍隊消滅波羅王朝之前，已經沒有眞正之佛教存在，只餘身披佛教外衣之密宗外道在弘傳外道性力派思想而已，佛教在波羅王朝被回教所滅之前，已經完全消失於天竺也。由此緣故，說密宗漸漸轉易佛教法義之行爲，即是毀壞佛教之最嚴重行爲；如是作爲，而可言爲「弘揚佛法」者，黑馬亦可說爲白鹿也。

第二節　密宗之不共加行

密宗又有不共加行：《《不共加行者：拙火、三脈、四輪、修明空。

外拙火：一切無緣上□（梵字，略之）自成亥母，內外瑩澈。心專一而修身中脈輪，如前觀想，此爲內拙火。密拙火者，三脈集合處□（梵字，略之）紅火遍全身、習拳法、六灶印、修帶、身抖等（此諸密意請閱第二輯第九章），當行。樂增長故、頂上罕向下，拙火照上，明點融化，脈中充滿，不變本體無生離心者，是爲密密眞實拙火，具足堪能士，於大樂智慧修三身。本來清淨地，堅固攝持，於一切利眾生事當令增長，樂亦增長（此說增長淫樂之法，詳本章第三十二節引述）。》》（34-549）

修赫嚕噶者，其不共加行與上文所舉類似：《《觀想：所有外境及一切有情融化入藍光，光再溶入我，我後我的身體溶入光，從頭從腳兩端同時融化，越變越小，最後溶入我心中藍色□字（梵字，略之）。□（梵字，略之）字逐漸從底部溶入那打□（梵字，略之），即□（梵文）之字首，最後連那打也消失了，**溶入空性光明**。

此時起高度勝解：我心和嚇嚕噶心無二無別，如水入水，注觀**此法身**，心並現起佛慢；心想我即是法身，這是「持死爲道」**證法身**的簡單禪修，它的目的在放下你的凡夫身，清淨死亡，使圓滿次第的光明成熟，種下得佛眞法身的種子。

然後觀想：從法身空的境界而出，我的心立即轉化成肘至腕長度的藍光，直立於八瓣雜色蓮花中央的日輪上。然後想：現在我已**變成圓滿報身**，並現起如是佛慢。這是簡單的「持中陰爲道」**證報身**佛的方法。此法主要目的在清淨一般中陰狀態，使圓滿次第的幻身成熟，種下得眞報身的種子。

然後繼續：我的心馬上從藍光形式轉化成嚇噶，身藍，一面二臂，持杵鈴，和金剛亥母交抱。想：現在我已變成化身，並現起如是佛慢。這是簡單的持「轉生爲道」證化身的方法，此法主要目的在使圓滿次第九行證三身之修化身成就，並種下眞得佛之眞正化身之種子。此時你可以專注嚇嚕噶身上或念誦咒語；如果你唸咒，就專注心中□（梵文）字，觀咒語之各字母圍繞□（梵文）字，並念咒。（原註：雖然這些是以嚇嚕噶爲例，但同樣適用於金剛亥母、密集金剛、大威德金剛等等本尊，不同的只是本尊身、顏色等等觀想差異）。》》（72-20~21）

復有五加行：《《凡專心學密者，必先修習五種加行，懺罪積福，始得閉關修持，可期成就。五種加行者：謂誦皈依十萬，得入佛門故。禮佛十萬，消罪供佛故。百字明十萬，悔除無始罪障故。水碗十萬，曼達十萬，修集福慧資糧故。如是五種加行圓滿修已。猶如穢布，已復潔淨。然後取得本尊，依法閉關修持，直趨佛果，無有諸障。》》（119-81）

宗喀巴之加行等妄想如下：《《次修「空」性，如同死有，抉擇我我所執五蘊無性，彼相悉滅，如捨舊蘊。此後乃至未入表中有字，所有一切配加行道，『教授穗』云：「趣向死沒如加行位，勝解行地，是決擇眞實之加行性故。後由『過去有』滅，生『中有』位，如是由加行位臨最後刹那滅，即最後刹那**性極歡喜地無間道位**。」**初地之無間道，即加行道最後上品世第一法**。以下十地配胎中諸位故。『莊嚴經論』亦云：「爾時速當證，無間三摩地。」於世第一法作如是說故。從入表中有字，乃至天身未滿，是見修道，配十地位，『教授穗』云：「其後如

中有生，色之後成入胎位。當知**菩薩無間道滅後爲十地**，以此諸地有障在故。」》》（21-513~514）

宗喀巴與密宗古今諸師一般無二，皆認雙身法中受樂之覺知心爲常住不壞心，亦認打坐至無語言妄想時之覺知心爲常住不壞心，如是而言「決擇我我所執五蘊無性，彼相悉滅，如捨舊蘊」，其實仍墮「五蘊我」之中，五蘊相未滅，未捨舊蘊，覺知心即是「五蘊我」中識蘊之意識心故。如是**堅執五蘊中之意識心爲常、而說五蘊無常名爲空性**，完全誤會　佛說空性之義，與諸常見外道一般無二。　佛說空性者，乃是說眾生法界之根源—第八識如來藏，宗喀巴則以五蘊無常之空相作爲空性，與　佛所說相差何止十萬八千里？故說宗喀巴仍然不知不解「五蘊空」之理，執識蘊之意識爲不生滅法故，　佛說意識是生滅法故，是十八界所攝之有爲法故。

宗喀巴既不能了知五蘊之內涵，而執五蘊中之意識爲不生滅法，則與常見外道凡夫無異，仍墮「我、我所」之執，根本未曾離執，完全未起抉擇慧，尚無順抉擇分，而言「彼相悉滅，如捨舊蘊」者，悉屬空言，無有實義也。

宗喀巴復以如是「常見見」之邪知邪修，而配大乘菩薩法之十地修證，將菩薩十地之果證亂配一場，令初學者以為菩薩之修證果眞如密宗之所說者，其實是以外道法代替佛教正法，其實是誤導衆生，其實與佛法之修證完全無關也。

宗喀巴常引顯教諸經之文，以證自己之說為符佛說；然若加以詳實比對之後，往往發現宗喀巴所引佛語並非如彼所引之意，乃是宗喀巴斷章取義之說；如是行為，屢見於宗喀巴之種種著作中，不乏其例。以應成派中觀為其中心思想之印順法師亦復如是，往往濫引經中佛語而斷章取義，有時甚至斷句取義，藉以附會己說。如是不誠實之現象，非是學佛之人所應為者也；彼等諸事，余已舉證於拙著諸書中，讀者詳閱可知，此處從略。

密宗對於唯識種智之學，無力修證，索性加以否定（如月稱、阿底峽、宗喀巴、歷代達賴、印順法師……等應成派中觀師）。其餘天竺密宗諸師及藏密之紅、白、花教諸師，悉屬自續派中觀師之流類，悉以「意識自己」而欲永續存在故，悉以意識自己而欲來往三世、相續不斷故，故說此等諸人為自續派之中觀師。

此等自續派中觀師皆因不能證得第八識如來藏，是故不解唯識種智，然復不願令人以為彼等不解唯識種智之學，是故便以隨意解釋之方式，轉易唯識學之法相意義，將之轉化成密宗得自外道之修行法門之義，而誑一切人，以之說爲眞正之佛法。

時日既久，應成派中觀之黃教師徒亦復如是引用之，成爲普遍誤導衆生、誑惑衆生、取代佛教正統之密宗主流，眞正之佛教於焉正式消滅，唯存表相佛教—弘傳外道法而假名爲佛法之密宗。是故密宗諸師自古以來，常用唯識等種智名相而作種種說法，令人以爲密宗眞正是佛教之修行宗派；如是現象存在，已歷千餘年，至今未絕而更嚴重於往昔。

今觀密宗所說如是四加行、五加行等，實與眞正之佛法無關，而密宗中人自行如是施設，以與眞正佛法中之四加行互相混淆。今時若不加以釐清，而日後若仍由密宗坐大者，則往昔天竺密宗淹沒眞正佛教法義之故事，仍將重演於今時之世界各地，則佛教勢必從此永亡，不待月光菩薩降世之時而亡。

第三節　密宗荒謬之修集資糧法

密宗修集成佛資糧迥異顯教，乃是自設之妄想。譬如以供獻曼達作爲修集資糧之法：《《復次，爲積集順緣之資糧故須獻曼達，其法：觀面前虛空中雜寶裝飾之座上有蓮、月，其上復有自己之根本上師，彼爲三世諸佛身語意之體性，與金剛持無異，周匝一切傳承祖師、及諸佛菩薩圍繞，以自心所悅之相而住。

於其曼達盤上獻七堆米花，為所緣之依憑，自性根本清淨之吠琉璃地基上，四洲、須彌山、日、月、人、天，無不圓滿齊備。復次，於世間界中悉皆充盈由自己悉皆無執之所供養一切資具，誓願集積自主三世圓滿受用身之一切善根，不觀前面之一切客眾，一再獻供，祈請加持自己能生現證悟，禪定、無邊功德相續。如是祈請，且持一定數量次。

復於上師生強烈敬信，謂「除遣違緣」：誦念百字明，及觀自頂上金剛薩埵安住，一面二臂，持鈴杵；佛母金剛慢母持鉞刀顱器。二身皆白，以諸寶、骨飾莊嚴，金剛跏趺相交抱（即普賢王如來坐姿雙身交抱受樂之像），其心間月輪壇城上白色吽字，由彼生甘露相續（由彼金剛上師與師母交合受樂而出生淫液甘露，連續不斷出生），充盈薄伽梵金剛薩埵佛父母身中（充盈於上師佛金剛菩薩父母身中），復如雲興雨般（復觀上師與佛母如夫妻坐姿行淫之行為一樣），其甘露（他們行淫受樂而流出之淫液甘露）續自頂門而入（連續從密宗者自己之頂門灌入），消除一切黑相（以所觀想金剛薩埵與明妃行淫之甘露灌入自身而消除身中種種不淨之相），甘露續清淨二垢道已（以如是甘露繼續清淨自己之尿道與直腸之後），復自二足心流出（復觀此種甘露從自己之二足心流出），智甘露

（所觀想金剛薩埵與明妃行淫而流出之淫液甘露）盈滿身中諸處（充盈遍滿自己身中各個處所），復誦黑魯嘎百字明。如此積集資糧、淨治除垢，經年累月而行之。

以其二者之持數定量，獻其數於上師，若其同口，則生大障礙及劣定；若異口，則生妙定及障礙少。》》（61-224、225）

密宗上師如是教令徒衆：以七堆炒熟之米花，放置於曼達（供盤）內，而觀想供養人天等，謂一再修此供養而可成就「成佛之資糧」；非如顯教之以世間眞正財物布施衆生及供養三寶。若如是觀想供養，而可成就菩薩之道、積集成佛之資糧者，則本緣部諸經佛說往世修菩薩行之種種利衆諸行，皆可免矣。而此觀想既非眞實以利衆生，云何可成就三大無量數劫方能具足之資糧？是耶？非耶？有智之人盍共思之。

復次所觀想供養境界之相分，縱使成眞，眞能利益鬼神道衆生，然皆唯利鬼神道衆生（人天皆不受此供故），皆不利益人間衆生，則與佛說「當於人中修菩薩道—於利人之中成就佛道」之教誡相違也。如是密宗祖師所設之獻曼達，其意唯是欲令衆生對上師生起絕對不疑之敬信，以便日後傳授雙身法時能信受不疑爾，終非眞正修集資糧之道也，有智之人思之即知，必定不受其惑。

復次，所觀想自己之上師，衆中獨尊，「周匝一切傳承祖師、及諸佛菩薩圍繞」，即是崇敬上師更甚於佛菩薩之意也。欲令密宗行者對其上師生起絕對敬信之意，企圖極明，有智之人思之即知，勿需多言。密宗行者以此淫穢觀想，想頂上金剛上師行淫所生之淫液灌入自己頂門而遍身中，欲清淨自身，其實正如污泥洗衣，永無清淨之日。如是修集「成佛資糧、清淨污垢」，而言「如此積集資糧、淨治除垢，經年累月而行之」，欲求「生現證悟，禪定、無邊功德相續」，無乃妄想無智者之所說、所修耶？如人緣木而求諸魚，烏可得之？

薩迦派又言：《《…：禪定（此禪定者謂雙身法中一心不亂之樂空雙運也）之因、資糧道功德果：即本頌中云：「由資糧道」者，此中又四：壬一、外形相資糧道：以觀本尊上師不異，迎請於面前虛空，修五供（詳第一輯所說），乃至受持究竟無學道灌頂（詳第二輯第八章所說密灌慧灌第四灌）之間，能生三自性見之因，爲「外形相資糧道」。

壬二、內密咒資糧道：上品由三要訣至下品心氣集攝於臍輪之間，以此爲生自生智見之因，爲「內密咒資糧道」。

壬三、密灌頂資糧道：上品由三想，下品心氣集攝於佛母蓮宮之間（集攝於所抱明妃子宮之間），以此爲俱生智見因之資糧，是謂「密灌頂資糧道」。

壬四、究竟實相資糧道：上品喜等十二明妃俱三想加持（對於與自己合修雙身法之十二位明妃，皆以壬一、壬二、壬三之觀想而加持之），至下品心氣集攝於彼最勝蕊處之間（集攝於所抱明妃下體之內），以此爲生極淨最勝空樂見智因之資糧，爲「究竟眞如資糧道」。概言之，於積聚禪定之因，即承許爲「資糧道」。》》（61-442~443）

如是以雙身法而修諸觀想加持，即是密宗薩迦派《道果本頌——金剛句偈註》所說之密宗資糧道修持之法。如是邪淫荒謬之法，而可言爲佛法者，則此佛法不學也罷，唯益沉淪增貪而已，與解脫道及佛菩提道悉皆無關，云何可謂爲佛法耶？

復次，密宗上師令弟子作是觀想：想自己頂上有上師本尊與明妃行淫受樂而流下淫液甘露，從自己之頂門灌注身中，遍滿自身，以清淨自己黑業。如是觀想之法，除建立弟子對上師之絕對信心外，亦藉此而引生異性弟子對上師之貪著心，終至可以遂其共淫之意，如是即可達成共修雙身法之目的，密宗之道即可流傳不絕。所以者何？謂異性弟子既日日觀想上師行淫，而以淫液灌注自身遍滿，則異性弟子不對上師生起共淫之意者，實亦甚難也。

由是之故，密宗上師與異性弟子共淫之事，乃是久修密宗法道之上師與其異性弟子間之常事，亦是上師與異性弟子間之永久秘密，不能令配偶與家人知之，亦不得令外人知之。由是因緣，導致密教道場常有性醜聞發生，勢所必然故；稍有不愼而洩漏與上師合修之秘密時，必令弟子之配偶與家人心生齟齬故，則使共修之淫行秘密爆發，往往喧騰於新聞媒體之上多日，便成傷害佛教之新聞。然實此等諸多醜聞，皆與佛教無關，只是附佛敎之密宗外道所爲之事。

密宗本非佛教，而社會大衆及諸新聞媒體悉皆不知，乃至佛教中之諸大法師亦悉不知眞相，便致密宗外道所發生之性醜聞一再傷害佛教名聲，由此導致部份社會人士開始阻止家人學佛。於今之計，應當正本清源，令社會及新聞媒體普皆瞭解密宗之本質，令大衆普知密宗實非佛教，則爾後密宗一再爆發性醜聞時對佛教之傷害，便可終止，否則佛教終將永無寧日。

密宗以如是上師相應法，令弟子觀想上師與明妃行淫，而降下甘露清淨自身罪業之行，作爲修集佛法見道與成佛資糧之法，極爲荒淫邪惡，本是惡見所生之法故；亦與修學佛道之積集資糧完全無關，根本不應作爲佛法上之資糧道也。

第四節　密宗對緣起法之誤會

密宗所言緣起之法，並非顯教中所說之緣起法，乃謂中脈明點觀想及寶瓶氣之修證，與佛法中之緣起法無關。譬如薩迦派所說之三緣起：

《《壬一、迴風緣起：持心而迴風轉氣、迴風轉氣而持心，以其力產生種種跳、動、跑、喧嘩等相。

壬二、景像緣起有四：一、身脈景象：心氣集攝於遍動之精血左右二脈三十二脈結之匯合處，覺見隱蔽，心氣集攝於七萬二仟條極細微脈處、且覺知覺見自身極小進入自身脈幹中等。　二、脈字景象：以心氣集攝於心間之□（梵字：宗）等字處，如置「消除愚昧、黑暗」之燈，及以心氣集攝於六道種子字，覺知六道之處等。　三、界甘露景象：若五甘露等分均攝於心間種子字時，覺見五種姓如來，增長眉間、密處之二種紅白甘露力（詳第九章之雙身法所說），覺見三千世界之日月。　四、氣景象：持地（原註：水火風）氣等自住臍處時，覺見煙等相。

壬三、夢緣起：依前述景象時，前述之景象爲因，以睡眠爲緣，其景象所生之夢者爲夢緣起。

如此，問：其夢之覺受與夢之緣起有何差別？則曰：夢覺受之因僅是持氣，覺受果則僅產生夢馬等等浮動之相，範圍較小。

夢之緣起是：因—依內之四壇城諸多相異緣起；緣—則以睡眠為觸緣；果—則生種種相異之夢，範圍較大。》》（61-156）

如是所言之緣起，皆在觀想中脈明點及修寶瓶氣上用功，而非佛法中所說之緣起法—現觀十八界之緣起性空—依十二因緣而現前觀察蘊處界等一切法空，無一法具有常住不壞之體性。由是之故，密宗古今諸師於因緣法不能證解，所說、所修、所證皆是外道觀想及氣功等有為法故；如是修行，尚不能了知聲聞初果之修證實質，何況聲聞羅漢所不能知之菩薩明心證眞所得般若智慧？故說密法虛妄，非佛法也。

亦如薩迦派「五緣起」之說：《《五緣起所圓滿道：外緣起、內緣起、密緣起、眞如緣起、究竟緣起。

本頌中云：「以五緣起所生圓滿道」句，即是述此，其五緣起者：庚一、外緣起：為轉氣迴風及景象、夢等外境相粗略之所現。庚二、內緣起：為心氣集攝於脈字宮殿。庚三、密緣起：為由斷世間道而現出世間道身脈壇城等四壇城。庚四、眞如緣起：為初地以上之外驗相升現明點，內驗相升現氣，眞如驗相升現心功德。庚五、究竟緣起：為融入四行於十三地。如此，以五緣起圓滿世出世間一切道者，謂「以五緣起所生圓滿道」。》》（61-382、387~388）

如是所說緣起之法，皆在世間法、有爲法、無常法之中脈明點氣功上用心，所修、所證皆是世間有爲漏無常之法，與解脫道及佛菩提完全無關，乃是外道法，乃是外於自心藏識而求佛法，名爲心外求法者。

如是心外求法之密宗外道法門，竟敢誑唬佛教學人，謂其外道法上之修證可以令人證得佛法中第十三地之果證，而言「以五緣起圓滿世出世間一切道」，而言如是修行之人即是「以五緣起所生圓滿道」；如是以外道法代替眞正之佛法，卻說密宗方是最究竟之佛法—狂言密法是顯教修法所不能及者，顚倒殊甚也。

第五節　密宗邪謬之無漏法

密宗所說之無漏法，亦復迥異佛說。譬如「三無漏」：《《本頌中云：「身無漏」者，轉身脈處成化身，其中有二：一、身之秘密不可思議者：中脈頂髻不顯。二、一切身者：爲殊勝、非殊勝變化身者，其一切行以三律儀而調伏所化者。

本頌中云：「語無漏」者，轉脈字處成圓滿報身，其又有二：一、語之秘密不可思議：語量無能執，以外內均聞故。二、一切語者：以諸和悅語音爲無量種種眾生說法。

本頌中云：「意無漏」者，轉界甘露處爲法身，其又有二：一、意之秘密不可思議：法性如所有知；二、一切意者：有法盡所有知。》》（61-166~167）

密宗所說如是三無漏法者，亦是依於中脈明點及寶瓶氣而說修證，與佛法完全無關。而彼等所說如是三種「無漏」之修行法門，仍以雙身法爲其中心思想，故主張以三種律儀－雙身法中之身口意行－而調伏所度化之人。至於「意無漏」所說之法，仍未能離於雙身法之「界甘露」－以精液爲種子甘露；由是緣故，以精液之能生處爲法界之根源，而觀想密處有**法身佛**雙身交抱淫合故能生一切三世諸佛，故說「轉界甘露處**爲法身**」，如是而證樂空雙運、樂空不二者，即已成就法身佛境界，而言「**意之秘密不可思議：法性如所有知；有法盡所有知**」。

然究其言、觀其行、察其證，皆是欲界世間之有爲有漏法，並非無漏法；如是親住之境界，余悉知之，並無不可思議之意密存焉。而彼等已證如是「意無漏」之密宗古今諸師，雖然自言於「**法性如所有知；有法盡所有知**」，其實完全誤會解脫道及佛菩提，尚非二乘小果修證之見道者，何況大乘菩薩果位之修證者？如是而言三無漏、秘密緣起者，本質完全是外道，與佛法並無絲毫相應之處。

第六節　密宗對四緣之誤會

密宗所說之四緣，亦悖佛語，完全在密宗所說之常見外道法上用心。譬如《大手印教授抉微》中云：《《按：修習大手印之四緣者，了達輪迴苦，決心出離，專修大印爲**因緣**（一）。上師能與行者加持，及其本人之經驗教授，能令行者開悟，故爲修習大印之**增上緣**（二）。行者了達一切無明、分別、煩惱等皆爲法身，能持爲修習大印之道，此爲**緣緣**（三）。一切行持，不離此法身上所顯現種種，而此無依無護之大印，任何所作、任何時間無不相應，此爲**等無間緣**（四）。如上四緣而以上師加持爲主緣。且所謂根本上師者，即能令行者頓見明體之上師；金剛上師者，謂俱生之緣所能感召者，得**師弟同體，永不分離，如彼金剛**，不爲他破也。且所謂瑜伽者，正以爲**法界本體，上師加持及弟子之得加持而見明體，三者本來同體**，本來相應，故曰瑜伽也。此即修上師相應而通大印之理趣。》》（34-843）

當知四緣者，乃是一切種智中所說之八識心王中相應之法，無關外法。今者密宗將此四緣而說上師與弟子間修學樂空雙運大手印之四緣，眞乃不倫不類之說也。所以者何？謂四緣者，乃是八識心王間所顯心行，與上師弟子間之關係無涉。密宗卻言四緣以上師之加持爲主緣：

等，眞乃誤導衆生之言也。如是以外道法而代替 佛之正法，即是密教所慣用之手段。

復次，密宗所言「**師弟同體，永不分離，如彼金剛**」者，有大過焉：如是則謂有情生命本體乃是未學佛法之前曾被分割，今由修學密法故，回復爲「**師弟同體**」，而認爲報身佛既是與「母佛」雙身交抱之像，則弟子與上師合修雙身法後，其靈體即因與上師交合而爲一個法界明體，故應當將己明體經由下體運入異性上師身中，與上師結合，而完成雙身法之修證，將來成佛時與異性上師永不分離、如彼金剛薩埵與佛母交抱受樂而永不分離之狀。審如是，則法界明體是可分割者，是故後來亦可合併爲一，永不分離如彼金剛。此眞邪見，迥異 佛說，云何而可言爲佛教之修行法門？密宗上師則以此爲由，而鼓勵異性弟子與其常相交合，以求成就「佛道」。

復次，《甚深內義》中，讓蔣多傑云：《《四緣者，頌云：於彼習氣阿賴耶，因緣等咸集於此，中間顯現增上緣。由眼等根達於識，所緣緣者爲色等，境中顯現應了知。又所謂無間緣者，彼彼滅已無間生，第六意識常現起。初、因緣等習氣咸集於阿賴耶識，前已述一切種即此處所謂因緣，若無此，則無因緣，其餘一切有情之因如喻言之。如攝大乘論云：「阿賴耶識，如陽燄、如幻、如翳」，故無此識認持，諸非正分別種子顚倒因，則無有矣！必具阿賴耶識，已如上述。

二、增上緣者，頌云：于中顯現增上緣，由眼等根達於識。由六識之增上緣者，中間顯現五根及識根：眼根如葡萄，耳如新捲葉，鼻如雙垂爪，舌如新偃月，身如腰鼓類，皆是淨色根。所謂色者，從四大之因出生，淨者與識相連，且明顯故，內種子成功能與相連故，爲阿賴耶識所攝持故，顯現五根其理不違。意根者，彼無間在阿賴耶識中生滅，又爲六識無間所攝故，一說名爲意界。又有謂第八識功能分出、能開意識生門，是屬處類。所謂法處者，有爲法處、無爲法處，由彼意與法，即心與境之中出生緣起。

三、緣緣者即色等，境中顯現色聲香味觸，有爲法無爲法等是。色者，爲四大種或大種所造，凡眼所行境，顯色形色是；聲音、耳所行境，從執受及無執受種出生。香者鼻所行境，好香、惡香及其餘香。味者，舌所行境，六味。觸者，身所行境，輕重軟粗、寒熱、饑渴。法者，無爲法，及有時顯現之法，從有表出生；所取法，自在圓滿法、遍計法，受想思等。無爲法者，六滅及空眞如，彼等異名有八；略攝之，則爲一切所了知境。

四、等無間緣者，頌云：彼彼滅已無間生。聲聞乘差別部許爲六識，各各滅後，無間之緣，雖然彼非必以滅爲因也。解深密經云：前六識滅已。此意界與無間意説爲一，由此傳第八識無間意，在一切種八識中，如水與波，依阿賴耶識而動搖，出生無間緣，如前所述。前六識緣，若以一出生，無間緣亦以一出生；多出生，亦以多出生，如彼數相同。彼之滅者，指前六識滅時，作無間後緣相近，故曰無間。是故説彼無間而生，亦不相違。三十頌云：五與根本識，五識如何出，與識俱或非。根本識爲阿賴耶識，五識與三緣相俱出生，此説與識俱之理，即此第八識，亦許爲彼之增上緣，故由無間意出生已，乃有根塵識，此説或非正理。第六意識如何出生？三十頌云：「生起意識者，依止根本識，五識隨緣現，或俱或不俱。意識常現起，除生無想天，及無心二定、睡眠與悶絕。」如上所云：五識中第六識，暫時攝於阿賴耶識，故不顯現，餘一切時皆出生。頌曰所謂第六意識者，即指此也。第六意識亦有無間，依於阿賴耶識之等無間意所分出。亦或謂第六意識分出，則與第六意識同已。又前六識若就果位上説，與三緣出生可符正理，瑜伽師地論云：四緣者説因緣，爲心所生。若就勝義上言，一切從緣起生，成立

彼等之一切說，爲皆而已；如此引證，甚繁且止。如上釋因緣已。》》（34-348~350）亦即（46-28~30）

如是所說四緣者，處處違背四阿含中佛語；亦違大乘經中佛語，復又違背諸菩薩論中意旨，不克一一枚舉，且舉其過之大者言之。

密宗之《甚深內義》所引《《如攝大乘論云：「**阿賴耶識，如陽燄、如幻、如翳**」》》者，『攝大乘論』文中並無此句；然有相似之句：《復有譬喻相：謂此阿賴耶識，幻、焰、夢、翳爲譬喻故。此若無者，由不實遍計種子故，顛倒緣相、應不得成。》意謂：阿賴耶識含藏種子之正理者，復有譬喻相：謂此阿賴耶識之含藏種子體性，故以蘊處界等猶如幻化、陽焰、夢境、如翳而譬喻之。此阿賴耶識若無者，則由**不實之遍計執種子故而產生之顛倒緣相**（執蘊等實有—譬如宗喀巴之執意識常住不壞—之顛倒攀緣相）等現象與言說，應不得成立。是故《攝大乘論》所說之「阿賴耶識，幻、焰、夢、翳爲譬喻故」所說之理，乃謂阿賴耶識實有，非如密宗所言之「**阿賴耶識，如陽燄、如幻、如翳**」，密宗上師不了眞義，妄作情解，便生錯會；更以書論貽誤後人，非所宜也。

復次，彼《攝大乘論》文中，處處證成「實有阿賴耶識」之理，亦處處證成一切法之根源即是阿賴耶識：世出世間法皆依阿賴耶識而得出生；若無阿賴耶識，即無一切世間出世間法。今者密宗以未能證得阿賴耶識故，遂否定之，乃反其意而曲解曰：「故無此識認持，諸非正分別種子顛倒因，則無有矣！」則是否定阿賴耶識，妄謂：「若不執不證阿賴耶識，若阿賴耶識不認持諸法，則『一切邪分別種子之顛倒因』便得消滅」；密宗如是故意曲解論意而附合己意，印順法師亦復如是，故意曲解《攝大乘論》之文意，顛倒而說論意為主張無有阿賴耶識，與論意完全相悖；如是作法與密宗諸師如出一轍，非是誠實人之作為也，如是所說焉得謂為佛法耶？《甚深內義》此段文中錯解錯引之處極多，篇幅所限，不克一一枚舉，有智之人自能簡擇。

第七節　密宗自己發明之漏盡通

密宗古今上師所證之「漏盡通、無漏通」，亦皆不同佛法中之漏盡通。西密四大派之法皆是以雙身法之樂空不二、樂空雙運為修證標的，故其漏盡通者，乃以男女交合而至性高潮時之不射精：精液不外漏，或漏後能回收至腹中，而謂漏盡。譬如：

《《明點漏則所依退敗者，其能為禪定中之障礙（密宗以雙身法之大樂正受而一心不亂為禪定正修，若射精則不能長住性高潮中而長時一心受樂、一心不亂），故須守護（令不洩漏）。「六漏」者，即：生樂遍滿盈中漏、鬼魔習氣夢中漏、病患諸擾液中漏、明妃作緣貪中漏、飲食不調覺中漏、行止不端過中漏。》》（61-419）。此乃謂精不洩漏而言無漏，非謂佛教正法中所說之煩惱漏盡也。由此可知密宗對佛教正法之扭曲解釋，嚴重無比。

亦如：《《出世間道法等悉圓足之世第一法：能得出世間初地以上之諸道悉圓足者，且能「（在有）生（之）身（證得精液）無漏」、心無分別之因，而爲無礙著。》》（61-436-8）。顯教中之世第一法尚未親證大乘見道，乃是四加行位之最後位，猶待證得第八識如來藏已，方入大乘見道位之第七住位中，猶待通達般若之別相智已，方入初地通達位也。是故密宗對顯教所說之四加行內涵，完全錯會，而以自意隨便解釋之，便用來「弘法」以誤衆生也。

復次，此文中所謂無漏者，乃謂生身無漏；謂於此世身上即修成物質明點（精液）無漏，而於樂空雙運之際、心不分別種種身外之法等，謂爲證得無漏之初地聖人也。以此雙身法爲基礎而修道，若能融入密宗之「四行」者，即可成佛，名爲究竟無學道，故云：《《…二地至十二地間則有十一種驗相於「修道」，以融入四行爲「究竟無學道」。》》（61-437）。究竟無學道者，謂修成究竟佛地之境界也。

《甚深內義》中言：《《所謂漏失者，所依身漏失地有四：即上下道及毛孔，餘根門。能依心漏失亦有四：貪愛、無明、不正見（原文中少一，唯列三法）。四者捨己，得究竟果。》》（34-437）

《甚深內義》中，主張以雙身法之淫欲第四喜大樂而可出離生死，故作是言：《《生死流轉：頌云：

不清淨迷亂有情，不知剎那之大樂，不知己樂向外攀，樂壞乃生起三毒。不由己願入輪迴，初為具樂之貪欲，中者則為痴無明，復為離貪之瞋心。求樂自貪及慳吝，嫉妒皆起作不善，是故墮落於惡趣。

誰流轉？頌言：「不淨錯亂諸有情」，不知何者？頌言：「不知剎那之大樂（不知性高潮出現時之剎那大樂）」，何不知？頌答：「不知己樂向外攀（不知自己身中有此大樂而向外攀緣身外不實之樂）」，樂壞乃生起三毒（身外之樂終究會壞失，由壞失故便起了三毒），不由己願入輪迴」，俱生智當由觀察了別故。》》（34-435~436）

如是，密宗以雙身法所證之欲界淫行第四喜大樂，作為究竟成佛時之報身佛常住大樂，故以修成「長住最高淫樂第四喜境界，而精液不漏失」，作為漏盡通，作為佛法之正修行。密宗所謂一世之中即身成佛者，精義在此；《甚深內義》書中所說者，意亦在於此，是故處處所說皆以隱語而說，以免密意外洩；由於顯教中人不能知解如是密意，故名彼書爲《甚深內義》。

密宗古今諸師，悉皆不知漏盡通之本質即是斷除「我見及我執之現行」，又復錯會我見與我執之內涵，而以不貪射精之樂及精液不漏作爲漏盡，如是妄想膚淺之外道世間法，而謂爲無上密法，有何佛法密意可言耶？《甚深內義》中更說衆生由於不知自己身中具有如是大樂，而向外求樂，故輪轉生死；殊不知密宗如是追求淫行中「俱生樂－第四喜」之樂者，正是欲界漏中最粗重之外樂因－外於自心如來藏而求身觸外法之樂，正是「不知自己本有第八識涅槃之究竟樂，而向外求男女欲之無常樂者」，欲界衆生因此欲界之男女欲貪而致受生於欲界人間故－唯除乘願再來諸菩薩－乃竟以此邪見，而責衆生之輪迴乃因不知貪求自身第四喜淫樂大貪所致，於漏盡通之誤會嚴重至此，世無其匹。

《甚深內義》復云：《《漏有如下之次第：從一界乃至五界。時輪註『殊勝不變略攝』云：若明點漏失，則爲生三界之因。「色界無男女二根，無色界無身，何故有漏失？」答曰：**四無色界**者，其普遍定中有空之水、空之火、空之風、空之地四者，故有漏失。**四究竟天**者，其普遍定中，有風之火、風之水等四者，故亦許漏失。于是乃至有火之四者、水之四者、地之四者，此則從廣果天乃至梵眾天之漏失因；如上十六色界與四無色界爲二十處，皆由五大各各內涵五大小種爲漏失因，由前所說因緣，故有老死。》》（34-355）

密宗如是胡言亂語，而仍有人信之、終生奉行不渝，眞乃無知之極也。無色界雖有四天，實唯一界，非有四無色界也。復次，究竟天者，唯在色界頂，爲五不還天之第五天，方名色界究竟之天也；色究竟天唯有一天，非有四天也。密宗不知三界之境界，而胡言亂語，更造成書論，遺誤後人，非所宜也。

復次，無色界既無身根，故於欲界之十八界法中，唯有意根、定中法塵、意識三界現前，全無「有色根」等十五界法，不應言尚有四大之漏失也。密宗所說無色界定中「空之四大」者，乃是擅自發明之名相，實無「空之四大」等法可供無色界「天人」漏失也。四大之極微互不相涉故，故無所謂「風之火、風之水、空之地、空之水」等可言也；空則無物，不應言有空之地水火風也。凡此種種謬說，皆因誤會《楞嚴經》中佛語眞旨，故作如是妄語，皆是揣測之言爾。

色究竟天人唯是影像，非是物質之色法，乃是物質之邊際境界，過此即成虛空也，是故言爲色法之究竟處，故名色究竟天，不應言有「空之火、風之火」等物質色法也。如是天界已無密宗所言之精液漏失，由此可證：「密宗所言之漏盡通，只適用於欲界人間爾，完全不適用於色界及無色界也。」何以故？謂「唯有欲界之人間外道弘傳此雙身法，方能有受諸淫樂而不射精之情事故」，故精液無漏之法，只合人間外道有之，非諸天有此邪法弘傳也。

若「四大之漏」所言可通者，則密宗諸師及諸密續亦應補說「人間之密宗行者如何修行可致四大之漏消除之法」；而古今密宗諸師悉不言此，應有大妄語之嫌。譬如蓮花生之未曾證得此四大不漏之法，唯言淫液不漏之法，則應蓮花生實際尚未成就密宗之佛果，尚未修證此色界無色界之「無漏法」故。審如是者，則密宗所說即身成佛之法乃是妄想，並非眞能使人證得四大無漏之法。

復次，色界及無色界天人，若非菩薩證悟者而乘願生彼者，皆是有漏之人——未斷我見我執，然非密宗所謂四大之漏也。密宗上師不知佛語眞旨，錯會　佛所開示無漏之正義，而以精液之不漏作爲佛法無漏道之修證正途。若密宗所言爲正，則色界及無色界天人悉成已證無漏道之四果聖人也；然因　佛說色界天及無色界諸天人亦屬凡夫，未曾證得無漏道，故密宗上師對於他人所質「色界及無色界諸天之無精液可漏者，亦應是證果聖人」一語，便不能置答，乃發明此說，妄謂色界天人及無色界天人仍有風大之火、風大之水……等漏失，故仍是有漏凡夫。凡此皆因密宗上師對於　佛說漏盡之眞義不能得其正解，遂有如是《甚深內義》之無漏笑譚出現人間而流傳之。

復次，設使將來密宗上師讀畢拙著，而於無漏法之修證如實正修而符　佛說者，亦僅是聲聞解脫道之行門，尚未可言是成佛之法也。成佛要賴般若種智之成就，及福德之具足方能成就故。是故諸聲聞羅漢唯成小乘四果聖人，不能成佛，云何密宗可以說無漏即是成佛？不應正理！密宗對於佛法之誤解，及依自意而作之妄解，如是嚴重，所說完全不同佛說眞旨，云何可稱之爲佛教之密宗耶？斷無是理！而印順法師竟強詞奪理，爲密宗張眼，強言密宗是佛教正統宗派之一支，迷寐至此，夫復何言！

第八節　密宗所證之四果五果

密宗擅將佛法中一切種智之名相，加以扭曲之解釋，以符合其引自外道之雙身法。譬如「四果」之說：《《由修道而生之受用覺受爲諸法極淨眞實下固四喜之見，其亦謂：「以等流爲滅白髮，以異熟爲能做力，能爲士夫增長相，以無垢轉成無死。」……等流果者：若界淨分固於臍（若性高潮時從精液及女方淫液所提升之淨分能安住於臍輪），臍輪輪周數掌際，如鏡面或雙覆口碗相對，以指觸不可得，且甚白具光澤。如此，能去除白髮及皺紋，身之肌膚得轉柔嫩。

異熟果者：界淨分固於心間（若性高潮時從精液及女方淫液所提升之淨分能安住於心輪），以如遍入天子之力而無敵。

士用果者：界淨分固於喉間（若性高潮時從精液及女方淫液所提升之淨分能安住於喉輪），舌能至眉間、二肩高圓、貪欲、身極暖熱、生貪執、吮小舌乳（嗞津），能多日不食，且身不憔悴。

無垢果者：菩提心固於頂輪（若性高潮時從精液及女方淫液所提升之淨分能安住於頂輪），其壽能達二百歲等，非永不死》》（61-300~303）

如是所言之等流果、異熟果、士用果者，余今釋其密語隱義已，令諸已證般若之人閱而不禁哂之。若有多年研究唯識學、而眞解唯識正義者，閱此密宗言說已，必定噴飯大笑。佛法名相而可如是隨意解釋者，則人人皆可如是自行解釋；則人人皆可自謂已成佛道，所說之修證境界內涵不必一定符合 佛說意旨故。

密宗復又自創五果之說，混淆顯教唯識一切種智之說：《《……是中，「離繫果」乃以暖相之次第堅固從而於自他之身升現本尊，語升現密咒，意升現無分別禪定相續不斷。

又因此得盡知旁生等類之語，亦能應其語而語，凡諸所現能覺無礙，爲「異熟果」。

復次，身內樂受不斷（證得雙身法之第四喜已，並能延伸至平常不抱明妃之一切時中亦可樂受不斷者），縱以苦緣交迫而亦生樂不絕者，爲第三之「等流俱生果」。

復次，煩惱倏息，八法之分別遮滅，一切之所執者小，爲「士用果」或「無垢果」。

壬二、初宗趣時升現之四果：親見化身佛陀，自性中明現本尊，生起次第堅固乃離下劣身。以百種語向百種所化之眾生說法，離下劣語。

心中升起無根本、後得二位之定，離下劣意；以此等功德乃爲「離繫果」。

又穿山透壁而無礙，納三千世界於一粟而無大小，能以一變多，復以多變一等，以此功德而爲「異熟果」。

又以心氣入中脈，雙跏於尊母（若能以淨分菩提心寶瓶氣而入明妃之中脈內，並觀想「本尊父母雙運」於明妃之中脈內），無漏之樂得相續不絕者（而令精液不漏、長保樂觸常存，而相續不絕者）爲「等流俱生果」。

又、景象等諸定如其所有而止，所斷不順之類力小，對治之智力大，成妄進退者爲「士用果」或「無垢果」。》》（61-444~446）

密宗如是而言唯識之「五果」，並引顯教經中所說諸大菩薩境界之名相以自莊嚴，其實完全不實，誤會唯識五果之義極爲嚴重，顯見唯是密宗上師之臆想誇大言辭爾。

此謂諸大菩薩如是等「果證名相」所說之菩薩五果內涵，要因明心見性而證得般若慧之後，發起根本無分別智而漸生後得無分別智；於般若之別相智具足之後，進修一切種智，通達般若見道之智、而起無生法之忍已，始進入初地；復積集福德資糧，廣修布施波羅蜜，及進修一切種智，漸入諸地、圓滿諸地功德後始得發起與圓滿。今觀密宗古今諸師所說言語、所著經續，其中所言般若等，顯見彼等未有一人已證第八識如來藏。未證如來藏者，當知必無實相般若之慧，唯是相似般若爾。

然相似般若者，謂學地菩薩依　佛說如來藏之體性而說，雖未實證，而所說完全依顯教經典闡釋；所說雖非實證之言，然未敢妄以自意所想而說。密宗則非如是，純就自意所想而說，名雖般若、其實絕非般若，尙不能言爲六住菩薩所說之相似般若，何況能言爲七住菩薩所說之實相般若？所說悉皆違背 佛說般若之意故，亦復違背六住菩薩所說之相似般若故。所言既非般若正說，尙不能與相似般若相符，何況能令人證得實相般若？由是可知：密宗古今諸師所造密經密續中所說密法，絕不能令人證得顯教諸經所說之諸大菩薩境界；造續之人尙未證得第六住菩薩所證之相似般若故，更未證得第七住菩薩所證之實相般若總相智故，皆是依自意妄想而說故，皆是依外道之雙身淫樂墮落邪見而說、而修故。

復次，離繫果者，乃是斷除我見我執而得離於三界繫縛之果報，非是密宗所說「明點觀想…等世間有爲法、所獲得之一念不生、不分別外五塵之境界」也；而此一念不生亦不分別之境界，仍非眞實無念、非無分別，仍有較細之「離語言妄念」故，仍有極細之「離語言而不能了知其意之妄念」故，此是證第四禪者所斷之妄念故。然而密宗古今上師所說之一念不生，只是離語言境而已，尙不能取證初禪，何況能斷如是諸種妄念耶？故非眞正之一念不生也。

復次，既住淫樂之境，而能觀察樂之是否減退，故於樂受之中常作種種生樂之加行，藉以保持常住樂受之最高潮而不離於性高潮境界，則知受樂之中必有分別，焉得謂爲無分別耶？是故密宗古今上師所說之無分別者，非如　佛所說第八識之眞正無分別，而是妄以意識心之不起語言文字等相、便作爲已住無分別之境中也，悉皆誤會　佛說無分別之眞旨也。如是密宗之「佛、十地菩薩」，誤會佛法如是之鉅，尚且不如正修佛法之學地凡夫，根本即是外道邪見者，焉得稱賢號聖、以籠罩正修佛法之顯教學人耶？

復次，神足通之穿山越壁、一多互變等，乃是世間修得之有爲法，非是一切種智中所言之異熟果也。若有往世修學神通，而致今世出生後有報得神通者，方是異熟果之依報，而仍非眞正之異熟果也；而此異熟果依報，仍非由密宗之雙身法勤修所得也，乃由往世之修學神通加行果報所得也。今世若修雙身法而求淫樂第四喜者，不久必定復失神通，得不償失，淫樂違背神通之修證與保任故，必令神通喪失故。

菩薩則由廣施衆生以財法及無畏，故來世獲得種種可愛之世間果報，此等方是異熟果也；謂由種種事行故，異身而熟、異地而熟、異時而熟之果報，方名異熟果也；或如密宗師徒之以外道法取代佛法，成破法者，來世必得三途果報身，失於人身，彼來世之三途身即是異熟果，異時、異身、異處而熟故，異熟果純依正報而言故。密宗不解唯識種智之名相，妄以自意而解釋之，便生如是笑話，今時不免平實之拈提闡釋，正是求榮反辱。

復次，神通之修證，若以密宗所說之中脈明點觀想及寶瓶氣、雙身法等法門而修者，永劫不能成就，神通非可依彼所說而修成故，密宗古今諸師皆未曾證得眞正之神通故，皆是後人之渲染附會而成者故；極少數有小神通者，乃是報得，非依密宗之法而修得故。若眞能依密教之法而修得者，今時應有極多密宗上師已得神通，云何現見諸多密宗上師皆無神通？皆需裝神弄鬼而籠罩學人耶？

復次，異熟果者，乃是有情造善惡業已，來世或多世之後，獲得可愛或不可愛之正報身，名爲異熟果；或菩薩造諸淨業福業已，而令彼菩薩未來世必定獲得可愛正報身，名爲「菩薩可愛異熟果」；或菩薩正修種種利衆法行，令衆生得於世利、法利，而於來世或多世之後，緣熟時現起種種可愛之依報，亦是「菩薩可愛異熟果」。

或菩薩初學般若，性障仍重，不知自省，乃對助其證悟之師作種種無根有根誹謗，或作種種抵制其師弘傳正法之事，成就世間法界所說「欺師滅祖」之行爲，導致來世受諸不可愛之果報，及種種障道之事出生，凡此皆屬異熟果。由此諸報乃是異時而熟、異身而報，故名異熟果報，非如密宗所說能知旁生衆生之語而與之言語者也。

復次，等流果者，乃謂衆生因於往昔無量世之世間法熏習，故令八識心王之一一識，各各有自心種子從第八識中前後相等流注而相續不斷，成就世間之「了境名言」；亦因由此八識心王之種子前後流注、相續而生，能生「了境名言」，是故成就世間法之種種果報，故名等流果。此果要因異熟果中之「異熟生」而有，非可獨立存在；亦因此果而有等無間緣之功能示現，亦非一一識之等流果皆能遍於三界中現，此屬一切種智範疇，篇幅所限，暫置不論。

士用果者，乃謂衆生因於異熟果、等流果故，處在三界中便有其世間士夫等用，謂行來去止、士農工商等種種世間行之果報；非是密宗所說修學中脈明點、寶瓶氣、拙火、雙身法樂觸等所得之世間果報。

復次，唯識種智中所說五果者，謂異熟果、等流果、士用果、離繫果、增上果，非如密宗之隨於自意而創造之、而編配之。密宗所謂「等流俱生果」者，乃是彼等將雙身法之淫樂境界修證、依於自意而創造之名相，非是 佛所說法；等流果本身即是俱生之果報故，不須於等流果之上別加俱生二字。無垢果者，亦是密宗依於自意妄想而創造之果位名相，非是佛法中所說者；而密宗所說之無垢果，其實正是欲界垢，正是佛所極力破斥之欲界中最粗重貪，第四喜乃是一般凡夫俗人中之最下賤者所墮境界，而密宗說之為最究竟果，顚倒殊甚。

然密宗所說一切妄想境界及一切有為法之修證—譬如「等流俱生果、無垢果……等」—其實亦皆未離唯識種智五果所顯境界，不出其外，悉皆函蓋於其中；而彼等自不能知，乃別別創造名相、欲顯其異、欲顯其妙，然終難逃後來智者之法眼鑑照與檢點；初意本欲諍於顯教、上於顯教，而今不免顯教智者之一一評破、自取其辱。如是，密宗之法邪謬，絕無可取之處，絕非眞正之佛法，完全與佛法相悖故。

密宗其餘古今上師所說等流等五果者，亦悉亂言一氣、違 佛所說；限於篇幅，無法一一拈提破斥，讀者欲知五果之詳，請閱拙著《楞伽經詳解》諸輯書中所述即明，今不贅言。

第九節　密宗自己發明之五如來

密宗古今諸師普遍存有不良習性—喜依自意妄想而創造佛法修證名相，以此自高而籠罩他人—譬如彼等之創造五如來身。依薩迦派所言，五如來身者謂五甘露：《《頌云：五如來身；謂：五甘露。》》（61-501）

五甘露者：《《即本頌中所云：「依食、行止、氣、明點、手印母（此謂事業手印—明妃）」句。》》（61-367）

食之甘露者，有五種，皆屬「五辛、酒、肉、大小便、精液淫液……」等不淨物，乃是鬼神之所好樂、而諸佛菩薩一向遠離之者。行止之甘露、氣之甘露、明點之甘露、手印之甘露（此謂事業手印之明妃，與密宗男性行者合雙身法而有之男精女液混合之物）者，詳見第一輯第四章所說種種甘露即知，此處勿重贅言，以省篇幅。

如是五如來之說，乃是頭上安頭、疊床架屋之舉；亦是密宗古今諸師自意妄說妄解之實例。以此類創造之名相而密傳之，不令外人知之；由不外傳之故，外人難知密宗之底細，便爲其所造諸「密經」及密續中種種名相所迷惑；顯教中人復因持戒精嚴，唯恐誤謗正法而犯重戒，是故戒愼恐懼，於未瞭解密法之前，悉皆不敢稍評密宗之法。由是緣故，便使密宗諸師有恃無恐，不畏他人之評破。

然而時日旣久，必生憍慢，漸漸大膽妄爲，以自意情解而說佛法，並以假爲眞，妄以爲彼法眞實勝妙於顯教；乃至今時密宗上師之自信滿滿、故無所懼而公開秘法，底蘊逐漸顯露，終不能爲彼少數自知底蘊而有「遠見」之密宗上師所遮，密意盡洩無餘，不免顯教智者之所破也。

今者密宗以五甘露而謂爲五如來者，實乃妄想者所說，非佛法也。亦如密宗之發明五佛之說，以中央及東西南北五方而配五佛，以五色光而配五佛，荒謬之至。此謂佛無方所，隨選十方虛空中之某一世界而說此土爲中，彼土爲東西南北；於十方虛空何嘗有中、有東西南北？云何密宗指定 毗盧遮那佛爲中央佛？云何密宗指定 彌陀佛爲西方佛而配屬於 毗盧遮那佛？云何密宗指定 寶生佛…等爲東南北方佛而配屬於 毗盧遮那佛？顯違諸佛平等平等之事實，顯違諸佛法身報身功德無二無別之聖教量。

復次，諸佛悉皆同一種光莊嚴，同以金色光爲其主光；雖有時爲現某一因緣，而於強大金色光中出現種種色光，令衆歡喜而攝受之；然此是 佛度衆方便而示現者，非其本光也。一切 佛皆已斷盡欲界、色界、無色界惑，亦已斷盡三界惑之現行與種子隨眠，復又破無始無明，並以無量劫之進修種智而斷盡無始無明之一切隨眠，究竟清淨無染，究竟世出世間一切智慧，云何復有魔道衆生所有之紅色主光？云何復有羅刹、夜叉…等不淨衆生所有之藍光、綠光…等不淨光？密宗完全不知佛地境界，竟將如是不淨衆生所有之種種不淨主光，配屬 阿彌陀佛…等佛身，而復將諸究竟佛之報身，說爲常抱女人交合受於淫樂，淫穢不堪之魔道下等有情之身（詳見《西藏度亡經》所說），顯見密宗古今上師之昧於佛教正法，已至荒唐無比之地步也，有智之一切密宗行者，當速遠離，莫再爲其所惑。

第十節　密宗自設之四念住與四正斷

密宗所說之四念住者，異於佛說，並非佛法中所說之四念住或四念處。譬如衆生出版社《修心七要》書中說：《《修法指導：蔣貢仁波切在所有開示前，均以「將心轉向佛法之四念處」開始。此四念，或曰「四共加行」，即1人身難得，2死亡無常，3輪迴過患，4業報因果。仁波切尤強調初機者應多方面參考這類資料，這是最基本的教義，應根植於我們心中。》》（181-48）

然而如是最基本佛法之聲聞法四念處，轉世再來之「聖者」蔣貢仁波切尚且誤會，違佛所說之四念處法，而以自意發明之四念處說之；其餘密宗行者能不被誤導者，殆無可能；除非彼密宗行者能自行涉獵顯教諸經佛言，否則終將絕對信受而誤入歧途也。如是胡亂解釋佛法名相之現象，非是唯一，而是密宗內之普遍現象。

譬如薩迦派如是說四念住：《《…頌云：「四念住」，乃謂：主要為心覺受之依據。云「念」者，即云對治之分別。云「住」者，即云能為現（樂）空雙運。云「四」者，即其差別。……其之對治小行法為四念住，即頌云「自之本尊天」。謂：意觀自身成本尊爲「身隨念」，亦暗指反覆「隨念本尊」迎入智尊。「咒隨念」者即誦本尊心咒。又頌云：「觀能生彎轉之必要」，即謂「法隨念」。》》（61-505~507）。此乃依於密宗自設之雙身法前後貫串方便，而以佛法名相加以自己之解釋也，絕非佛法中所說之四念處或四念住也。

亦如 佛所說之四正斷、四意端，密宗亦復如是依於自宗需要，而作別於顯教之說：《《現教示四正斷：於禪定（於雙身法合修過程中一念不生，即是密宗所修之禪定）之流續如實串習時（如實反覆修習時），或長時於是中得無漏大樂（或長時間於雙身法合修之中證得不洩漏精液而產生之長時間高潮之大樂），或爲見諦知足之魔（或爲證得如是大樂見地而生滿足、令其不思精進日日串修雙身法之「魔」），而出於此中其他不動大昏沉之關頭者。

此爲內緣起，心氣集攝於中脈之尖（心氣集攝於中脈下端之龜頭及子宮頸），爲外相阿字之力。其對治之大行法即行四正斷！若無如此之訣，則長時障礙證得地之德（若無此四種正斷之口訣，則將長期障礙修證密宗諸地之功德）。又：**其內義乃爲第四灌頂之性相**（此四正斷之內義乃是與上師首次合修雙身法而受第四灌頂之性相）。……頌云「四正斷」，謂：以喜等十二具蓮女之精勤脈（以初喜至第四喜之方滿二十歲具備條件之女人達至性高潮時之中脈下端—子宮口），正斷能斷分別。如彼，以緩行等理意（詳如第八章及第九章所說之高潮時緩緩而行之道理及密意）、行斷分別（而作一心受樂時不觀有樂無樂、不觀男女、不起語文妄想思維等行，名爲斷分別性）；以身語意金剛跏趺（如第九章所說以坐姿交合而起身語意諸行，令生大樂乃至不能忍而致鼻息暫斷之際）、斷分別（於如是諸行中念不生而受其至樂，斷除語言妄想之分別）；以明點抑氣（於高潮時以明點之力而抑制下行氣，以免射精而失去長久受樂之境界）、斷分別（於性高潮中不求射精之覺受而斷「不射精之樂與射精之樂」所生差別之分別）。……

頌云「喜等十二具蓮女」，謂：以本尊天眾所授記之具蓮女，具破立八法：非不喜、能令修喜者（具蓮女者：生性非爲不喜愛淫樂之喜，而且需是能令密宗行者與之合修淫樂之喜者），非不具相、具妙相（非不具美麗之相，而且具有合雙身法所須之勝相），非無淨信、極有淨信且貪大（非於雙身法不具清淨信仰者，並且是有極大信心而且對淫樂之貪求心極大者），非無加持、僅見即能生樂爲加持（非對密宗行者不具加持力，而且是才見之時便能令密宗行者生起淫樂覺受者）。

頌中之「具蓮」，謂：具蓮女之種性，其手與足與蓮紋者（詳第二輯第八章及第九章中所說）。頌中之「十二」者，謂：十有二者，即雙十年華、貪欲極熾盛之女。……頌云「探脈」，謂：以薑、雄黃、絲帛等配製以探脈，……（原註：實修法略之）……。（原註：因涉實修太過，故略去主要藥物及實修方法，修士宜向上師求之。平實註：實修法及藥物等，今已具列於第二、三輯中，請詳第二、三輯中所說即知。具蓮女之意，亦已舉示於第二輯中，逕閱可解，此勿重述。然十二具蓮女者，本頌中實謂十二位具蓮女也，今者爲於中國禮教地區能被接受，而言爲具有二個十歲之女人，與本頌之原意相違。）》》（61-508~513）

如是所言四念住與四正斷，皆是密宗行者於雙身合修之過程中，所應注意與安住之法門，絕非佛所說之四念住與四正斷，本非佛法，云何密宗上師可向學人誑言彼等所說、所傳、所修、所證者是佛教之法耶？如是破壞佛教正法之嚴重行爲，而顯教諸大道場之各大法師、大居士竟容忍包庇之，何其怪哉！

第十一節　密宗自設之三昧耶戒

密宗古今諸弘傳者，每謂彼等諸人：守戒如何清淨，不可能大妄語，不可能邪淫……等。陳履安居士亦向余作如是說，然而彼等所說之守戒清淨者，所守之戒乃是專指密宗所自設之三昧耶戒，並非顯教中佛所制定之菩薩戒、出家戒等。欲知密宗之三昧耶戒，當先了知密宗所說之三昧耶（禪定等至）究爲何物？是否與　佛所說相符契？而後方可評定密宗喇嘛及上師之守戒是否符合　佛說也。

密宗所自設之禪定「三昧耶」爲何？如**宗喀巴**云：《《若知主尊修習儀軌要義，修眷屬法則易了知。當俱修三昧耶薩埵。此中滅庸凡慢，自心現爲面臂端嚴之天，即三昧耶薩埵（詳第一輯天瑜伽所說）。『教授穗』云：「有亦說種子，有唯說種子。」……如『教授穗』論云：「以此體性中具無二智性，智慧薩埵能正往還，名三昧耶。」此是**三昧耶之訓詁**。言薩埵者，如前論云：「能饒益有情故，是清淨有情名所詮境故，名爲薩埵。」》》（21-521）

如是**宗喀巴**之所言者，乃謂：能觀想自心成就天身者，及能了知修眷屬法—能知與「異性法眷」合修之法者，即成三昧耶有情—即是能證得三昧耶之菩薩。密宗一向以雙身法合修而證得一念不生之樂空雙運境界，作爲禪定之正修行故，以淫樂中之男女雙方皆住一心受樂而一念不生之際，說爲男女「平等而至」故名等至。是故若有密宗行者能觀想天身完成，並能「如法」與異性合修雙身法之樂空雙運者，即是正修三昧耶者；能依密宗十四根本戒規定：日日精進而修雙身法並能不漏洩精液者，名爲眞正嚴持三昧耶戒清淨者。若正修此雙身法後，有一日空缺而未修雙身法，或修而不能持極樂之量，射精而漏洩精液者，即是違犯「三昧耶戒」之「不清淨行者」。

密宗上師教授行者，一向以誓修無上瑜伽等雙身法、而永不捨棄，作爲三昧耶戒：《《三昧耶，譯爲誓句，謂前生曾發誓句，或今生新發菩提心：謂我將在此一生整個時光，努力修習金剛乘法（雙身修法），達到即生即身成佛，具足究竟利他之功德，度盡一切眾生（誓以雙身法與一切眾生合修而利益之，由此具足「究竟利他之功德」），此即誓句。由有此誓句，或早在多生以前曾立此誓，故此生能趨入此乘而遇密法；或在今生得遇密法，生起信心，作此誓言。如是此身即是誓句身，故曰：「三昧耶身」，即此肉身而具此大誓者。此一薩埵既重在誓句，故爲密法一切修行之張本。》》（34-67）

復如：《《…二者爲空行母或明妃之誓願。一切空行母皆曾發願：助諸密法行者修行事業手印（事業手印即是合修雙身法）而證佛身，故亦屬三昧耶。兩重三昧耶相應，故爲修事業手印之瑜伽。故此誓句相應，亦稱爲加被相應（加被即是加持之意，詳上節「十二具蓮女」中所說之加持），見該證分三卷第一頁十七行。又當知者：行者及其明妃，二者皆有宿願，故曰誓句相應。此固生願力，然而此法如不尊重戒律，則易墮落。》》（34-135）

密宗由因施設淫樂之性高潮一心受樂而不起語言妄想境界爲禪定等至，名爲三昧耶，故違犯此施設者即名違犯三昧耶戒；又因密宗不願此法之輕易外傳，及爲避免他人對密宗喇嘛上師及諸弟子投以怪異眼光、加以指責，故以「祕惜雙身修法、不爲外人講說」，作爲三昧耶戒。譬如**宗喀巴**作如是說：《《立三昧耶，是阿闍梨教如是作，雖非弟子自受，然亦應須守護同於自受。若唯入曼陀羅、不能防護戒者，則不須此。立三昧耶之處，毳衣大師等說是曼陀羅東方。初由說勝利門立於三昧耶者，教云：「汝今將入一切如來種性，我當爲汝生金剛智；由此智故尚能令汝獲得一切如來悉地，況餘悉地。**於諸未見曼陀羅者之前、不應為說，說則汝當失三昧耶**。」……

由飲誓水等，令有三昧耶；若違所受之誓，即退失三昧耶，現法當害病等，後法當墮惡趣等苦。……

「當失三昧耶」者，謂教：「於三昧耶不可違越。」如是說已，次以金剛置頂，振鈴告云：「汝此金剛誓，若汝對餘說，此頭當破裂。」次此是隨攝。眞實經云：「此是汝金剛三昧耶，若對餘說者，腦當破裂。」慶喜藏、釋迦友雖未說此，然云：「不許宣說秘密，是汝不可違越之三昧耶。」由此不可壞故名曰金剛，非說置於頭上之金剛也。……

雙由勝利過患二門而安立於三昧耶者：次以大指無名指持盃，取尊勝瓶上水，注弟子口，告云：「此汝地獄水，燒犯三昧耶，賜護者悉地，飲金剛甘露。嗡奔撈阿彌達鄔答迦叉。」令飲誓水。……

次由奉師教門安立三昧耶者，教云：「從今時起，我即是汝之金剛手（從今時起，我即是汝所應依止之金剛手菩薩），我教作此、汝應即作；汝不應毀訾我，（以免）令汝未捨苦惱、死墮地獄。」……

又應告云：「如是了知曼陀羅眞實等，於修三昧耶及律儀，成就功能。不可違越之性，是三昧耶，防止應作不作、作不應作，故名律儀。」》》（21-334~337、372）

又如陳健民作如是言：《《金剛乘十四根本墮戒：……爲什麼十四戒在宗喀巴大師的書中不說？也不在密乘傳法時宣講呢？因爲十四戒完全是和「樂空雙融」有關的，而它又必須提到雙運道（雙身合修法門）之細節，因此它就被保密了。如果是一位博學的仁波切，他或許會另作詮釋，但是受戒者只受了戒條之名而不知其原義；比如第五條：「你不應遺失你的菩提心」，然而這並不代表大乘的普通菩提心說，它是有密義的；正確的說是：「你不應放下你的精液（你不應洩漏你的精液）。」即使是大學者們，也很少開示這個密義。》》（38-421~422）

已收錄密宗雙身邪法密經之日本《大正藏》中，亦有密續之「經典」作如是言：《《如是三世輪大曼拏羅中，所有鈎召等事業，一一皆依本教作已，金剛阿闍梨應當自結金剛忿怒帝哩帝哩印，乃謂弟子言：「我今從彼金剛三昧智所出生（我今從彼金剛乘之雙身修法金剛三昧之智慧所出生），汝不應以此三昧法輒爲人說；無令返招殃咎、壞失身命，命終之後墮大地獄。」如是言已，復爲授其誓心大明，後以所結金剛忿怒帝哩帝哩印，乃爲表示。又作是言：「若有違越三昧縛者，此金剛忿怒三昧，從頂發起，破壞其身。是故應當依法所作。」》》（《大正藏》18-392中）

薩迦派所說之三昧耶，則有較爲廣義之解釋：《《三昧耶之名數：其名數有二十，即各級灌頂中等引之三昧耶、後得之三昧耶、飲食之三昧耶、守護之三昧耶、不離之三昧耶。

其瓶灌中：等引三昧耶，即生起次第；後得三昧耶，即三體性；飲食三昧耶，即五肉五甘露丸；守護三昧耶，即根本支分共二十二誓句；不離三昧耶，即金剛鈴杵。

密灌中：等引三昧耶，爲脈氣；後得三昧耶，爲自生智；飲食三昧耶，爲明空；守護三昧耶，爲呼悲、喊苦、說法等語所作諸業，及居猛火、烈日中，汗流如水等，總之，即斷諸與自然、氣相違者；不離三昧耶，爲氣寂止之命勲與猛烈之相合任一。

慧灌中：等引三昧耶，爲壇城輪；後得三昧耶，爲尋伺俱生智；飲食三昧耶，爲飲食之樂（詳次段宗喀巴文中所說）；守護三昧耶，爲六滴明點（即爲人傳授慧灌之上師在秘密灌頂壇中之佛像前，與明妃合修樂空雙運後所得之淫液六滴）；不離三昧耶，爲實印或智印（謂男上師與明妃行事業手印故二身不離之中，已曾證得樂空不二之明妃爲實印、或尚未證得樂空不二之明妃爲智印）。

第四灌中：等引三昧耶，爲三金剛波浪（行淫中之身口意三種波浪道）；後得三昧耶，爲尋伺極淨實相（謂領納性高潮第四喜之安住及觀察其「樂與空不二」並雙運樂空而尋伺之）；飲食三昧耶，爲大樂空樂（謂分食大樂空樂所生身中之淫液而受舌嚐之樂）；守護三昧耶，爲二障及八過所知障（密宗自以爲如此「修行」可以淨除障過等）；不離三昧耶，爲具蓮實印或智印（謂男上師與具蓮女共行事業手印故二身不離，已曾證得樂空不二之明妃爲實印、或尚未證得樂空不二之明妃爲智印）。》》（61-320~322）

如是三昧耶戒者，包括始受瓶灌時所授之守護三昧耶，即是十四根本墮戒等。其中所言「違犯長時延遲行道之三昧耶」戒者，則謂不許長時不行雙身合修之法。若有違犯者：「其於前半世或可得成就，於後半世則延遲；或後半世可得成就，然於臨終時則延遲。」（61-322）

宗喀巴對於三昧耶，別有解釋：《《阿闍梨灌頂中，爲令弟子從今時始決定了知：爲證清淨雙運菩提應精進故，授金剛三昧耶（爲令弟子證得清淨之雙身合修樂空雙運大樂菩提，令其應知精進而修雙身法故，授予金剛三昧耶戒）。**三昧耶者，是金剛持**（金剛持謂執持金剛乘法者）**決定應行，執持金剛不可違越**（應執持金剛乘之雙身法而不可違背不修，亦不可超越—不得批判之）。**爲令證悟眞如，定能宣說八萬四千法蘊故，授鈴聲三昧耶；爲令成辦最極堅固方便智慧大樂體性正等覺性，故授印三昧耶。印謂天身大印，即是金剛薩埵父母**（即是所觀想之廣大天身互相交合之佛父母）。**三昧耶者，謂自身爲彼尊，不可違越。印三昧耶能令佛身**（密宗所說之佛身，不同顯教所說之佛身）**堅固，故幕經中唯以印三昧耶說爲正覺灌頂，以餘二三昧耶爲其眷屬。……**

守護三昧耶者，如鈴師云：「集一切勇識（密宗男性修雙身法者名爲一切勇識）**，會一切天女**（以男根與密宗一切修雙身法之女性交會）**，世俗菩提心**（謂物質明點—精液）**，秘密物灌頂**（慧灌時上師與明妃行淫而射精後所得之男精與女性淫液混合之物而爲弟子灌頂）**；彼勇識天女**（彼等合修雙身法之男女性密宗行者）**，大妙三昧耶**（以雙身合修而獲得大妙之三昧耶禪定，因此出生之秘密物）**，具五界妙味**（具足色聲香味觸等五塵之妙味）**，當嘗彼安樂**（應當嚐彼秘密物之甘露味而獲得彼安樂境界）。」**謂集一切「勇識、勇識母」體脈中精髓**（是說蒐集一切密宗男女行者體內中脈之精髓—領受第四喜大樂後之精液與淫液）**，由食二種世俗菩提心故**

（由食男女二種精液淫液混合之世俗菩提心故），當依五甘露等「食三昧耶」，於前所說守護之三昧耶而得自在（**宗喀巴此處文意謂**：密宗男女行者，二人合修雙身法，而至性高潮射精後，所混合之淫液，應當配合五甘露而依「食三昧耶」之方法而食之，便可於前所說之「守護三昧耶」而得自在—必定不會違背密宗之三昧耶戒）。》》（21-414、417）

宗喀巴又作是云：**《《此諸三昧耶，皆說金剛之眞實，由曼陀羅諸尊皆是金剛持之自性，故亦即是彼等眞實。次宣眞實義者：「遍諸有情意，住諸有情心，是諸有情父，三昧耶勝欲」，離障清淨眞如爲主之智，是所希欲，故名爲欲。是最具勝正智之三昧耶者之最勝法，得勝欲名。所希欲之眞如，遍於佛及異生心意，此復在佛地時以究竟淨遍於佛心，於諸菩薩由斷自地執障清淨而遍。由緣眞如修無分別，能與安樂故說如父。》》**（21-324）

如是**宗喀巴**之所說者，乃謂初喜至第四喜等種種「三昧耶（男女同至性高潮名爲等至：密宗之三昧耶）」，即是密宗所說「金剛之眞實」，此淫樂第四喜之大樂即是密宗所說：「由曼陀羅諸尊皆是金剛持之自性，故亦即是彼等眞實」。密宗復又主張如是淫樂遍於有情（包括諸佛乃至一切衆生）身中皆有之眞實法，故說此三昧耶「是諸有情父」；又因認爲此第四喜淫樂既是不貪射精之樂觸者，即是無貪之清淨樂、即是究竟樂、即是諸佛所證之「三昧耶勝欲」，故說受第四喜之覺知心即是「離障清淨眞如」。

宗喀巴認爲：由於證得此第四喜大樂時之覺知心即是佛地之「清淨眞如」，即是離一切障之眞如。由此緣故而認爲：獲得此淫樂之智慧及受樂時一心不亂之三昧耶禪定，乃是以「離障清淨眞如爲主之智：是最具勝正智之三昧耶者之最勝法」，故「得勝欲名」。又謂如是淫樂覺受之體性本來具足於一切有情身中，乃至本來具足於法身佛、報身佛身中而常住不斷，故名金剛之法、本來自在。

密宗以如是雙身修法之邪見、邪修、邪證，而言「具誓普利眾生」，乃是與諸無辜眾生「相將入火坑」之惡行也，必墮世尊所制之邪淫重戒大罪中故，必貪眾生之美色故，必增淫欲之貪著故（皆詳第八、九章所舉實例）。如是邪見、邪修、邪證之法，及其實修理論，豈唯雙悖解脫道與佛菩提道？實違佛戒：犯十重戒，亦成就破壞佛教正法之破法重罪，皆成波羅夷（斷頭）罪，不通懺悔，捨壽後必定受生無間地獄中，具受尤重純苦多劫，云何非是「相將入火坑」者耶？

而密宗所說三昧耶，雖以禪定之等引、等至、等持諸名相而說，其實與禪定之三昧耶完全無關，乃是以淫樂之一念不生、一心不亂作為三昧之修證；皆是以外道法轉易佛法內涵，凡此皆是戒禁取見之所施設也，絕非證悟之人所肯為之，絕非證悟之人所能為之：明知必害眾生墮落受苦故，明知必犯　佛所說之重戒故，明知違背　佛所說二主要道之正理故。

號稱最清淨之改革派黃教**宗喀巴法王**尚且如是破戒、誤導眾生，其餘諸宗諸派更無論矣！是故密宗之三昧耶及三昧耶戒，皆是自意妄想之所施設，實因戒禁取見而施設之邪戒，絕非　佛所傳之禪定及般若，更非佛所制定之律儀戒。此等三昧耶，皆非真正之　毗盧遮那佛所說三昧耶，乃是夜叉、羅剎、山精、鬼魅…等好食人類精氣之鬼神所化現之「**假毗盧遮那佛**」所說三昧耶，藉此方便攝食密宗行者每日修練雙身法時所產生之淫液與精氣。宗喀巴等密宗上師，依於鬼神所說如是戒禁取見而施設之禪定等至及密宗十四根本戒法，云何能是佛法中之真實禪定及真實戒法耶？無是理也！

第十二節　密宗另行發明之實相菩提心

密宗古今諸師一向誤解「實相菩提心」，故有種種外道法本質為內涵之密法修證；復又依於外道拙火氣功之妄想，自行發明「實相氣」一詞，將外道練氣之法冠以實相之名，引入佛教中，說之爲佛法修證之名相：《《殊勝三灌頂爲：於金剛上師之身（依金剛上師之身而修雙身法）、了知三座（三座謂密灌、慧灌、第四灌）圓滿之理，修觀令具足；而於弟子亦了知身語菩提心三座圓滿、且於依具蓮女之三壇城（而且於依具蓮女之三座壇城中），令其了知三座圓滿（令弟子了知三座圓滿之道理—樂空不二、樂空雙運之圓滿道理）。　然密灌：主要於密咒之實相文字（密咒中所說雙身合修樂空不二、樂空雙運之理，即是密宗之實相文字）上，開曉三座圓滿之理。　智慧灌：即主要於本尊之**實相菩提心**（進入第四喜境界時，樂空雙運中之覺知心即是實相菩提心）上，開曉三座圓滿之理。　第四灌者：主要於智之**實相氣**（樂空雙運中之上行氣、下行氣…等，已能任運而不致射精漏失，故皆是實相氣）上，開曉三座圓滿之理。》》（61-189）

然而密宗所說之實相菩提心，其實乃是意識，只是由於淫樂高潮而令其暫不生起妄念，仍有離念靈知之「離語言文字而作之分別」；如是之心絕不可說是「實相菩提心」也，一切有情皆能如是住於性高潮中而不分別外塵故。譬如密宗行者正修雙身法而住性高潮中時，若有外人忽然闖入，彼時之離念靈知仍能分別來者是友？是陌生人？是於己有礙？

無礙？皆能得知、皆能判斷而作因應；於了知此諸法並且判斷及思量、作諸因應之過程中，並無絲毫語言文字於心中生起，由此可證離念靈知仍是分別心，非如密宗所說之離分別也。

乃至雙身法中之一切運爲—特指初喜至第四喜中之一切運爲—離念覺知心皆能觀察淫觸之樂是否保持於頂點，並能同時觀察精液明點有無洩漏；於行陰不斷之過程中，皆能隨時觀察而因應之—採取「保持高潮而不射精」之必要行爲（譬如密宗所說之緩行及抖身等），其中之觀察分別皆無語言文字，而仍能隨意作諸觀察分別，絕非無分別心也。是故密宗諸師妄將不起語言文字而一心受樂之覺知心，作爲佛地眞如，而言如是雙身法中第四喜大淫大貪之樂時、專心受樂而離語言文字、不分別外法之心即是「**無分別之實相菩提心**」。誤會佛法嚴重至此，純傳外道法，焉可稱之爲佛教宗派？而且自言是超勝於顯教之佛教密法？顚倒至此！

若有密宗上師主張：於第四喜之性高潮中，因於「空性見」故，不貪求射精之樂觸，故不分別「射精之樂觸」與「不射精之樂觸」有何差異，故名無分別，故名實相菩提心；由如是行於淫欲之過程及「見地」故，能令密宗行者「**以欲止欲、以貪止貪**」，其實只是停止貪求射精之樂觸爾，並未停止貪求淫行之樂觸欲塵，一切密宗行者必須永住第四喜之樂觸中故；如是之求，即是求大欲大貪故，云何可名之爲止欲止貪耶？是故墮於欲貪之中者，乃是覺知心意識，此心縱能長住於性樂第四喜之中，永不斷絕者，亦永無可能成爲實相菩提心也，本質非是第八識心故，佛說實相菩提心者乃是第八識心故，意識不論住於何種境界之中，皆永遠是意識故，永無可能變爲實相菩提心之第八識故。

學人當知：意識永遠是意識，絕不可能經由修行而轉變爲實相心。若可轉變者，則一切人將意識轉變爲實相心第八識之後，將無意識心，將無覺知性，則將如同無情石塊無二無別，佛說第八識如來藏恒離見聞覺知故、恒離思量性故。審如密宗所說：可將意識覺知心變爲實相菩提心之第八識者，則一切人證悟之後將變成白痴：不能了知六塵萬法。則密宗一切上師法王修得第四喜大樂「成佛」之後，如是「密宗之佛」將永無意識覺知心，將成「**白痴佛**、**無覺知佛**」：同諸罹病之「植物人」無二。如是之「**佛**」唯可稱爲「**密教佛**」，絕非顯教所說之佛也；顯教之佛必定八識具足故，必定有覺知心、有分別性能觀察衆生之根器而隨應說法故。是故密宗所說「**滅分別**」及「**無分別智**」、「**報身佛大樂**、**法身佛大樂**…」等，皆是妄想者所說，皆非佛法也。

密宗復又起諸妄想，將觀想之明點及男性精液與女性淫液建立爲白菩提心、紅菩提心（詳見第二、三、八、九章，此處不重述之）。此亦是妄想，何以故？此謂菩提心唯是一識——第八識如來藏——不可別立某法爲菩提心，以免混淆佛法，令人欲修證菩提心時無所適從、久修而不能證，虛耗生命光陰。如是密宗外道荒謬邪淫之妄想，竟能矇騙佛教學人達千年之久，實可謂之爲說謊之高手者也。

密宗所說之實相、之菩提心……等，既皆虛妄不實，既皆違教悖理，云何我佛門學人可以認同其法爲佛法？云何我佛門學人可以認同其爲佛教之一支一派？而印順法師竟公開堅決認同密宗亦是佛教之一支派，而反對「密宗入篡佛教正統」之事實及研究結論。印順法師如是支持密宗，余眞不知其居心何在？

第十三節 密宗之五法身——轉識成智之妄想

於眞正之佛法中，三乘諸經皆說佛有三身，未曾有一經說佛有五法身者，然密宗卻說：「密宗之佛有五法身，是故超勝於顯宗之佛。」譬如薩迦派作如是言：《《出生間道：當上師轉識時，其化身於瓶灌六地，報身於密灌四地，法身於智慧二地，體性身於第四灌之半地上。果有三法：自利者，得資糧圓滿且相適緣起之廣大五身。……》》（61-

132~133）

又如第四灌（與上師首次合修雙身法而受灌頂指導）所証化身等，其實乃是虛妄想，而彼密宗所說化身，並非佛所說之化身；乃是密宗之自意妄想，以自己所想之境界而說爲佛地或諸菩薩地之化身，用來籠罩顯教學人而已，並無實質上之化身修證。關於密宗所說法、報、化身之說，另詳第二章第十節之說明，於此爲節省篇幅故，不另舉述。

此外，密宗又作是說：《《如何轉識成智？……本題內的「智」是指佛至上的五重智慧，即：一、轉第八識所成的大圓鏡智；其能彰顯萬有，與阿閦佛及東方（金剛）空行合一。二、轉第七識成平等性智，和寶生佛及南方（寶）空行合一。三、轉第六識成妙觀察智，和阿彌陀佛及西方（蓮花）空行合一。四、成（自他）所作智，和不空成就佛及北方（事業）空行合一。及五、法界體性智，和毗盧遮那佛及中央（佛部）空行合一。》》（38-687）

密宗諸人常誇言：「密宗之內自古至今，已有多人成佛，三身五智具足圓滿。」然而密宗所說之佛，與顯教所說之佛迥然有別、大異其趣。謂密宗所謂之成佛者，其五智虛妄，異於佛說之五智；三身亦異於佛說之三身，是故密宗所說之佛與密宗佛所證三身，非同佛教，乃是自創之「佛」與「三身五智」。

密宗諸師由「密宗佛」所傳承至今者，既皆主張中脈內之明點爲阿賴耶識，復又於阿賴耶識外別立一法爲如來藏，由此可知密宗之佛與古今諸師，悉未證得第八識如來藏。既未證得如來藏，復錯認明點爲阿賴耶識，則已明顯宣示密宗佛及諸上師悉未證得第八識，則彼等未能發起實相般若之總相智慧，已可知矣！既如是，則已證明密宗佛及諸上師悉皆尚未能進入大乘別教之第七住賢位中，皆是凡夫也。

復次，密宗既以中央毗盧遮那佛爲中心，則應先了知中央以何爲根本？當知中央根本即是自己之第八識也。一切有情，上自諸佛、下迄螻蟻，悉以其第八識爲中心，方能生起諸法。密宗既以中央毗盧遮那佛爲主，而生四方四佛諸法，則應先證中央毗盧遮那佛本體，而後始能了知及發起四方四佛之種種功德。然密宗卻顚倒其說，而言先成就四方四佛之智已，然後成就中央自身毗盧遮那佛之法界體性智功德。與法界智之眞理相背，云何可說彼法爲正？

復次，既以第八識轉生大圓鏡智，以第七識轉生平等性智，則應先證自身第八七識之所在，應先證知自身第八七識之運行狀況而現前領納其性，方有可能轉生法界實相之智慧；然而現見密宗古今諸師之所說所傳，未見有一人已證第八七識者。既未能證第七識，而空言轉第七識成就平等性智，其實無義；既未曾證第八識，而空言能轉第八識成就大圓鏡智，亦爲無義之說，謂如是轉識成智之說，皆成虛妄之想像故，非有修證之實質故。如是無義之說，而可言爲佛教正法者，而可言爲佛教中最究竟之正法者，未之有也。

由此正理，既知密宗佛及諸上師悉未證得第八識如來藏，亦未證得自身之第七識意根，則彼等所說轉第七識而生平等性智，及轉第八識而生大圓鏡智之說，悉成大妄語，已證彼等密宗佛及諸上師悉皆未曾證得平等性智，亦未證得大圓鏡智，其理極明；云何顯教諸大法師悉不知此，而受密宗籠罩？而競相貪緣密宗諸大「法王」耶？眞乃愚不可及之行也，何智之有？何「大師」之有？

復次，密宗擅將五佛配置爲貪瞋痴慢疑等五法，亦是妄想，五佛既皆已成佛，云何復有五毒？而以五毒代表之？不應正理！如是粗淺之義，密宗行者普應知之，莫再爲密宗之邪謬思想所荼毒焉。

第十四節　密宗自設之道次第

密宗古今諸師最擅長者爲：外於佛說諸經之法，另行別設加行道、無學道、資糧道、十地見修道、及藉異性身體而修證「密宗佛法」等迴異佛說之行門，而謂為 釋迦之報身 盧舍那佛所說，或假稱是 釋迦之法身 大毗盧遮那佛所說。然若推究實際，則發覺彼等所說皆是自意妄想所得，完全誤會佛法本旨。

譬如**宗喀巴**作是云：《《「教授穗論」為證彼義，引「結合經」云：「十月即十地，有情十地王」，釋此意趣，謂**從入胎、至未出胎，配十地位**，故此中間即見修道。出胎以後配無學道，未入胎前為加行道。然於福田修集資糧是資糧道，似須從修空性，方立為加行道。祥米金剛說為對治生死中有，故造普賢修法，應順彼三而修。然亦此中攝也。》》（21-516）

密宗古時上師，最愛創造經典，是故常有許多集結經典時未曾聞說之密經密續，漸漸出現於人間。彼等最常用之手段為：繕寫之後請人以破故紙帛：：等別抄一份，藏於山中某岩洞中，然後託言曾獲空行母或勇父之夢境示現指示，而後取出供養及解說、流通之。或者自繕之後，藏於山中，託言須至彼死後之某年方可由某某人取出等。所謂龍猛開南天門鐵塔者，亦悉不出如是籌謀。

彼諸密經密續所說，完全言不及義—所說從來不曾言及第一義諦。

言不及義之法，偏又好作誇大之語，崇密而抑顯，藉以吸取顯教所有之弘法資源，以供密宗享樂（與諸眾多異性弟子廣修雙身法）之用。究其本質，絕非佛教，始從瓶灌、密灌而修中脈明點及寶瓶氣等，末及慧灌及第四灌所修雙身法等，悉是從外道法中吸取之邪見邪修邪證法門，何嘗有一法是佛教之修行法門？

譬如以上所舉**宗喀巴**之說，將入胎至出胎，分配為佛法中之菩薩修證十地果位，無比荒唐。若其說可信者，何須吾人勤苦修證三乘菩提？只要日日享樂，以待死後輪迴入胎即可分證初地至十地果位。果然是果位修行之法，而且是可以享受世間淫樂之法，一切佛教學人何樂而不為呢？世尊又何必教人辛苦修行聲聞法而作種種觀行？乃至教人修菩薩之道，三大無量數劫而後成佛？宗喀巴所說住胎十月即等於菩薩十地之理，究竟是耶？非耶？有智之密宗學人何不共論而深辨之！

又譬如密宗上師所說：《《有哪些事是比性交更沒趣的、或是比它更苦惱的呢？金剛乘承認此事實，並傳授了許多果位之修法。……而上師指導我們修行也一樣，他賜與我們治貪病之藥。這是偉大的佛、無上藥師的救度之道。要解開心結及掃除心的障礙，瑜伽士必先修寶瓶氣，此法需要女瑜伽士的輔助。……所有各輪必由智慧氣來解開，以便中脈能順暢地貫穿其間。各輪解開，可以相應實證到趨向佛果的菩薩道諸地。下門打開，便證初、二地果；第二輪打開，相當於三、四地之道果，以此類推可知。》》（38-418）

如是密宗之說，謂修中脈瓶氣者，若能打開密處之脈結，便是斷結證果，位在菩薩初地與二地；若能打開臍輪之脈結，亦是斷結證果，位在三、四地。依此類推，若已打開頂輪之脈結者，即是證得第九、十地，位在密宗法王之果。依此而推之，則如是密宗行者，若已能通達十地，自由控制精液明點不漏，而加修雙身法，實證第四喜之樂空不二、樂空雙運境界者，即是已成究竟佛也。無怪乎密宗中人每言：「密宗之法勝妙顯宗多倍，自古至今，已有多人成佛，而且是究竟佛、報身佛、法身佛，非如釋迦之示現應化身而已。」

今者吾人觀察密宗諸多密經密續所說之修證法門及其果證，其實與佛教果位修證完全無關，皆墮外道妄想之中，而以佛法果位名相套入其所修學之外道法境界之中，而謂為佛教中之大修行者、大聖者，乃至敢以十地法王及佛之稱號而自尊，如是代代相傳而貶抑顯教為因地修行者，而貶抑顯教證悟之人為證量粗淺者。然今推究密宗所說之「佛法」，猶如熱帶地區盲者之說白雪一般，顚倒錯亂，不知所云；故說密宗眞乃顚倒妄想之宗教也，本質絕非佛教之分支宗派，余不能承認其爲佛教之一派；唯除後來完全摒棄密經密續等外道法而依顯教諸經、或依《楞嚴經》之正理而說、而修、而傳。

第十五節　密宗之自他交換法妄想

密宗有自他交換法，此法亦是妄想所得者，乃是邪謬之法，但已廣爲密宗諸多學人所信受。譬如密宗極著名之寂天「菩薩」，於其所造《入菩薩行》名著中（3-2-297~299），曾作是說：《《如於他精卵，本非吾身物，串習故執取，精卵聚爲我。自身過患多，他身功德廣。知已當修習：**愛他**棄我執。眾人皆認許：手等是身肢。如是何不許：有情眾生分？於此無我軀，串習成我所；如是於他身，何不生我覺？故雖謀他利，然無驕矜氣；如人自餵食，未曾盼回報。……若人欲速疾，救護自與他，當修自他換，勝妙秘密訣。》》

研究密宗法義之如石法師漢譯爲：《《就像父精母卵聚合而成的受精卵，本來不是我的身體，但因無始以來俱生無明串習的原故，竟然錯誤地把它執取為我。同樣，由其他精卵聚成的他人身體，為什麼不能被執取為我呢？因此，用自己的身體來替代他身受苦，同樣也不會有什麼困難才是。自己、是衆多禍害的淵藪，他人、是廣大功德的泉源。認清了這個道理之後，應當趕緊修習斷捨我執，友愛他人。每一個人都會認同：手腳等肢體是身體的一個部份。同樣地，為什麼不認許：每一位有情都是法界衆生的一部份呢？因為久久習慣成了自然，在無我的身軀上竟然產生「我所有」的錯覺；同樣，在其他有情的身上串習久了，為何不能生「他身是我所有」的感覺呢？因此，雖然整天為他人謀福利，但是心裡一點也不驕矜自滿；就像自己餵飽自己一樣，從來不希望有任何回報。自身的痛苦，即使小如別人出言不遜，我也會自動細心地迴護，免受傷害；同樣，對於衆生的任何失意和痛苦，我也該視同身受，常修慈悲和愛護心。……如果有人想要迅速，救護自己和其他衆生，那麼他應當努力修習自他相換──最殊勝的秘密成佛要訣。》》（3-2-297~299）

如是自他相換之觀行法，欲藉觀想自己色身與他人色身相換、而除去我執，其實仍墮我執之中，不曾斷得絲毫我執也。何以故？謂不論他人之身，或自我之身，皆屬五陰中之「色陰我」所攝：自身為自己之色我，他身為他人之色我，正墮三界中最粗重之我執之中，亦復墮於我見之中──執取最重、最大、最原始之「**色我**」故，未斷除五陰我之「常見」外道見故。

如是認定他人與自己皆是法界衆生之一部份，乃是密宗古今諸師之虛妄想也；密宗諸觀想法，總教人觀想生起自己本尊之後，復當觀想自身自心融入本尊之「**心中**」，而與本尊合而爲一，亦常教人死時將自己之心與諸佛合而爲一；此處寂天復又教人觀察自他色身皆是法界衆生體之一部份—大家皆是法界衆生體所分出—衆生同屬一大法界體，教人如是作自他交換觀，冀能消除我執。然此觀想及觀行，皆唯能達成一神教之博愛觀，而不能斷我見，唯是擴充本來小我爲外道大我爾，仍未能離我見範疇。以如是從來不離我見之自他交換法，而欲斷我執者，名爲妄想；我見尚不能斷故，云何有力能斷我執？無是理也！

復次，寂天所言「**愛他棄我執**」者，乃是妄想也。此乃後來興起之一神教所說者。若愛他即可棄我執者，則應一切人間母親皆已棄我執，皆已成阿羅漢也，一切人間母親皆愛子女而無保留故，皆捨自己所欲而令子女得安樂故，然而現見不能棄我執。若愛他即可棄我執者，應一神教之虔誠信徒亦可棄我執而成證得解脫果之阿羅漢，而現見不能。

若心中能愛他人，並且極愛他人者，亦必使不信受其善意者爲其所惡，是故一神教之上帝對於不肯信受他者，皆認定爲異教徒而加以刀刃、水災、火災…等懲罰，並於死後將其打入地獄中、永處地獄**永不超生**。如是，愛與恨乃是一體之兩面，有愛時必定同時有恨，是故一神教之「**聖經**（特別是未經後人修改之舊約，以及回教之可蘭經）」中所見：上帝、阿拉具有大瞋，生殺予奪任意而行。

凡有愛者，亦必有恨，不離受蘊故；上帝既未離受陰之心行，則愛恨交加，乃是平常事、必然事。今者寂天不曉此理，猶自教人愛諸衆生而修自他交換之法，以如是「**愛衆生即是愛自己**」之心行而修，正是我見與我愛之邪見也——以愛他而替代愛己故，愛他之心正是「我見」之「我」故，必令此我常在不滅故，必令此我不肯否定自己之虛妄性故。如是而言**可斷我見我執**者，無有是處。

密宗由有如是邪見故，見他人不受其愛、不聽其言、不修其法時，便起瞋心而大加撻伐、乃至消滅之，同是藏胞之覺囊巴派多羅那他（打那拉達）法王滅於黃教之暗中授意策劃、與薩迦派及達布之聯手攻擊——只因修證如來藏而不信應成派中觀邪見——便遭消滅，即是現例，顯見自他交換法並未令密宗之我見我執消失。是故自他交換之法，其實不能使密宗行人生起眞正之大慈悲心，更不能斷除我見與我執；只能生起自己所認爲之「**大慈悲心**」，此大慈悲心有侷限故，依對象之不同而有不同之心行故，愛與瞋心同時並存故。如是修自他交換者，尙不能斷我見，何況能斷我執？何況能證佛道？有智之人何堪信受之？

寂天復作是言：《《為己役他者，終遭僕役苦。勞自以利他，當封王侯爵。……不能以自樂，眞實換他苦，非僅不成佛，生死亦無樂。……我執未盡捨，苦必不能除；猶如火未棄，不免受灼傷。故為止自害，及滅他痛苦，捨自盡施他，愛他如愛己。》》（3-2-301~303）

如石法師譯云：《《如果不能真實做到以自己的快樂去替換別人的痛苦，那麼非但不能修成佛道，即使在生死中，也不會有快活的日子。……假如不能完全捨棄自我愛執，那麼必定不能根除一切痛苦；就像不及時拋棄手中的火把，就難免會被火燒傷一樣。因此，為了止息對自己的傷害，和滅除他人的痛苦，我應當把自己完全施捨給別人，並且愛惜他人就如同愛惜自己一樣。》》（3-2-302~303）

然而學人若能了知解脫道之眞義，亦了知佛菩提道之眞義者，便將如實眼見寂天之墮於我愛我執之中，從來不曾與解脫道及佛菩提道相應。自他交換法之觀修，其實完全不離欲界法故，其實完全不曾與「斷我見」相應故，完全不曾與證如來藏相應故；既不能斷我見我執，亦與修證如來藏完全不相應，云何如是修行者能成佛道？焉有是理？

然而寂天之廣弘六度，及自己謙稱為「未見道之凡夫」等，顯現其心性之淳真與敦厚，亦見其誠實無欺，正是凡夫菩薩之典範。雖然所言成佛之法，及自他交換等法有其缺失，無妨仍是老實之修行者。然其文中有非議及毀破藏識之語，則有大過，顯見彼寂天尚未能證第八識如來藏，是故不知如來藏真實存在、不能領納其體性。既如是，則知其尚在凡夫位，未曾證得四加行中之「雙印能所取皆空」之世第一法，猶認定意識覺知心為常住不壞法故。

由其所造《入菩薩行》文中，可見其修證如此，是故不宜高推寂天為地上菩薩，寂天尚未證得第八識而起實相般若之總相智慧故，仍在賢位六住未滿之境地故。由其所言自他交換法之知見，亦可了知其尚未斷除我見，尚未證得實相般若也。

古時之寂天如是誤會佛法，而信受自他交換法，今人亦復如是步其後塵：《《：她曾無數世作過我的母親，皆以慈悲心愛護我，令我不飢、不冷，從住胎、出生、養我、育我之中，受盡艱苦，冒著罪苦惡名，如是守護我，數利於我。而今她仍在輪迴中。我今欲報母恩，當除其苦，如是思維，觀母親其被苦、集所害，由我承擔此苦。觀想母之業報，化作業氣，全流入我心中，而我見到母親是如此輕安，我內心有無比的喜悅。又將我三世一切善功德，全無吝惜的施給母親。這些善功德流入母親心中後，看到母親立即現前安樂，具足一切修法順緣，當前即身成佛，我內心立刻充滿著猛利喜樂。再次觀想六親，亦如是修。再次觀想怨仇、朋友、六親。再次觀想一切眾生。2、彼二乘風息－出息時，我一切善樂，隨風施給眾生，入息時，眾生一切罪苦，都流入我身。》》（181-96~97）

如是自他交換法，應係緣於四無量心而產生之妄想。四無量心本是假想觀，藉此修學慈悲喜捨，令自己之心態有所轉變；此乃成爲三地大心菩薩所應修證之觀想法門，是假想觀，而非觀想之後眞能使所觀者在現實中成爲自己所觀想之受樂狀態。密宗古時上師不知不解此理，亦未能成就四無量心之觀行，故不能知四無量心乃是假想觀，而誤會如是觀想可以成爲事實，便衍生出自他交換法，而認作眞實法，用以教人。乃至自言觀想成就時，即是現實中亦能成就之。由是正理，故說自他交換法是虛妄之想，無有實義也。

第十六節　密宗之觀想除罪法妄想

那洛六法中，妄謂觀想能消除罪業：《《行者閉關修他法時，如下座出外，則觀想金剛勇識在頂上，口內專念百字明。後來上座，乃觀想頂上之金剛勇識融入己身，融入後乃念他咒。頂上之金剛勇識手持白色金剛杵與鈴，坐白色蓮花之月輪墊上，雙手交叉、抱金剛慢母；父母二體聞行者念百字明，相顧大樂，乃下注紅白甘露、自頂入身，如日照大地、無空不入無暗不明，一切罪業魔障變成黑氣，由七萬二千毛孔外出變成己身、加倍償還宿債，已如上述。如此觀想而念百字明多遍，念畢祈禱曰：「我以愚蒙無智識、誓句過犯及損害，仰懇上師救主護，聖尊主宰金剛持，具大慈悲之本性，眾生主宰我皈依。」金剛勇識聞言歡喜曰：「善男子！爾罪障與一切誓句損害，已滌除清淨。」言畢與慢母一同融入己身，自己之身口意與金剛勇識之身口意無二無別；然後將己之善業悉行回向與眾生，並發願普度一切眾生。》》（62-31~32）

密宗如是觀想除障之法，遍存於各大派中，極爲常見。由此密法之觀想中，亦可了知密宗自始至終皆以雙身法之淫樂作爲其中心思想，是故觀想除罪之法，亦復不離雙身法。如此文中所說：密宗行者欲除障者，當觀頂上有金剛勇識坐於白色蓮花上，與明妃交抱行淫；由密宗行者之唱唸百字明故，彼金剛勇識與明妃聞已，心生歡喜而行淫事、出生大樂，便由二人下體流出淫液（密宗說此即是灌頂之甘露）灌入密宗行者頂門，遍灌身中而「洗滌」身中罪業黑氣。如是罪業黑氣離開身中，復變成自己之另外一身，任由怨家債主打殺，加倍償還怨家債主之罪業。然而如是觀想，終不能償還業債，所以者何？彼諸怨家債主未曾因此觀想而獲得補償平怨故，觀想之後，往昔之罪業仍舊存在而未消失故。

復次，其後又觀想自己在彼金剛勇識前懺悔、唸百字明消業等……，然後觀想彼金剛勇識與明妃皆融入自己身中，以爲如是之自己即與金剛勇識明妃無二無別。此亦妄想，謂彼金剛勇識唯是自意所想之法，本是自心藏識所現之「內相分」爾，非眞有金剛勇識及眞實明妃來消自己之罪業也。

如人患饑，多日不食，乃觀想虛空中有諸天神送食來此，供己飽啖一番；然後遣彼天神融入己身，謂之爲已經飽食。密宗之如是觀想除罪之法亦復如是，純是愚人妄想之所想也，無有實義，終無飽食之實質故；密宗如是觀想除罪之法，亦復如是，終無消罪之實質故。由是正理，說此密宗觀想名爲「妄想者所想」也。

密宗學者一向有大妄想，謂以假作眞—常以爲觀何事成就、則便是彼事必定已經成就，此名大妄想也。欲想除罪者，便亦如是起想，而言罪業已經洗除；如是妄想之見，具載於《《大日經、金剛頂經……》》等密續之中，數之不盡、隨處可見。凡此皆名虛妄之想，非眞佛法，與佛法二主要道不相應故，非是 佛說金言故。有智之人鑑之。

第十七節　以世間法神異作爲證得聖果之密宗

密宗古今諸師，由因不解佛法二主要道之眞實義故，每以世法明點氣功之修證作爲證聖之現量境；乃至以世法之神異作爲証聖：《《行者對上述各節須能觀想得明白清楚，當佛像現前之時，勿動心、勿沉掉，則起分功夫漸來，修持既久，悉地自得；倘能不論粗細，完全明晰見到，自然力量漸大，後來靈魂自能出入自主，求無不得，言無不驗，此時即成聖人矣。人稱帝王爲聖人，實非眞正聖人，**此種有大神通、大力量之人，始是正眞之聖人也。**》》（62-60）

有時則以觀想成就而作爲事實上之確已成就：《《彼觀想成就之人，譬如一見此桌上金剛杵，立能觀其變成金剛勇識明顯現前，毫釐不爽，此乃眞實本事；沒有本事之喇嘛，不必向其頂禮，因彼無爲人上師之資格也。》》（62-60）

如是思想，極爲邪謬；謂縱使有諸神異，一切大神通悉皆具足者，仍是外道凡夫也，云何可以世間神異境界之有無、而作爲判斷證聖與否之證明耶？若爾，彼諸未證二乘菩提及大乘菩提之外道，若有神通者，亦皆可以自言是佛教中之聖人也，彼此所修、所證無異故。然佛及諸菩薩終不說彼外道有大神通者爲佛法中之聖人也。

復次，觀想桌上之金剛杵在自己心中變成金剛勇識（勇父）者，乃是自意所想、而非事實眞已變化成就；此與是否得爲人師，絕無相干之處。密宗諸師不解佛法、不證佛法，而以自意言說妄想，便作廣傳之事，導人誤入岐途，爲害不淺也。如是之法，即是以假作眞之法；一般學人已有基本知見，尚無大礙；若是好樂有爲境界之初機俗人，不具佛法上之正知見，往往信以爲眞，便認作觀想境界成就即是確實已完成如是境界，便將所觀相分認作確實出現於外相分之世界中；如是信以爲眞，學而時習之，久之即成認假作眞之精神病患。

如是不具正知正見而修密法，以致後來發生精神異常現象而送入精神病院醫治者，所在多有、非是少數。觀諸精神病院中之患者，半數屬於如是「學佛者」，即可知矣。然而此等病患自以爲所學眞是佛法，言之鑿鑿，則令其主治醫師以爲彼病患眞是修學佛法者，其實皆是坐此密宗外道妄想所害，而密宗如是以假作眞之觀想法，實非佛法，卻由佛法揹此惡名，眞乃破壞佛教正法之宗教也。

亦有密宗師徒妄將外道死後之肉身縮小，作爲證聖之依據。然而肉身縮小之事，外道中之修行人今尚有人能如是爲之，而完全未解佛法也。復次，肉身縮小之事，亦有許多人爲之秘辛，不爲外人所知者，以此而作繼承其法者炫異惑衆之工具。今之美洲部落中，尚有能將人之屍身抽離骨頭而乾燥縮小至一尺，容貌翊翊如生，而能保存數百年不壞者，皆是世間有爲有作之法，不離世間相，非是佛法之實證者也。此等既非神通境，亦非修道之證相，只是世間俗人所爲之事爾；若人以此作爲佛法修證之表徵者，乃是無知之人，所言不足爲訓也。

第十八節　密宗四大相融之邪見

密宗各派皆有四大相融之邪見，違佛所說：《《二十五脈氣聚來融入中脈，當地入水時，身感無力，水入火時，口鼻乾燥、四肢漸涼（原註：人死之時頭先涼者，定入地獄，足先涼者必登善道……）火融入風時，四肢全身之暖氣皆去，風融入識時，出氣多、入氣少，奄奄一息，智識全無矣。能知此等經過，即當依法修持。》》（62-278、279）

如是互相融入之說，在密宗之種種密續記載中，隨處可見，乃是妄想也。然實四大不能相融，四大極微元素皆永不滅故，非唯大乘法中作如是說，二乘法中亦復如是而說。於《楞伽經》中，佛說「大種性自性」者，亦說此意；於三乘諸經中，佛皆不說四大極微種可以互相融入，而說四大極微從來不滅，而說四大極微唯有根本識阿賴耶方能執持，非前七識等諸識所能執持也。是故密宗所說臨命終時之四大元素互相融入轉化之說，乃是妄說，非佛法也。

佛於諸經中未嘗說命終後四大相融入之言，而言阿賴耶漸捨四大後，依此世色身所生之微細物質而別生中陰之微細物質色身，作為趣生入胎之身，始終未說四大互相融入之言也，此乃密宗諸師自己所發明者，與佛法無關也。

密宗常墮世間「**相妄想**」之中，往往以世間法之取證作為佛法之正修行，復又妄想物質可以轉化成智慧：《《…若陽氣動矣，藥採足矣，丹田暖矣，這是丹田火，而不是拙火。拙火必須與中脈下段紅菩提配合（必須與明妃下體中之中脈下端出生之紅菩提—女性之淫液淨分配合），如其發動，不只暖熱，且有光明煖樂，甚至發生智慧。故發端比丹田火為微，而擴大比丹田火為大。修拙火成就的人，**全身地大之骨，都化成智慧**。而所坐之地，山頂之雪，亦當融化。》》（32-461）

學人當知：智慧依於前七識心之證驗二乘解脫道而生，名為解脫慧、無生忍；智慧依於前七識之證驗第八識如來藏而生，名爲般若慧、大乘無生忍、無生法忍、一切種智；此二智慧即是修學佛法者之所求證者也，而此般若智慧之修證，悉依於前七識之現行方有，非離此七識心而可有任何一慧現行也。今者密宗竟言地大骨頭可以經由修行而變化成智慧，非由前七識心之證悟而得，則應證悟者死已，其屍體亦有智慧，則應非是屍體，有智慧故；有智慧者必定有心識故。是故密宗諸師不知不證佛法眞義，依於自意而妄解妄說佛法，誤導學人之現象極爲嚴重，凡我佛教學人悉當了知此一事實，莫再爲其所誑，方能眞入佛教正道。

《大集經》中 佛亦曾說：「**識智不相離，和合我常說。**」如是佛語現在經中，猶可稽之，早已顯示：一切智慧要依心識而有，與心識和合，此是 佛所常說者，非可離於心識而有智慧也。密宗行者既因壽盡而亡，則其本識捨身已，不應尚有餘慧存在屍身之中；更不應言死後「**全身地大之骨頭都化成智慧**」，荒唐無比也。若其屍骨都化成智慧者，應其骨中仍有識心住持，則應彼骨仍是有情，非是亡者屍骨無情也。

若謂化成智慧後之骨頭已變成智慧而消失者，則應密宗行者之智慧乃由屍骨變化而成，非是經由修學佛法而證得之智慧也，其智慧亦應非依心識而有也。佛既未曾作是說，事實亦見智慧非由密宗諸外道法之修證而得，亦非由彼等骨頭變化妄想而成就，是故四大相融之說，地大之骨可以化成智慧之說，皆是密宗上師之外道自意妄想，絕無絲毫可以信受之處也。

第十九節　密宗之消除因果妄想

密宗所說修除因果之妄想者：《《…此幻化之身有「學與不學」兩種。學者由修而成，不學者乃天然具有，非從修得。常人之中陰身由因果中來，由因果中來之中陰身不能成佛；務必先將因果去除，始有成佛之望。欲除因果，必須修習「三遍融化、四空相應」，將死時之明光與幻化身合修，如此始能成就也。》》（62-281）

三遍融化者：《《人死之時一定放光，放光之先、三遍融化。何謂三遍融化？即最先見白，其次見紅，再次見黑是也。白紅黑之融化，係由氣入中脈；氣入之後頂上白點化降，臍間紅點上升，兩點遇合於心間，於是黑暗異常，一切不知矣。》》（62-289）。四空相應者，請詳第一輯中第二章第九節所述，文長不復重錄於此（或請逕閱62-285~287）。

然而密宗所說因果之消除，乃是妄想，何以故？謂一切凡夫外道、乃至教中一切菩薩之修證佛法、行諸善業等，無一而非因果之所攝者，何有能出因果者？乃至諸佛、諸阿羅漢，亦因修證解脫道及佛菩提道之因而成就解脫果與佛道之果，仍在因果法則之中，云何密宗說應消除因果？眞乃顚倒之人也。

復次，修除因果者，唯可將往昔所造諸多惡業，於緣熟時受償而消，非可如密宗所說之經由三遍融化、四空相應等觀想法而修除也。如是之說，與佛法因緣果報之理相背，絕非佛法也。

若如密宗所說，修學中脈明點觀想⋯等法，即可修除因果者，則佛說因果報應絲毫不爽、亦不錯亂之說，便成虛妄。則《大寶積經》所說：「假使經百劫、所作業不亡，因緣會遇時，果報還自受」，等語即成妄說也。若人有智，欲令惡業因果消亡者，唯一能做之事，即是廣造有利眾生之事，廣造回報怨家債主之善事，令其心得滿足，惡業方消；非依修證中脈明點⋯等法可以消除也。

第二十節　錯以明光為佛法身之密宗

密宗所說之證得法身者，乃是以明光爲自身佛地之法身：《《死兆既現行者，乃知離死不遠，於是盡力修法廣行佈施，普結善緣，多做好事；懺悔以前之非，力行今日之是。修法之時，想臨死種種境界，即

「三遍融化、四空相應、明光顯現」，魂離軀殼，身作平定坐，心想一切空；空中上變成本尊等等是也。如此種種必須多多修習，否則不能成就也。平時勤修，死時始來；平常之時一心修持空安無二無別及母子二光融合；迨一切法空之理獲得，明光前來，於是始行矣。昔密勒祖師曰：「死時之明光，乃我佛之法身。」》》（62-291）

又云：《《死時之明光，乃行者自己之心識所變成，其名曰母光。此外尚有一光名曰子光，由修而後來；此子光明亮無比、不可逼視，一見之下令人生畏。但行者切莫懼怕，須知是即佛光也。》》（293-5）

以死亡時證得明光，作爲自己之法身，而言成就究竟佛道：《《夫修死時之光，必須好好觀看，方能知之；平日時時刻刻修，想自己死去，四大次第融入，空來之時見白，妙空來時見黑，一切空時氣往上升，命即外出，於是明光顯現、獲得法身等等。》》（62-294）

然而明光其實只是密宗上師之妄想，死時並未有所謂明光升起，而是仍如活時一般，各人皆有各人本來即有之明光照耀，依其世間出世間之智慧及煩惱輕重有別而有種種不同之明光，非如密宗所說：唯有修學密法之人方有明光。復次，明光絕非諸佛菩薩與衆生之法身；佛於處處經中皆說法身即是第八識，無形無色亦無光芒。唯有出現於三界諸陰中時方有光明現行，而光明絕非第八識心，唯是第八識心配合色身七識心諸緣之所現者。

今者密宗以死時妄心所放出之明光作爲法身，於捨壽時求證明光已，便謂已經即身成佛、中陰成佛。如是妄想而驕於顯宗，欲求顯宗諸人之恭敬供養，今亦成功達成目的，令台灣佛教顯宗諸大師等恭敬於彼等、並作大供養之行。然而彼諸密宗上師法王，其實個個皆墮自意妄想之中，如是而謂有修有證，而謂果地修證，皆是大妄語者也。顯教諸多大師云何墮於表相而爭相攀緣之？護持之？眞乃無智之人也。

如是精勤修明光之觀想者，一生精進之目的，即是欲於死後將己明光與佛「法身（明光）」合併爲一而成佛道：《《是以人於生時不可不修，當使一切識入中脈，三遍融化，四空相應，是爲無上殊勝之法，宜永遠一心修習。即在夢中亦不應忘，仍宜修持：「一切法空，自己放光與佛光融合。」如此常修，久自成習；習慣既成，死必成佛矣。以後中陰之時亦識自己中陰身之不利，拒而不納，一心修持空光，以待佛光前來融合焉。》》（62-294）

此即密宗所說明空大手印之修行者，於死時「成佛」之大妄想也。然實此想於理有違，於教相悖，根本即是外道妄想，與佛法之修證完全無關，不可謂爲佛法也。今者密宗竟將如是與佛法修證完全無關之妄想，作爲佛法「成佛之道」之正修行法門，而以之教授末法學人，誤導學人入於大妄語罪中，實非可取之行也，有智之人鑑之！

第二十一節　以極穢物為無上妙品之密宗

以極穢物爲無上妙品之密宗者，謂其觀念與知見迥異佛法之清淨性，乃至世俗之人所不堪認同，而密宗習以爲常，並高推其爲密宗內之最勝妙物，令人難以苟同。譬如：

《《秘密經中有云：「世有四物不可離棄，即一、花（此謂內花—女人性器官也），二、酒，三、媾合，四、三寶之物」是也，……顱器中所盛者，實不止酒一樣，其中共有物品十種；此十種之物，皆常人視爲極不堪者（詳見第一輯甘露章中所述）；然一經加持，即成爲無上妙品；用以驅魔，只要略灑數滴，一切魔鬼無不遁逃。猶如以糞擲人，人能不躲乎？魔之畏酒，彷佛似之。》》（62-290）

顱器，藏名「嘎巴拉」，乃是供養密宗之「佛菩薩」所用之供盆；此物乃是以新死人之頭骨，除去毛髮皮膚及顱內之腦髓眼珠…等，唯留骨頭，洗淨後，剖出天靈蓋，並彫刻及莊飾寶物而成（詳見第一輯之封面及封底）。顱器之頂蓋掀開後，平底之處置放乾性之甘露，圓底之處則置放溼性之甘露；或平底部份置放五肉，圓底部份置放溼性之五甘露。五肉及五甘露，詳見第一輯中所說，此處勿須重舉。

由五甘露（淫行後之男女雙方排洩混合之淫液及酒爲主，加以大小便）等之供養而觀察之，即可知密宗所供奉之「佛、菩薩」，及其所驅遣之護法神，其實皆是魔及鬼神、夜叉、羅刹…所化現者，彼等皆貪如是血食及精氣之味故；諸佛菩薩心性清淨、遠見即離故。至高無上、冠於顯教之密宗，而竟所供、所說、所行、所修、所證，皆是世間至淫、至下、至穢之法，令人不禁懷疑密宗諸多上師學人，究竟有智？無智？

譬如第三灌之秘密灌頂，亦以淫穢不堪之淫液「甘露」而傳秘密灌頂之法。譬如宗喀巴所說：金剛上師與明妃於密壇中觀想及行淫至第四喜而射精完畢後，《《次從蓮（從明妃之下體）取其金剛（取其淫液）—以大指無名指取摩尼寶（以手指取上師射於明妃女陰中之精液），勝解「如來化汁與自菩提心無二（心中起如是勝解：如來所化現之汁液與自己之精液無二）」；恐彼持「語金剛彌陀慢」之弟子見而不信，故遮其面，非彼手眼所及（如是等事皆不可被欲受密灌之弟子所見），誦「金剛鬘經所說之：過去金剛持，爲佛子灌頂，以妙菩提心（以勝妙之物質菩提心—上師與明妃之共同淫液），今爲子灌頂。」（誦已將少量淫液灌於弟子之頂）。又誦：「嗡啊班撈枳吽」等主尊咒，（然後將淫液—又名金剛心）置彼（弟子）口中。弟子亦應想是毗盧佛等一切如來總集體性（受灌之弟子亦應心想：這淫液是毗盧遮那佛等諸佛總集之體性），念誦「阿賀摩訶蘇喀」而（吞）咽，咒義為希有大安樂。

次明妃從定起（然後明妃從一心受樂之境而出），不著衣服，於蓮華（於自己之女陰）中取甘露滴（取淫液數滴），如是置彼口中（亦如上師一樣將淫液放置於受密灌之弟子口中），彼亦如上而飲（受密灌之弟子亦應如上所說而飲之）。言如是者，謂非眼手之境（不許弟子觀見及手碰觸彼淫液），亦以大指無名指取（明妃亦須同樣以大指及無名指而從自己女陰之中取淫液而賜弟子），如前誦咒及頌。言如上者，謂以總集一切佛心（觀想一切佛父母附合於上師身中與明妃身中而行淫受樂、流出紅白菩提心，行者收集之）而飲，亦如前誦「阿賀摩訶蘇喀」。月稱論師…等說：雖一弟子，亦須父母俱傳秘密灌頂（月稱論師…等人說：受灌頂者雖然只有一位弟子，亦須上師與明妃合同傳授秘密灌頂），缺一不成（若缺明妃即不如法，即不可灌秘密頂）。》》（21-376~377）

由如是**宗喀巴**及密宗**月稱**「菩薩」之說，則已顯示秘密灌頂必須有明妃合作，方能具足紅白菩提心—具足男女雙方之淫液，**月稱**已說「雖一弟子，亦須父母俱傳秘密灌頂，缺一不成」故。號稱最清淨之黃教宗喀巴，尚且如是主張，何況密宗其餘各派？由此可知，密宗乃是將極穢物作爲無上妙品之邪教也，云何彼諸密宗行者及大師法王悉不能知？而廣弘揚之？

隨後之灌頂，**宗喀巴**如是云：《《如是五次第論及攝行論亦說：將**菩提心**（將上師與明妃雙運後合成之淫液）**安置瓶內或盃中而爲**（弟子）**灌頂**。**明顯雙運論說：師長以大指無名指**，（將淫液）**授弟子口之後，仍將**（明妃下體中其餘之）**菩提心**（男女方淫液）**放螺盃等中**（承接於螺盃等容器中），**和以香水**（加入香水），**唱吉祥頌爲先、而爲**（弟子）**灌頂，引『月密空點經』爲證**。……

秘密灌頂之體，如大印空點第二云：「由大無名合，受用入內身，爾時生正智（爾時生起「自身下體能起大樂」之真實智慧），**猶如童女樂**（猶如女人第一次行淫所受淫樂）。」**謂以師長父母**（此說以上師及明妃之）**空點**（淫液）**安置**（於弟子）**舌上，由嚐彼**（淫液）**而生妙樂三摩地**（而引生淫樂，進入受樂而一心不亂之三昧境界）。》》（21-377~378）

由密宗所說「最清淨之黃教**宗喀巴**」所說密灌之內容以觀，即可知西藏密宗各大教派之秘密灌頂悉皆如是、一般無二也。由有如是邪淫荒謬之想故，便有將極穢物作爲無上妙品之西藏密宗邪法也。有智之人何可信受不疑？

第二十二節　以假為真之密宗

密宗之修行法門，乃是將假想觀認作眞實法之妄想宗派，絕非佛教之修行法門也；而此諸多假想之觀，則以雙身法之淫樂第四喜爲中心思想，以雙身法之理論與行門而貫串之。

譬如前來第二章起所舉種種實例，譬如觀想自己成就天身之「天瑜伽」，其實並未因此天身觀想之成功而成就廣大天身，是故密宗以觀想廣大天身作爲將來雙身法中「成佛」時之佛身者，乃是以假爲眞之虛妄想也，所觀「天身」唯是自己所觀想而成之內相分爾，並未眞正成就天身故，將來修成雙身法後所應成就之「天身」並不存在，只存在自己之觀想境中故，並無其實故。

亦如觀修中脈之通達，觀修中脈內之明點升降如意而不引起洩精之虞，並將所觀明點作爲阿賴耶識者，亦是妄想。所觀唯是相分境爾，與夢中相分無二。世人夢醒，即知夢境虛幻；今者密宗竟將同於夢境之觀想所得明點相分認作眞實法，並將明點定位爲顯教所說之阿賴耶識，如是以假作眞，以觀想法之明點境相分代替　佛所說之第八識如來藏，即是以假爲眞之妄想也，亦是破壞佛敎正法者也。

寶瓶氣者亦復如是，皆是修證禪定之妄想，妄認寶瓶氣可以成就第四禪之定境，而以短暫之閉氣數分鐘所得境界，作爲眞實證得佛所說之禪定，即是以假爲眞之妄想也。

密宗所說等至者，亦是妄想爾。等至者，乃是行者禪坐修定，進入初禪一心不亂、遠離欲界愛；乃至進入第四禪等至位中，不觸五塵，不起極微細念（詳拙著結緣書《甘露法雨》附錄現場問答所說，此勿再贅），息斷、脈斷，而長住於不觸五塵之境界中。密宗所說之等至，則是以行淫後之性高潮中一心不亂而住於「樂空不二」之離念靈知中，以證入第四喜大樂時之鼻息暫斷而謂爲證得等至禪定，其實與禪定等至完全無關。密宗以如是妄想之等至，便以爲自己眞已證得等至，說之爲「佛教禪定」，以此誇耀於他人、他宗、他派，是名以假爲眞之密宗也。

復次，所奉請來加持行者之「佛菩薩」，其實皆是山精、鬼神、羅刹、夜叉等所化現之「佛菩薩形像」，而密宗諸師悉皆認假作眞，以爲眞是佛菩薩親來化現指示，便遭彼諸鬼神所籠罩，而依彼諸鬼神所傳之邪知邪見法門而說、而修、而傳、而證，悉墮鬼神知見、鬼神境界之中，何曾有一法是眞正之佛法？故說密宗是以假爲眞之宗教。

天瑜伽、寶瓶氣、中脈、明點等如是，其餘一切修行法門，莫非如是以假作眞。以假作眞已，復又貶抑顯教而崇顯密宗，說爲更勝於顯教釋迦佛之法身　毗盧遮那佛、獨厚密宗而傳與即身成佛法，如是顚倒其說而崇密抑顯，吸取佛教資源；並對異性佛弟子上下其手，乃至成淫，美言曰：秘密灌頂、第四灌頂、即身成佛。如是以假作眞已，卻來取代顯教，說密宗邪法爲眞正究竟之佛法，李代而桃僵—遂令眞正之佛教滅於密宗手中—最後由外道法之密宗代表佛教。

《狂密與眞密》所舉如是密宗以假作眞而崇密抑顯之作爲，如是作虛妄語而自我高推佛法證量之言，可謂無量無數、舉之不盡。行者但取密宗古今諸師之密經密續及古今著作讀之，自知余說之不謬，自知余之所言未嘗有一句誣蔑密宗之言也，是故此節就此表過，不作重述列舉，而省篇幅，舉之不盡故。

第二十三節　借體延壽怪誕妄想之密宗

密宗諸師對於延壽之妄想如下：《《倘死神到來，行者自己知道；然而不欲即死，倘欲再留塵世數年，則亦有一經、念之可以延壽十年八年不等，暫將死債償還。如何還法耶？即製一假人，草人亦可；如己之狀製就後念經，招致一遊魂寄諸假人身內，將自己一切物件皆給與喇嘛（原註：此間人死後將其遺物焚化；蒙古風俗不燒，將死者之物業均給與念經之喇嘛。喇嘛則念經將死者之魂超度生西。給物之意即所以消除死者之業也。債還後，閻王即不追究矣），作爲此假人已死。閻王得知其人之物皆已給送，以爲其人已死，遂不追究。因此行者得延壽數年。此延壽亦有一經。》》（62-321-5）

此亦是以假作眞之妄想也。所以者何？謂有情之壽命非由閻王所掌控，乃是自己之命根所決定；命根則是由往世之業種（譬諸凡夫有情），及受生之願（譬諸已悟之菩薩）與現世衆生對此菩薩住世之需要，及此世所依之色身優劣等，而定其命根，非如密宗所說之由閻王而決定之。

學佛之人，已成上師而弘傳 佛之法教者，不應作此外道想，而言命由閻王掌控。如是延壽之想，純屬虛妄，縱使廣有錢財如王永慶…等人，百年大限到來之時，悉將所有財產捐與喇嘛、而請其如是作法念經延壽者，亦不能成其功、竟其業；何以故？此非眞正延壽之法故，乃是密宗諸師之虛妄想故。

若欲延壽者，當依四禪八定而修；若已證得四禪八定者，只須加修滅盡定（已證四禪八定具足者，只需現觀覺知心及作主思量之心虛妄，便斷我見我執，即可證得滅盡定），便可自行促壽延壽；除此而外，唯有強加外力毀壞色身五根而促壽，並無其他促延壽算之法；是故密宗欲藉假人作法而求借體延壽之法，純是虛妄怪誕之妄想，非能達成其所要求之目的。

第二十四節　密宗虛妄施設之五佛

密宗常有五方佛之說，然五方佛乃是妄想。亦有謂五臟即是五佛者：《《人面乃五臟之表，內壞則外顯，故能自知也。夫**五臟即是五佛**，五佛去則五臟壞，故修法之人應常常視察其面有無變動。如有變動，即知己壽將盡，於是速即修法；待裡邊陽焰青煙等來時，乃行抛斡（遷識）。故修法之人必須知抛斡之法，否則不行。》》（62-320~321）

此說乃是妄想也。五臟若是五佛，則眾多有情同處此一地球中，應此地球中同時有無量無數之五方佛，則應此一色身之中便有五佛同處一身，如是，究竟有無西方極樂世界　阿彌陀佛？究竟有無東方琉璃世界藥師佛？乃至有無餘方世界諸多現在　佛？若有，則成牴觸之說；若無，則成違　佛之言；進退無據，成虛妄語。故說密宗所言「**五臟即是五佛**」之說，乃是妄想者之所說也。

《西藏度亡經》中所說者，亦復如是荒唐無比。彼「經」中說：五方共有五佛，逐日來亡者眼前示現接引之，不論亡者生前是否曾發願往生其世界，亦不論亡者所發之願與彼彼佛之別願相應與否，悉皆等同接引，無諸差別。

復次，《西藏度亡經》中所說諸「佛」似已互相約定：娑婆世界若有人死亡時，於亡者死後之第一日，由「抱著佛母行淫受樂之毗盧遮那佛」來接引密宗行者；第二日由「抱著瑪嘛基佛母行淫受樂之金剛薩埵阿閦世尊」來接引行者；第三日由「抱著佛眼佛母行淫受樂之寶生如來」接引密宗行者；第四日由「抱著白衣佛母而行淫受樂之阿彌陀佛」來接引密宗行者；第五日由「抱著貞信度佛母而行淫受樂之不空成就如來」接引密宗行者；第六日則由五方之雙身受樂佛父佛母前來接引；第七日則有諸部持明「聖尊」，皆是抱著空行「天母」、二根相入受樂之像，前來接引密宗行者。如是五方佛等互相約定日數而前來接引娑婆之亡者，眞是異想天開之言也。

十方虛空有無量數佛，云何僅由此五佛代表人身之五臟耶？云何僅由此五佛逐日接引密宗行者耶？其餘諸佛云何皆不許耶？抑或密宗認爲十方無窮盡之虛空中唯有此五佛耶？有何根據而言彼五佛曾有如是約定耶？有何根據而言身中五臟代表五佛耶？依何道理而言身中五臟能現五佛接引衆生耶？審如是者，不須諸佛示現於人間也，但由五臟之五佛於中陰界發大慈悲心，以慈柔音爲亡者說妙法、並接引其往生佛淨土即可，何須一一日之一一佛勞動不停耶？

尚有其他大過，不及一一言之，行者自惟可知也。是故密宗施設五佛之說，荒唐邪謬，純是臆想所得之妄想法，有智之人何堪信之？更言修之？

第二十五節　誦經即可成佛之妄想

密宗復有誦經即可成佛之妄想：《《余尚有一經，誦之七天，即可成佛。此經用於鬧鬼之處，只要一念，即可將鬼超度成佛焉。》》（62-324-1）。如是妙法，實應廣加闡揚，以救衆生；然而密宗卻將此法秘而不傳，吝惜至此，焉得謂爲慈悲之人耶？

若有如是之法者，余若得之，必定將之印製成書而廣流通，以救廣大學人，令諸學人代代相傳，於佛教學人壽終死亡時，各各爲之念誦超度，令諸學人死已個個成佛。而密宗竟秘惜之，不肯廣傳之，眞是無慈無悲之人也。

若眞有此法，則釋迦世尊必定加以廣說，咐囑弟子流傳不絕，不可能失傳也。諸菩薩亦必發大悲心，憶持不忘而廣傳之，焉有可能唯有密宗有之、而顯教中無？無是理也！

密宗其實並無此法，僅是口頭言說炫惑於人爾。若眞有此法而公開之，亦將必定處處破綻，句句違 佛旨意，悉屬違教悖理之說也。此亦密宗無量妄想之一爾。

第二十六節　以拙火消除業障之妄想

密宗復有以拙火消除業障之妄想：《《夫丹田火猶如燒罪業魔障之柴火，修丹田火即以此柴火將身內之業障盡燒也。業障燒盡，即可得抛斡之道，故丹田火者抛斡之引也。》》（62-324-8）

此乃欲藉拙火之力，將身中業障燒除，然後以遷識法而遷自己之根本識往生諸佛淨土也。然而此乃妄想者所說也，謂如前輯遷識一章中所述密宗「遷識法」乃是虛妄之想，不能成就遷識之目的；今者更欲將業障藉由拙火之力而消除之，更是妄想也。何以故？此謂有情衆生之業障，非可由身中氣功之暖法而燒除故；業障是心法故，拙火是色法故，云何不能及於心法之色法、可燒除心法之業障耶？

如今密宗以虛妄之遷識法，配合虛妄之「拙火燒業法」，而欲燒除業障，遷識往生諸佛淨土，眞乃集妄想之大成者也。集妄想之大成者，云何可謂爲最懂死亡超度之宗教耶？云何可謂爲冠於顯教之最上佛教修行法門耶？眞乃世間顚倒想之至極者也！

第二十七節　虛妄想之密宗法報化身

密宗諸多密續密經所言修證法報化三身之法，皆是虛妄想，與顯教所說之法報化三身不同：《《昨講明光即智慧法身，亦即大安樂法身，此兩個即是一個。明光如空中之身體，彼有色之身乃氣與意兩者互合而生之身體，是爲報身。許多經內稱此報身是智慧身體。或有人云：「能見之身不是佛身，乃塵世之身。」勿信此言。佛說報身與佛身乃一個，幻身與明光兩者雙入之身體得到，能變成甚多之樣子。》》（62-341）

由是故知：密宗行者認爲修至一念不生而發起明光時，彼覺知心即是法身，即是大安樂法身；此時之身體即是莊嚴報身，與顯教經中佛說迥異。了知此者，即知密宗所證之法身即是常見外道所說「常住不壞之覺知心—離念靈知之意識心」。而其報身者，即是雙身法受淫樂觸覺之色身也—由此色身而受樂報，故名報身。密宗古今諸師根本未曾證得佛所說之法身第八識，亦未證得報身—色究竟天宮中之廣大莊嚴報身。純是自意思維妄想之法身報身爾，非是佛教中諸經所說之法身及報身也。餘詳本書第二章第十節所說，此處勿庸重述。

如是妄想，**宗喀巴**亦不免焉。譬如**宗喀巴**所造《密宗道次第廣論》中說：《《……故報身等與布施等諸相，是為最勝，以彼等相勝出瓶（灌）等諸餘相故。具足彼諸相者，是具一切種之空性（即是具足一切種子之空性）。如無身相、則不能（與眾生合修雙身法而）饒益有情，如是若無大悲，亦不能利一切有情，故云悲滿。無緣大悲如如意珠，（於雙身法之一念不生而不分別之）無分別中利益有情。言不斷者謂受用身（受用樂觸之色身），具足如上所說功德恒相續轉；由是不住寂滅與三有之大涅槃故（由八時而修故令樂觸長住不斷而不住寂滅，長受此大樂之覺知心亦非流轉生死故是大涅槃），常恒無斷，非「有時轉、有時不轉」間斷之法。言無滅者，謂彼報身（受樂觸之色身為報身）非暫時住即便斷絕，盡未來際隨大悲轉，及諸有情無間斷故。……然不間斷亦通化身，無滅則謂盡未來際不入涅槃，故有差別。七加行說無比安樂圓滿報身、大樂法身、及大悲體性之三身相續，為前不斷之義。……謂如第三灌頂之時自為本尊父母住等至相，第四灌頂亦如是住。此明**第四灌頂具足報身結合二支**。》》（21-393~395）

宗喀巴此處所說者，乃是人間之肉身能受此第四灌之大喜樂受，故說爲報身。亦謂將來成佛時之長時受此第四喜淫樂，常時而受、永遠不斷，故說能受此樂之色身即是報身；即此色身而證此第四灌之第四喜大樂者，即是成就即身成佛之大義。

宗喀巴認爲：此亦可說明第四灌頂具足男女雙身結合等二支之密意。將來則以觀想所成之廣大天身作爲佛身，捨壽之後即將覺知心及明點阿賴耶識遷往彼天身，以彼天身而抱明妃常受第四喜大樂，名爲報身佛，以此廣大天身及第四喜之樂常在，作爲莊嚴，故名之爲莊嚴報身。是故密宗所說之莊嚴報身者，並非佛法中所說之報身，乃是雙身法受第四喜至高淫樂之人間色身、或捨壽後轉依之常受淫樂天身也。密宗所說之法身者，乃謂第四喜中受淫觸至樂之覺知心也，而非 佛所說之第八識身。如是法身、報身之說，與 佛所說迥異，焉可謂爲眞正佛教法義耶？

宗喀巴又作是言：《《第三灌頂之時，自身現報身相；此後不離佛母，現爲父母互抱持相。於彼定中心住，了達諸法眞實之俱生智。取彼二者爲喻，決定第四灌頂之理。謂由修方便支，最後自身成就相好莊嚴報身及以結合二支體性，非唯勝解修爲佛之色身。此心亦非暫住眞實，謂是盡未來際所有大樂與無自性二支體性。明此雙運即是第四灌頂。》》（21-396）

宗喀巴所言者：謂第三灌頂時，男弟子既與女上師眞刀實槍接受臨床指導而現報身相—手抱明妃相（女性密宗行者則是手抱勇父相），已知雙身法即身成佛之密意，乃於雙身法之樂觸中亦能觀想自己廣大天身手抱明妃（女性密宗行者則是手抱勇父）而受第四喜大樂。受第三灌已，此後即當永遠不離佛母（女性爲永遠不離勇父），常抱明妃（常抱勇父）、每日八時精進而修，應當常常「**現爲父母互抱持相**」，長時「**於彼定中心住**（長時間在淫樂之一心不亂『定境』中安住）」，**而了達諸法眞實之俱生智**（由長時間手抱明妃受樂而一心住於「定境」中，能了達一切法皆是由此受樂之「定中」覺知心而生，此智即是樂空不二之俱生智）。**此即是宗喀巴所說之俱生智**，此即是密宗所修之方便支—唯有密宗方有之方便成佛法門—即此肉身而成佛道。

此法乃顯教所無，故密宗以此法門而自矜於顯教，嘲笑顯教爲因地修行，自誇密宗是果地修行，而且是所成就者爲報身佛—即此肉身受第四喜大樂而成佛道，非顯教修行所成之化身佛，蔑視顯教修行不能成就報身佛。由是「修行」理論及行門，是故密宗之一切報身佛與法身佛，皆是手抱女人、二根交合常受淫樂之相。

宗喀巴又作是言：《**《此說空色明妃抱持行相**（這是說：無肉質之觀想色像本尊與明妃抱持運行之相），**固具「結合、大樂、無性」等支**（固然具足「二根結合、大樂、無肉身之空性」等支），不論報身有無其名，其義已具（所以不論是否已具足正受第四喜之報身名義，其正義已經具足）。是故果位第四灌頂（由此緣故，於第三灌後再入第四灌頂壇，與異性上師合修雙身法而入第四喜之樂受中安住）具足七支（七支請詳第八章及第九章說明）與餘家同（而具足七支者與其餘諸家所說相同）。劣者道位第四灌頂，從隨念後，現無分別空色欲天父母之相，故於三摩地（受高潮淫樂而一念不生謂三摩地，亦謂等至）位亦有。說自彼等位後，由空色大印成辦不變樂者，非謂任何空色皆可（是說自第四灌頂之後，於手抱明妃合修雙身法時，由觀想之空色雙身法而成就第四喜大印、成辦不變大樂者，並非任何觀想之空色皆可），要是現爲空色雜母明妃（必須是顯現爲空色之種種明妃方可）。爾時雖非眞實成爲空色天身（此時雖然仍非真實成爲空色之天身），然不待觀察、心中即如是現（但在合修雙身法時，不待觀想，心中即可如是出現）。故於如斯空色不變大樂同一智體、二無分別，名爲第四灌頂。是故不應偏執「安樂」或「空印證」等爲第四灌頂（所以不應偏執獲得第四喜之安樂，或偏執無肉質空色印證等爲第四灌頂），以《大疏》解俱生不變即第四云：「離羯摩印與智印因，空一切種最明顯相」，多次宣說空色合故（多次宣說空色與大樂和合方名第四灌頂故）。》》（21-401~402）

宗喀巴又作是言：《《說瓶灌頂成就化身（說瓶灌頂後所觀想之本尊天色

身就成爲化身），秘密灌頂成就報身（第三秘密灌頂後色身就成爲報身），慧智灌頂成就法身（第四灌之慧灌後覺知心成就法身）。此中所說報身，雖可作幻身解，然依密乘通義，多指佛語。如是化身，謂佛色身，其等流因謂由修習生起次第及彼所表圓滿次第天瑜伽等所成。法身，謂常住眞實之佛意（法身是說第四灌即身成佛後之佛意——一心受樂之覺知心）。》》（21-423）

宗喀巴又作是言：《《寂靜師等多依三三摩地次第，配自性、受用、變化身。謂初加行者，初成自利，能化天眾，是故立爲自性身或法身。彼所生者，利他色身之最初故；勝曼陀羅王立爲受用身。彼住本處而各放出諸天，往十方界饒益有情，故勝業王立爲化身。若如此義，則是修彼三身爲道，故修三三摩地。》》（21-491）

如是所說化身、報身、法身者，皆是依雙身法之樂受及觀想影像而說，皆非如顯教經中所說之眞實化現者也。密宗古今諸師常常以假作眞，認爲觀想成功時即是現實中亦已成功；皆是妄想也。而如是法身、報身、化身，皆唯覺知心中之影像爾，並無眾生法界所能得見之身，唯存於密宗行者之觀想境中爾。如是修行觀想，既違 佛說，成爲妄想，焉得名爲佛法？宗喀巴乃竟妄言能度化諸天天人，豈非可笑之言乎！

宗喀巴又作是言：《《空色（觀想所成之本尊身因無肉質色法故名空色）究

竟即是相好莊嚴佛身。故彼空色之無性空雖是勝義（故彼空色之無肉質而其性空雖是勝義），空色仍是世俗諦攝（但空色仍是世俗諦所攝）。故或說爲自在常住（是故有時雖然說空色爲自在常住之法），乃未了知爲何修空色也（乃是尚未了知爲什麼而修空色也）。如上所說煙等空色上上轉依，乃至第六支時空色欲天父母之相（乃至第六支時之空色欲界天父母交合受樂之相），即是果金剛身不共親因（即是報身佛果地金剛身之不共顯教親因）。爾時唯現如是相身（在肉身交合而受第四喜時，只是出現如是肉質相之色身），身實未成空色之身（身實尚未成爲空色之身），以粗色界猶未盡故（由於肉質粗色法界猶未斷盡故）。故欲修成彼身（所以若欲修成彼報身佛之報身），必須滅盡塵聚色身（必須滅盡微塵聚合而成之色身），如以變金之汁點鐵爲金（猶如以變金之神異汁水而點鐵爲金一般），如是由繫「身中菩提」令無漏洩（就如這樣由於繫住身中之精液—物質菩提心—使其永無漏洩），而能盡諸粗色（而能斷盡種種粗色，方能成就報身）。……又云：「如鍊水銀能化鐵石，任持彼等大色（即其精華）而住，然非粗界，以彼大色著諸鐵石，鐵即離垢，石變成寶。如是修菩提心能化蘊處界等及諸命根（如是而修精液明點提升等法，能化除蘊處界等粗色及諸命根），任持彼等大色而住，然非粗色。」此處不變之樂，即當龍猛派中所說「心爲光明」。此中樂空之空是世俗身（此中所說樂空不二之空乃是世俗身），樂是契入勝義之智

（樂空不二之樂即是契入勝義之智慧），與餘經中所說樂空略有不同（與餘經中所說樂空之理略有不同）。由繫身中菩提令無漏洩（由雙身法中維繫身中精液明點使無漏洩），不變妙樂最圓滿時（至不變妙樂第四喜最圓滿時），一切粗界悉皆永盡（一切粗糙之物質法界悉皆永盡），界亦無存（其種子亦無存，唯餘樂空）；爾時界與妙樂，能所依之關係，皆已滅故（爾時粗色法界與妙樂之能所依關係，皆已滅盡之故）。如灌頂略標云：「能依所依係，乃至不變樂，得心不變時，無能依所依。」乃至頂中界未充滿（乃至第四喜提升至頂髻而紅白菩提之淨分仍未充滿時），有能所依（仍有能依與所依）。既充滿已、得不變時，則無彼依（提升至充滿之後，而證得第四喜妙樂不會再變異時，則無彼能依與所依）。故於空色金剛身如虹霓（所以對於空色金剛身猶如虹霓之語），莫起如乳滿腹之執（不可生起「猶如牛乳滿腹」之執著）。》》（21-561~562）

宗喀巴所言：「故彼空色之無性空雖是勝義」，其實絕非勝義；勝義者乃謂證得法界實相心—第八識—如來藏心，由證此心故，現前照見有情法界及十方三世一切法皆由此如來藏所生、所顯，因此生起般若慧，照見實相；如是修證者，方得名爲勝義也。宗喀巴以妄想所觀想境，及欲界淪墮之淫受，而謂彼樂受及受樂之覺知心無形無色爲空性，以此謂爲勝義，與佛說完全顚倒，乃是「言不及義」之言，皆是凡夫與外道對佛法誤解所生之戲論也。

宗喀巴墮於如是外道妄想之中，以雙身法配合觀想而欲修除粗色身，以為精修第四灌之雙身法至究竟已，即能成就廣大空色天身與常受第四喜樂觸之空與樂，以所想「空樂遍滿之天身」，配合「永不退失、永不暫停暫斷」之第四喜樂觸常住身中，以之作為佛地之法身。黃教創教之法王，**號稱力行改革密宗邪淫墮落現象之宗喀巴，根本未曾稍離雙身淫樂之法**，只是加以較為嚴格之限制爾。如是，西密黃教宗喀巴誤會佛之報身法身，歪曲嚴重邪謬至此，令人浩嘆！

黃教之宗喀巴如是誤會佛之報身，餘派亦復如是誤會：《《中脈下來一通了，這就是**法身本尊**啊！五輪出來，就是**報身本尊**啊！然後毛孔全通了，就是**化身本尊**啊！你看！這是多麼科學化。它根本就有一定的次第，一定的脈絡，一定的做法啊！我所以說「三昧耶身」一定要完全化成虹光，然後才算是即身成佛、即生即身成佛啊！》》（32-307）

陳健民又作是說：《《此外還有一個如何**契入法身**的修法。法身無我、無相、無有、無欲。如你欲知此法，可修大手印，修空。首先，將整個宇宙以及其中的萬象觀而為空：見山不是山、水不是水、屋不是屋、牆不是牆、身不是身。宇宙間的一切悉皆化而為光，此光進入心中，復由心中進入蓮花，又由蓮花進入種字（原註：一種密教字母，例如吽字），先由底部第一部份向上溶化，直到第五部份，最後化入一根毛髮之中，**復由此根毛髮完全化而爲空，這是法身**。你既已在生時修習多次，死時這個修法就會繼續進行。行者知道此係法身部份，故以善爲保持三昧境界。》》（32-425）

此是以想像「一切法皆空卻、成無」，一切法空，即是法身。如是則與斷滅見外道同一知見，焉可謂爲佛法耶？而此境界中能知一切法皆空之覺知心，則是常見外道所說之「常不壞我」，復墮常見之邪見中，雙具常見與斷見。

又起虛妄想，錯認明體爲法身：《《法身見（原註：或俱生智見）：此是大手印之正見，它強調明體之無生。若行者相繼地堅住此正見，不用任何法門或法藥，將會直接證得法身。》》（38-456）。既以一切法空作爲法身，則不應復以俱生智（覺知心受第四喜淫樂之「智慧」）爲法身，前後相違故，法身不應有二故。

又作是說：《《智慧身並不在身體外面這個身，而是在身體裡面相當於心臟的位置有個身。不是講那個心理的心或者哲理的心，硬是指生理的心臟啊！就是這個肉團心，**這個肉團心的位置有一個智慧身**。》》

（32-224）。如是之言，又復違於前說，自生矛盾：既肉團心處有一智慧身，則不應如前文所說之以俱生智見作爲法身也。

又云：《《智慧身還是要觀本尊；三摩地身呢，就完全是要觀這個空性定，一切都變成空性。所以要觀種子字由下而上，一部份縮進另一部份，一個縮一個、一個縮一個，縮完縮到最頂上的尖端地方，然進入空性三摩地（進入一切法皆空的「三摩地」），**這個三摩地就是法身**。這個其實就有地、水、火、風、空的關係，**就把五智五大統統縮一縮，由三摩地的關係，就縮進空性裡頭，就是真如法界的東西**。所以這個就謂之三摩地身，所以是配法身。死的時候呢，他是樣樣都是縮；一縮，一縮，縮、縮、縮、縮，粗的縮到細的，大的縮到小的，最後縮到一個毛孔的樣子，**然後就沒有了，那就是歸到真正的空性的真如境界了**，也沒得我執，也沒得法執，也沒得煩惱，也沒得別的。》》（32-230）

又云：《《他是用五智的氣、脈、明點，加上四初灌，三昧耶尊本尊，二灌，以本尊修氣功，五智、四喜、四空的定力成報身佛喜，四空的定力，然後**就成了報身佛**。在心輪現出來之後，然後再把餘四輪也打開，就成了五方佛。然後呢，把毛孔統統充滿小的佛啊！**這就是化身佛**。例如毛孔裡都充滿的化身佛是像報身佛一樣的呢，那末這個三昧耶身是不要荼毗的，因爲他已經變了嘛！每一個毛孔都有一個化身，他是絕對不需要燒。我找出這個問題的答案，我想就是達賴喇嘛也沒有法子解決這個問題。這個問題很大啊！若不找出這個究竟的答案出來，你就沒有法子即身成佛啊！要即身啊，就是硬是不死啊！開中脈的人並不是就打通五輪了。先開中脈，然後由中脈就打開五輪，然後由五就通七萬二千小脈。所以**中脈是法身，五輪是報身，七萬二千就是化身。**》》（32-234）

如是，密宗各派所修之法身、報身、化身，悉由觀想及雙身法中而修，完全不依大乘教諸經中 佛所說之由般若、禪定、一切種智而修，法道迥異大小乘法，與眞正之佛法完全無關；根本而言，完全是外道法，乃竟強言其法是佛教之眞正究竟法門，並自言是超勝於顯教 釋迦佛之方便法門，顚倒至此，無與倫比。

密宗復又妄謂密法之修行可以成就化身萬千：《《修時裡邊初見陽焰如五色之光，繼見月光，嗣見日光，後日月二互合，於是內感黑暗，此皆氣與心之作用也。其時心中觀想本尊具三十二相，有八十種好。當月光日光黑暗三者次第來時，心須寂靜，不得稍想世俗之樂；即使天仙美女前來相視，心亦不動；年輕者視爲妹，年長者視爲母，不起些微淫欲之念焉。修法之人不得心中擬想女子之形態、稍生淫心，亦不得精點外洩自傷元神。自己要如在鏡中看見一般，見鏡中之自己變成空行母形狀。倘對此形狀略起好惡之念，即成疑心之「珠理」（藏語珠理此譯幻身），又稱不清淨幻身。至於清淨幻身則異是，非中陰身替代成佛，乃空安無二無別。自己之心與氣修習既久，則命自由梵門外出，成空行母之身，高約尺餘。此幻身能分身萬千，悉具三十二相、八十種好；此時心中甚樂，疑心全無。前有疑心故心不清淨，此無疑心故心甚清淨，此乃無上瑜伽密宗之理也。》》（62-220）

如是所言不貪他人女色者，眞是言不由衷之言也；何以故？謂如宗**喀巴**所說黃教上師作第四灌頂時，上師所用以行淫之明妃須多至九人，何可謂密宗上師不貪他人之女？密宗之古時大修行者雜交情形極爲嚴重，乃至言自己之妻、子、兒、女、姨、母……等悉可作爲明妃，而共修雙身法、而樂空雙運之，復又心心念念求證第四喜而成佛，乃至**宗喀巴之謂每日八時而修**，乃至整月整年整劫等精進而修，恒不止息，今言不貪天仙美女、世間美女者，無乃矯情之言乎！

如是不淨之心而謂爲清淨之心，無非遮人耳目之說爾，絕無實義。如是「精進而修第四喜，乃至八時**等**」之大貪心，云何可能證得絕對清淨之廣大莊嚴報身？報身永離欲界愛故，報身亦永離色界愛故，報身亦永離無色界愛故，是故密宗所言悉違事實，亦悖佛語，絕非佛教。

第二十八節　密宗對世間法果報之妄想

密宗貪求世間法果報之妄想者，譬如宗喀巴云：《《修取寶藏悉地者，如初品云：「藏中金剛形，當於自心修；修已即能見，地中諸寶藏。」謂於自心想寶藏瓶，中有月輪，月上有五股杵，念誦「班捘尼底」，乃至見相而修。相者謂可見觸之相。得相狀已，修念誦一通夜。次往想有寶藏之處，供養本尊等，及施鬼神食。以金剛鎖咒印，縛護寶藏及其處所。次修念誦、便能見其寶藏，掘地而取。如是或於虛空修金剛杵，自修羯摩金剛，修念誦後隨二金剛所墜處，即知其有寶藏。又於舌上修金剛杵而修念誦，自即能說諦語：謂某處有。》》（21-146）

如是觀修，若眞能獲得寶藏者，彼等密宗上師、法王、喇嘛、仁波切等人，皆不須花費鉅資搭機、辛苦勞神來台傳法以獲取供養也；云何密宗諸師今時悉皆勤於來台灌頂、廣收徒衆、而受供養？所謂生慈悲心故來台傳法者，乃是飾辭爾，難遮明眼人也。

復次，若此修法眞能獲得大寶藏者，密宗諸師皆不須憂愁弘法資財之欠缺也。而今現見非是，可見宗喀巴所說此法乃是妄想，非眞實法；亦復違背三世因果，亦復違背布施果報法理，非是 佛所說法也。

宗喀巴又云：《《若欲修不沉沒悉地，可於泉水等旁，或於隨所樂處，以大瓦器滿注淨水，安可見處；意誦「班拶拶羅」。若諸水塵變金剛相，更互相著，結成一金剛形。四座修習，乃至獲得見觸等相。次至堪受手足等觸堅如金剛。於彼隨繪何部曼陀羅輪，修前行儀軌已，經一通夜安住三摩地。

次若欲於水上行時，但當現起此三摩地安住其中，即能於水上行住等。若緣虛空諸塵，修成羯摩金剛，變成一金剛梯；乃至堪受手足觸著，如前而修，則能上昇須彌頂等。

若修持明悉地，當廣修供養等儀軌，修微細金剛後，誦「班拶答惹」等四種心咒隨一。隨順各品部別，觀想持明圓滿形體住月輪上，乃至得觸見相而修。次供本尊，經一通夜住於三摩地中。智慧本尊降臨，授與所修持明悉地。如是等眾多共悉地皆可修行。

若欲修得最勝悉地，自修五如來身隨一形，念誦「班拶答都」，想有微細佛身遍虛空界。於出息時觀想一切明顯；至入息時想如酥入沙中、皆入自心而攝持之。如是不作餘業、專精修習，調伏三業所有粗重，乃至見相而修。獲得相已，如前說繪壇等而修。則成就持佛形之持明菩薩。

又於如來部中，若住金剛薩埵等本尊與自身無別之慢，每日遠離三業障礙而修，至出息時想本尊形遍虛空界。尤於諸根及所念境，想彼一切皆為本尊形像。思惟彼時，當如是念：此等一切皆從分別而生，如所分別，若以教理觀察，皆於勝義非有。次收息及意時，當緣本尊。

如是修習，若得前說相狀，則當繪壇供養，通夜住定，勤修念誦，本尊降臨授與本尊大印身形悉地。修此二時，說止命力而修。若於彼二由修力弱、未得所說之悉地者，然如神通、壽、力、身色殊妙等諸悉地，不待勤勞亦可成就。如是所修悉地，是瑜伽部上根所化，初修行之最妙悉地。》》（21-146~147）

如是所修、所觀、所想，皆是虛妄之想，若如是而修、可得成就諸法者，應今密宗諸多法王、上師、喇嘛、仁波切……等人，悉皆已有廣大神通也，云何皆需等待彼等死已、方由徒眾喧騰宣傳之？云何彼等有大神通、他心通者，皆不能知余心中所想種種般若智慧耶？云何皆不敢於拙著所說諸法置一辭耶？

既言可由此法而修證大神通境，彼諸上師復又極喜神通之境，云何竟不能修成？而竟不能稍現神通以伏平實耶？而竟不能稍現他心通以知平實之所說法意耶？故說宗喀巴如是所言世間神通境等修行法門，皆是密宗祖師之自意妄想，非眞佛法中正修神通之法也！

第二十九節　雙具污穢與邪淫之密宗

密宗之本質，是雙具邪淫與污穢之「宗教」，乃是與鬼神相應之「宗教」。余作此說者，其故有二：一者，其「修行」法門，其實與修行完全無關，其本質乃是追求世間「淫樂之至樂」之世俗法—以淫樂之最強烈樂受及最長久樂受作爲追求之終極目標，乃是令人永遠沉淪於欲界之最低級宗教，所追求者是欲界中最最粗重之淫樂觸受故；二者，密宗所崇奉之「佛菩薩」，其實皆是山精、地祇、鬼神、夜叉、羅刹……等所冒充化現，故有種種顏色：五色佛、五色文殊、五色菩薩、五色度母等；顯教與南傳大師不知其謬，竟決議以五色旗爲佛教之代表旗幟，無知至極。彼諸密宗之佛菩薩、護法神等，既是山精鬼魅……等所化現，故須用種種世間最污穢之物如大小便、淫液精液與酒，及衆生鮮血、鮮肉而供養之，若以清淨素食之物、乃至煮熟之肉類供養，彼則不喜。

譬如宗喀巴所說之供養：《《二以《億現說經》所說而降，師長作勝樂身（作正受淫樂第四喜與弟子交合之立身相）、右伸而住（右腿直伸而安住），弟子亦爾（弟子亦如是配合而安住。請觀密宗所繪勝樂金剛立姿抱明妃交合之像）。平心合掌，左手振鈴，右熏燒香，洪音誦咒而降（大聲誦咒而降明點至下體中、引生至樂）。咒爲「底叉摩訶卓答，阿北夏耶吽，豈利黑如迦耶毗摩黑，毗耶惹撈耶，底摩黑娑訶」，以此眞言勸發勇識（以此真言勸發勇父同受此樂也）。所熏之物，鈴論師謂：**婦女染污之月經帶，塗以五肉五甘露及貓糞**，和以黑香，於顱盃（死人之頭蓋骨所造成之供盆）中燒炭火而熏。此是依物降智之法。》》（21-339）。以最清淨修行而自誇之西密黃教宗喀巴，尚且如是淫穢不淨，其餘各大派之更淫穢邪謬，亦可知矣！

復如**黃教**所作之薈供：《《尤其欲以不共金剛乘秘密道究竟善巧方便而速疾圓滿二資糧者，作具殊勝近集之支分是薈供輪，……集會不離方便智慧者（說此種薈供集會之不離方便與智慧者），稱爲勇父勇母之喜筵（乃因此薈供稱爲勇父勇母之喜筵），隨順時依智慧手印之方便智慧等數而行（若男女雙方能互相隨順時，則應依智慧手印—雙身法大手印—之男性方便與女性智慧等種種法而合修之）。如彼方便智慧雙運之正士集會（方便謂已修第四灌雙身法之男性，智慧謂已修第四灌雙身法之女性）爲「具善緣人薈供」（如果是彼等具有方便與智慧雙運之「正士」作此薈供集會者，即是「具善緣人薈供」）。飲食、衣飾、歌舞、交合（於薈供中合修雙身法。詳第九章所舉密宗大修證者冒名打那拉達所傳授之記載）、誅殺之五資具等聚合爲「具富資具薈供」。佈列修習能所依俱全之智慧壇城（布置修習雙身法能依所依俱全之智慧壇城）及護輪成就依據及影像爲「具喜本尊薈供」，共三者。於其上更以「無執著」而行、爲圓滿福德資糧，及威儀中執握無所緣之慧、而圓滿智慧資糧（即是依雙身法所說密意而如實修行取證樂空雙運者，謂爲圓滿智慧資糧），即「大薈供」（這就稱爲大薈供）；合爲四種。……

其謂當捨不合宜之薈供物、邪命等諸類，及不淨資具：如未薈供前即先食，則失獻新供之義。用剩者稱「薈供狼食」，應不誤謬取捨而爲，**五肉及五甘露或酒肉不可缺故，應儘力採辦**。……

又「多傑切」者揉糰，「格切」各種香料之熟食。「蔣碟」或白月爲乳或酥、「答衝」亦酥油或乳酪及椿，「答杰」爲酸酪及薄餅，「切赤」乳渣、「麻達那」或「巴借」、「渣給」爲酒，「拔拉」爲乳，「渣即」及「芒沙」爲肉，「展摩」爲香菇，「湘摩」爲清酒，「哀杜局」爲鹽，「永間」蒜，「阿魅」大肉（人肉），「昆準」象肉，「阿噶魯」馬肉，「那令」牛肉，「給杰」犬肉等。綜之，即藥材果物等飲食諸類均儘力籌備。……

吉美林巴云：「以其表示，總體而言：**灑藥血於食子等，淨治垢穢染污**，消除障礙、獻供及加持，如藥引般成催請本願相續等具各種需要。……

中間懺時，獻五肉五甘露等，其形相爲三昧耶物（密宗男女雙方行交合淫樂而至樂空雙運後射精，與女方所共同流出之淫液混合後之液體，稱爲三昧耶物），體性爲智甘露自性一，發露懺悔一切違犯三昧耶過失退墮，令其歡喜慈愛垂顧，……」》》（158-339~349）

以此不淨之薈供而求大果證：《《復次，第四分獻新品於天：設薈供物，**灑以藥血**（生鮮之血）……**供淨居天**眾怙主等，或又共通緣想總賓客類而獻，施放於户外淨地。……其功德利益如『金剛瓔珞』云：「福德之中薈供勝，此生所願悉成辦，袪除障礙及中斷，後至持明勝者剎，得證普賢如來位。」》》（158-351、363）

許多佛教學人，初至密宗道場參與薈供法會時，但見顱盃中供呈五甘露等，以爲眞是密宗上師所說至極清淨、至極珍貴之物，卻不知其實正是世間最極污穢、最極邪淫之物；將之噴灑於供品之上，而作薈供；薈供之後，初學密法者，竟亦隨同密宗諸人而分食之，了不能知其內涵物之邪淫荒謬。今若聞知此事實已，欲不空腹作嘔者，亦難之矣！

復次，密宗諸師若謂彼等薈供之時，並未如是而行者，則是違背**宗喀巴《密宗道次第廣論》所說**，亦違蓮花生等上師所造一切密續所說，則成**不如法之薈供**也。

蓮花生上師於《亥母甚深引導》中，亦主張修父母無二密續時，須以諸雜穢物供養空行：《《…七、父母無二密續修法：敬禮秘密語本尊。如我所修秘密法，爲秘密中之極秘密者；於屍林中或寂靜處，陳設五空行三角食子，箭上安鷲毛，繫紅綾、紅銅片、海螺等，此爲空行所依物。具三節、如竹而實之籐上，**以五色紅等綾莊嚴。頸上塗處女血及黃丹，此爲愛敬法所依**（爲欲修雙身法故作此令明妃生喜之行爲，名爲愛敬法）。如（如果是）僧人，當備紅法衣（象徵處女之血色）、黑紙上以金（泥）書五部空行母咒；具相**十六歲空行女血**（具備端莊美貌及海螺脈…等相之十六歲少女之經血）、**及自明點**（及僧人自己之精液）、**五肉五甘露完全之阿米打**（五肉五甘露皆具足混合之酒），五位五寶，獨片天靈蓋、爲女而未壞者（女人之頭骨頂蓋，必須是完好未破損者）。此中，中畫馬亥，四方畫四空行。復**以此貯上諸物，並懸佛像，陳供養、箭、鏡等。正行當知四種橛**（正行時，當知四種金剛杵）。》》（34-536）

如是須用處女月經污穢之血，亦須僧人自己之精液等而供養之，所供五肉五甘露亦是極穢物，如是不淨之薈供，眞正之佛菩薩必不降臨，唯有鬼神、山精、羅刹、夜叉、魍魎⋯等不淨之凶神，方喜此等極穢物及血肉而受食故。

又密宗中之「佛菩薩」皆好樂淫欲之觸，皆同以手抱明妃而不斷受諸淫樂爲其報身，故教令弟子以淫欲之穢觸供養之，如是而修「佛法」。譬如密宗之《大日經》所載：

《《秘密主！一切世界諸現在等如來應正等覺，通達方便波羅蜜（通達中脈明點寶瓶氣及性交技巧，即是密宗之方便波羅蜜），彼如來知一分別本性空，以方便波羅蜜力故、而於無爲以有爲爲表，展轉相應而爲衆生示現遍於法界，令得見法安樂住、發歡喜心；或得長壽、五欲嬉戲而自娛樂，爲佛世尊而作供養。證如是句，一切世人所不能信。》》（《大正藏》18-19-中）

又如密宗之《金剛頂經》亦如是以淫穢之行，作爲成就金剛薩埵之大手印：《《次當說結金剛薩埵成就大印：倨傲抽擲杵（謂陽具堅硬而抽送），等持金剛慢（謂住於性高潮中能夠堅持不射精故持金剛慢心），身口心金剛（如是身口意三業皆成爲金剛性），成金剛薩埵（此密宗行者便成爲金剛部有情）；由此遍行印（由此法而遍行淫樂於全身），諸欲生安樂（藉此全身諸欲樂而生安樂），**通壽力勝色**（能通達「菩提」及令壽命身力與色身皆勝妙），如金剛薩埵（猶如金剛菩薩一般）。》》（《大正藏》18-220-上）

復如密宗之《一切如來眞實攝大乘現證三昧大教王經》亦如是說：《《堅固菩提心出生，我此觀想於諸佛，**我以嬉戲供養故**（我以淫樂之嬉戲供養佛故），**即得諸佛勝妙樂。……**彼一切身悉和合（於彼雙身法修行時之上下身分悉皆和合），**自然妙樂成供養**，以此奉獻速能獲：金剛薩埵等無異。眞實妙愛相應故（與此雙身法至樂之妙愛相應故），隨應所向樂觸生，**以此奉獻於諸佛**，得金剛寶等無異。堅固喜樂常相續（陽具堅硬不軟、令淫樂常住而相續不斷），隨觸隨應勝樂生，**以此奉獻於諸佛**，得金剛法等無異。金剛蓮華杵相合（女方之金剛蓮華與男方之金剛杵相和合），相應妙樂遍一切（二人相應之妙樂遍於全身），**以此奉獻作供養**，得金剛業等無異。》》（《大正藏》18-367-上、下）

以如是淫穢之「金剛嬉戲」，以如是淫穢之淫觸而觀想供養「諸佛」之宗教，可謂爲佛教乎？以如是淫穢之「金剛嬉戲」而貪諸女人（譬如黃教密灌時上師所用之明妃可多達九人），而作修行法門者，可謂爲佛法乎？有智之密宗行者何不明辨而愼思之？

亦如陳健民之打油詩所云：《《供養常求物候鮮，贏來少女似春妍，妙齡四七開情懷，好個蓓蕾（蓓蕾謂女人私處）供佛先。》》（34-309）。悉在淫觸之中作諸成佛修道之狂想也。

蓮花生於其所造《亥母甚深引導》中亦如是云：《《想一人間女人：十六歲、乳肥等，於彼生起貪行（於彼所觀想女人生起貪愛之心）；自馬女亥（觀想自己為馬頭明王、所觀女人為亥耳明妃），父密五股杵有吽，杵口有紅黃吥塞住（觀想自己之下體成五股杵而有吽字，並觀龜頭口內有紅黃色之吥字將尿道口塞住而不會洩精）。母四瓣蓮花中阿字，四字哈惹尼沙，在四方（觀想明妃之下體中有阿字，並有哈惹尼沙四字各別分佈於大小陰唇）；自他脈明空，如內修法而觀杵蓮抽擲起樂已（猶如內壇密法之實修一般，而觀想自己之杵與明妃之蓮抽送而生起樂觸之後），供養頂上金剛空行父母（以此樂觸而供養頂上之空行父母），而住於本來清淨上；乃至供養密處而修（乃至觀想供養自己下體中之「佛父佛母」，如是而修），於各各輪而抖其身（而輾轉將樂引至全身五輪，引至各輪時，若樂太強而將射精時，則應如羊抖身以免射精而損失精液），此為降法，當如龜而行（此詳第九章所說，不重贅之）。》》（34-550）

密宗之薈供等法事，往往亦以不祥物而作法器法事，如死人顱骨而作之供盃、死人骨所造之念珠……等。以如是不祥物而作法器，而為弟子教授此不清淨之「修行」法門者，絕不可能是眞正佛菩薩，必是鬼神魍魎……等假佛菩薩名及形相而變化者，智者稍思即知，有何疑惑？由是諸理，故說密宗乃是邪淫與污穢之雙具者，如是「宗教」而可如印順所言「密宗亦是佛教之一支，非是入篡正統」者，眞是污蔑佛教之言也。

第三十節　密宗之解脫妄想

密宗古今諸師，不知不證解脫，不具解脫知見，故於解脫道生諸妄想；然後以彼妄想而爲人解說，以此自謂爲「弘揚佛法，救度眾生」。譬如**宗喀巴**作如是言：《《又云：「空無邊等，不於無我相轉；以彼不遣我見，故亦不遣以彼爲因之苦。又此多生展轉所受老病死等，是謂苦諦。苦因之我見等，是謂集諦。集之對治曼陀羅輪，是謂道諦。爲令畢竟苦不起故，心相續、相轉依，是謂滅諦。彼即此中勝義。」此分別說：空無邊處之心不趣無我，修習彼定、無損我執，故雖修彼，終不能脫三有。**壇輪行相之心，則破我執，於無我轉，是故修彼能遣我執**。又通達無我慧，由行相相違門，破除我執，亦因是否倒心而定。》》（21-495、563）

宗喀巴誤會解脫道如是嚴重，而密宗黃教竟封之爲至尊，荒謬已極。所以者何？謂宗喀巴所說之「空無邊等，不於『無我相』轉」者，乃是不解佛法者語。此謂「於無我相轉」者，正是「覺知心我」；以覺知心而「於無我相轉」者，正是妄想無我、妄想已斷我見者，覺知心我現前俱在故，覺知心我常住不壞之見正是我見故，**宗喀巴**主張覺知心意識常住不壞故（詳見宗喀巴所造《入中論善顯密意疏》全書所說）。

解脫道之修證，要在現前觀察覺知心自我虛妄，及現觀「作主心我」虛妄，願於捨壽時令自我斷滅，對覺知心自我無有執著，亦對思量心之意根自我無有執著，捨壽後十八界俱滅，唯餘第八識如來藏離見聞覺知及思量性而獨存，方是解脫道之修證。今者宗喀巴令人以覺知心「於無我相轉（於無我相而作意之）」，只是覺知心自己不思量「我」、不執著「我」，而不肯使自己於捨壽時斷滅、唯餘第八識獨存，則是欲令覺知心恒住不壞不滅，則是墮於我見我執之中，而言已斷我見，名為誤會解脫道者之虛妄言也。

何以故？謂佛說十八界俱皆虛妄故，佛說修證解脫道而欲取證無餘涅槃者、須滅盡十八界故，覺知心正是意識界故，處處作主之心正是末那識意根故，皆是十八界法所攝故。菩薩證此涅槃已，卻不取證無餘涅槃，而起大悲心、發受生願：願世世常住人間、繼續進修佛菩提道及利益眾生，不取無餘涅槃；而以如是解脫道正理以授眾生、令證解脫而亦不取涅槃，繼續利樂有情。是故宗喀巴所說「**於無我相轉**」者，非是解脫道之正修，乃是「我見者求解脫之妄想」也。

復次，密宗四大派悉皆以「樂空不二、樂空雙運之覺知心」作爲佛地之眞如，如是「**佛地眞如**」，其實正是意識心，正是我見之根源；如是墮於我見之中，而言已斷我見，名爲「未證謂證」之大妄語者。宗喀巴所言「**以曼陀羅輪對治集諦**」之言，乃是虛妄想；謂曼陀羅輪之觀想等法，絕對不能斷除我見，與斷除我見完全無關，云何能斷集諦？

斷除我見者要依現觀「**覺知心我、思量心我**」之虛妄，方能除斷，非由觀想曼陀羅輪所能除斷故，曼陀羅輪觀之不已，乃至經劫之後，仍是**覺知心**猶存不滅之我見，故不能斷我見也。如是，**宗喀巴**言：「**爲令畢竟苦不起故，心相續、相轉依，是謂滅諦**」，即是不斷「覺知心我、思量心我」——欲令「**我**」永續存在；如是即爲具足我見及我執者，而空言滅諦、解脫，皆是誤會解脫道者。

宗喀巴所言：「**壇輪行相之心，則破我執，於無我轉，是故修彼能遣我執**」者，同前所破，非是解脫道之正修，亦非是四聖諦之正修行也；欲令「覺知心我、思量心我」常住不滅故，誤會如是心爲第八識眞如而墮我見及我執中故。

讓蔣多傑著作《甚深內義》所說亦復如是，嚴重誤會解脫道，完全不具解脫知見，嚴重違背 佛說之解脫知見，完全悖離 佛所教授之解脫證量。如彼所云：《《**而彼等以對境起分別、犯菩提心戒，故生一切煩惱因。時輪云：「如是四喜與三身，佛與有情皆在明點中**（皆在物質明點之精液中）**，能於平等樂之果；是解脫因，行者當守護。」漏失菩提誰解脫？**（漏失白菩提心精液者可說為誰得解脫？）**反生流轉三有內之因**（漏失精液者反而產生流轉三有內之種子因）**，故當護惜剎那樂**（所以應當護惜雙身法中性高潮生起剎那之樂觸）。……

又當知四大種明點（當知由地水火風四大所成之種子精液）**，不平等住則生病**（若上提其淨分之後，不能平等分佈而住於全身，則將生病）**，故提後當散**（是故上提精液之淨分後應當散佈於全身）**，散後當住無緣**（散佈於全身之後，應當心不攀緣此諸淨分）**，此為重要。散中殊勝之法，即安住本來清淨見上，可成空樂自解脫，此即無緣本淨，離一切戲論。**》》（34-436、553）

如是誤會解脫道，而可謂為甚深內義者，未之有也。當知佛於三乘諸經皆說第八識如來藏方是眾生之根源，方是無餘涅槃之本際。佛於大乘諸唯識經中，反復宣說：一切有為法及無為法，及涅槃、般若、一切種智等，皆依如來藏而有。如來藏即是一切有情本來俱有之第八識阿賴耶，是故佛之三身四智⋯等一切無漏有爲法、一切大功德，悉依第八識而有──皆在第八識所含藏之中，非如密宗所說之「含藏於觀想之明點之中」；第八識方是一切法之根源故，明點是修而後有之法故，明點是有生有滅之法故，不觀則滅故，眠熟等五位中必斷滅故，非是遍一切時皆有之法故，非是遍一切界皆有之法故，非是遍一切處（非是遍十二處）之法故，非是遍一切識皆有之法故。明點現起時，既然不具四遍之法，復是有生有滅之法，云何可言是諸佛三身四智⋯等功德法之所依理體？無是理也！

密宗以如是虛妄想，而言漏失明點者即不能獲得解脫，而言「明點是解脫因」，眞是妄想之至極者也。《甚深內義》復言：若能於性高潮時，將物質明點（精液）上提，則彼時所提物質明點即是淨分；提升精液之淨分後，若能將此淨分散佈於全身而不執著之者，即是「**空樂自解脫**」；如是誤會解脫之道者，名爲「不斷我見我執之凡夫解脫妄想」也，謂彼執定「樂空雙運、樂空不二之意識**心爲解脫心**」，而不知此覺知心正是常見外道所執之「常不壞**我**」故。由此實例，可知密宗對於解脫道，完全誤會，不曾實證解脫之道也；如是不知不證解脫之密宗諸師，而言已成佛道、已證解脫者，皆成大妄語人。有知之人當依四阿含諸經佛語眞旨而辨正之，建立正知正見，莫再受彼密宗邪見蠱惑而隨其造諸大妄語地獄業。

第三十一節　密宗之中有妄想

宗喀巴蒐羅各密宗各派所說「中有入胎」之說，而以自意妄想，自謂已知入胎之理，便作入胎之妄想：《《由中有入胎，有種種不同，故諸經論亦說種種修法。又當「中有入胎」，父母俱爲樂所悶絕（父母俱皆因爲淫樂之最高潮大樂而暫時停止鼻息，不省身外諸法塵），爲順彼相，故於中有種子入母胎後，父母俱現溶化。化後以歌勸請，若依果德而釋，是由四無量心發動利他，於諸有善根者現起色身。……

次由五相所成因金剛持父母入定，「中有行相」由見彼故而入母胎。此亦如祥米金剛云：「由見金剛薩埵入大樂定、拔濟一切眾生，故往彼處，爲得上妙境故起欲樂心。當生如是勝解：有情雖具煩惱所知二障，然一入此『法生印』中即得成佛，我爲獲得普賢尊故亦當入此。此念堅住『表中有之五字』，猶如燈滅，入智慧秘密蓮花中（入母親之下體之中）。」此說由見何利，如何入胎。》》（21-515~518）

如是密宗所說中有入胎之言，乃是妄想。謂此世之「中有意識」甫入胎已，即隨「中有身」之滅失而滅，永不能復現；乃至「復現一剎那」亦不能之，一旦入胎執羯羅藍爲「我」而入住羯羅藍後，即告永滅而不復現起故，佛亦屢說意識不能去至後世故，於現實常識亦見意識非由往世來此世故。是故宗喀巴所言密宗之說「意識入胎後尚能觀想父母俱現溶化，化後以歌勸請」等事，乃是妄想，彼時已無意識覺知心故，來世意識要依六月滿足後之來世五色根爲俱有依方得現起故，來世意識與此世意識非是同一心故。

復次，西藏密宗各大派既皆主張「觀想所成之明點是諸佛及諸衆生三身四智……等一切法之所依」，則應入胎後之住胎者是明點，而非意識。今者復言意識入胎而住、而作觀想、而持胎身，則違自語。復次，不論密宗所說入胎之明點是何等種類之明點，皆有大過：一者，若是由精液所提升之明點入胎者，則此明點乃是物質之法，若是物質之法，則應一切父母於子女之明點入胎時，悉皆普見明點之入胎，而現見非有。二者，若是由觀想所生之明點而入胎住胎者，則應此世意識可以去至來世，亦應往世意識可以來至此世；所以者何？謂明點乃是由意識觀想而後始有故，明點乃是依於意識而有者故；既明點可入胎持身，並持一切法種，則應明點出生之所由——意識——是永不生滅之法；若意識是永不生滅之法，是可以去至來世者，則應此世意識乃由前世轉生而來，則應此世意識悉能了知往世一切事，亦應一切嬰兒甫出生已便知往世事、便能言語、便具有世間諸事之常識；然而現見事實並非如是，故說宗喀巴所引密宗諸師之說：「認爲明點可以入胎持身而往至來世」者，乃是虛妄想也。如是密宗之說法，非是佛法，處處與 佛所開示諸經旨意相違故。

宗喀巴所言「一入此『法生印』中即得成佛」者，既與事實及 佛所言相違，當知即是妄想，當知即身成佛之說非有實質，皆是子虛烏有之空中樓閣爾。如是，密宗所說之中有狀況（如《西藏度亡經》之所說者），皆與第三轉法輪諸經一切種智所說不符，乃蓮花生個人之虛妄想（或藏密諸師長期之集體創作，假借蓮花生之名而流傳之虛妄想）也；如是而言「**密宗最懂死亡得度之道理**」，而言「**密宗最懂得超度亡者之法門**」者，乃是痴人說夢也。於已證道種智之人而觀之，具見密法之處處破綻，不堪共論也。密宗之修行理論，既皆依於自意妄想而說、而修、而證，則已具知密宗之法乃是妄想之法，非佛法也，處處違教悖理故。

第三十二節　密宗無死瑜伽之妄想

密宗常自美言：「密宗有無死瑜伽」，然而密宗之無死瑜伽，其實乃是妄想之法。譬如陳健民作如是言：《《…上述之觀修，不止是知識的概念推求而已；學者必須體會其中境緻。設使吾人有心，自可觀想本尊；設使無心，誰可觀想本尊？

設使吾人得一決定：人皆有心。設使心有死亡，死亡之方式爲何？吾人既然未見未聞心有死亡方式，則可得一決定：心無死亡。

心無死亡，身還死麼？心既將身觀成本尊，而心無死，則身如何會死？設使肉身死亡，則在中陰境中之心，便可觀想身爲空性之光的本尊而復起。此種空性之身如何會死？是故，吾人由此得一結論：心無死故，身亦無死。由此得一決定：心、身無二。……

若要明白身爲無死或觀身無死，吾人須得決定：心即本尊，身即是心，是故身心二者悉皆無死。這不僅是概念思惟而已，學者必須以其禪定之力，使得此種偉大秘密事實得予以實現。

又：設使心即是空，則無生、無住、無壞可得。如此則心無死；心既無死，則身無死。此心無生、無死、無住。本尊行、住、坐、臥，種種施爲作用，與心無二，互不相離。此心既然無死，則本尊之身自亦無死。……

又：當我用心觀出佛的法身時，則他的法身便與我的心靈無二無別了。我的肉身既然處於法身的當中、且被觀成一盞智燈之心，則我的肉身與我觀成的心亦無二無別了。因此，身心雖有內外兩重，但無論哪一重悉皆無死。學者只要依照經文和我的補充修法認眞練習，必然可以證得無死瑜伽的境界。》》（32-434、437）

如是西藏密宗所說之「無死瑜伽」，其實是「必死且非瑜伽」。此謂如是思惟所得，皆是自意妄想，以爲能觀想本尊身之意識（覺知心）自己必定不壞，是故意識無死。由此邪謬之思惟而引生色身與意識不二之邪思惟，然後再引生「覺知心不壞故色身不壞、覺知心不壞故所觀之本尊身不壞，是故本尊永遠無死，是故心身無死。」如是依於自意妄想而作種種虛妄之引生，而自謂如是深入思惟已，即是證得無死瑜伽。

然而依教據理而觀，能觀想之意識心並非眞正無死者，唯有一世故，此世覺知心之意識、如同往世之覺知心意識不能來至此世，故亦不能去至來世故。如是，以必定有死、而唯有一世之覺知心意識，作爲無死之心，而復引生種種無死之想，其實皆是妄想，所說無死之法其實是必死之法，唯能入胎而不能於入胎後住於胎中、亦不能復現故，完全違教悖理故。

復次，密宗所說：「當我用心觀出佛的法身時，則他的法身便與我的心靈無二無別了」，亦是妄語，法身乃是人人皆有之第八識如來藏。而此法身第八識心，非可由觀想而得成功，須是參禪覓心而觸證此識，方是眞正之法身也。

復次，法身乃心，無形無色，非可由觀想之色法而出現；今者密宗說「法身可由觀想而出現」者，完全違 佛所說，亦與眞悟法身第八識者之證量相背，焉得謂爲正法？是故密宗所說之「無死瑜伽」，乃是必死之法，絕非瑜伽正理，正是虛妄之想，非眞佛法也。

第三十三節　以表爲真之密宗

密宗所說之法，一向以表爲眞，並且一表萬里。譬如：《《佛之顏色表義：普通佛智五種，爲佛理之主要。各種智慧發出，即是佛事之精華。諸密續皆以東方大圓鏡智發出白光，南方平等性智發出黃光，西方妙觀察智發出紅光，北方不空成就智發出綠光，中央法界體性智發出藍光。然各種法事、法器、供品、供器等，亦各有顏色，各表義理。……

佛之依報，密宗曰：「壇城」，梵語曰「曼達羅」。除有一定之繪法，別詳他章外，其中所有各項結構，皆有其義理表徵。如「大威德金剛壇城」：其「法基」外白，表自性清淨眞空；內紅，及其般若母拔噶形，表大樂智慧；三角表無相、無願、無生之三解脫門；下極尖細，表忽然離垢；上寬，表眞空無邊。其他一切寒林尸鳥，亦當勝解爲「佛心樂空無別智性」出生。其餘乾溼陳腐尸體，表不淨無常；八雲表通達大悲；水表菩提心；龍王持如意寶，表六度、四攝。彼住於水，表不離菩提心；樹表中脈，住於彼根之說方神，表下除氣；住於彼梢之守隅神，表上行氣；火表拙火，與焚除障礙；山表依執實妄想不能出生之樂空；鳥獸表以四羯摩饒益有情；成道仙人表修行之補特伽羅，與八通悉地；塔表出世間八悉地與法身；尸林總表無我智；火焰表通達智光；金剛垣表諸魔不入；三角法基，表解脫清淨；蓮臍，表塵垢不染；交杵表清淨五智；四牌坊表四靜慮；越量宮殿表………

內空表自性無我；鈴舌表通達眞空之方便，及果位之俱生大樂智（雙身法證得佛果之俱生大樂智）；鈴聲表無間轉動金剛乘法輪。任何時執杵，必念方便大樂（任何時候執杵之時，必念雙身法之方便大樂）；任何時搖鈴，必念智慧眞空（任何時候搖鈴時，必念女性蓮花之智慧真空）；任何時搖鼓，必念空樂雙運（任何時候搖鼓時，必念樂空雙運），度盡一切有情（如此想念度盡一切有情）。》》（34-39~42）

亦如：《《貢師云：「化輪——金剛手，報輪——金剛心，法輪——金剛持，皆金剛薩埵也。偉哉！其言乎！可以推知眾生本佛之義。惟金剛喻明空，是薩埵皆具金剛。薩埵者，有情也；是以眾生本具四身故。本尊右手持水晶杵當胸，而向外；表眾生自心具足五智，本來是佛也。左手持黃金鈴（黃金鈴表示明妃之下體），當胯而向內；表法性空慧，願屬家珍，自受法樂也。明乎此，無有涅槃之可證，是故右足下垂；無有眾生之可度，是故左足半趺。復藍其身，以表通體不動之法然本性。法然本性者，水也，空也；金剛薩埵者，月也，虹也。惟水通明，乃能印月；惟空無礙，乃能顯虹。月印於水，水未嘗增；虹顯於空，空未嘗滅。彼雁過長空，影沉寒水之喻，猶嫌其有過之、沉之之跡也。行者既會此理，則離於作、止、任、滅，剎那自身頓現，必不致依文曲解、裝模作樣矣！」》》（34-1267）

如是以表作眞、一表萬里之密宗知見，荒謬之至。所以者何？謂「能表之法」本非「所欲表顯之法」故，如是以表作眞之邪思，套用於密法修行之中，是故所觀之像可表法身，觀想本尊成就佛地之相好莊嚴時，即表自身已經成爲究竟佛；更言 佛之依報在密宗行者所繪之壇城上……如是等一表萬里。舉凡 佛所開示之涅槃、般若、一切種智……等法，皆可代以觀想之法—只要以所代表之形像觀想完成，即表示所欲修行之法已經成就。

由如是一表萬里，是故密宗可以所觀之明點成功，而表示已經證得第八識阿賴耶……等等。然而密宗之「能表、所表」二者，畢竟非是佛所說之解脫法與佛菩提之般若也。密宗由因以表作眞，及一表萬里之故，便令種種妄想之法可以成爲密宗修行「佛法」之正式行門，載入密經密續之中而廣弘之。由是以假作眞之妄想故，便以假想有相之法觀完成，而作爲已經成就解脫道與佛菩提道等無相無得之行，便敢妄言已經即身即生成佛。如是以假作眞、一表萬里之說，於密宗之密經密續等典籍之中，處處可見，不勝枚舉；密宗行者稍加留意，隨處可見也。

亦如密宗之由立誓而可成爲三昧耶薩埵，亦是以表爲眞之妄想：《《三昧耶，譯爲誓句，謂前生曾發誓句，或今生新發菩提心，謂我將在此一生整個時光，努力修習金剛乘法（雙身修法），達到即生即身成佛，具足究竟利他之功德，度盡一切眾生，此即誓句。由有此誓句，或早在多生以前曾立此誓，故此生能趨入此乘而遇密法；或在今生得遇密法，生起信心，作此誓言。如是此身即是誓句身，故曰：「三昧耶身」，即此肉身而具此大誓者。》》（34-67）

如是立誓已，即成三昧耶薩埵，亦是以表爲眞之一例，所以者何？

謂立誓已，並非即是已經實證密宗三昧耶者故；而密宗之三昧耶，亦非佛教諸經中所說之三昧耶故。故說如是立誓而謂已經成爲「三昧耶身」者，乃是以假作眞之妄想也。

由表而作觀，即成智慧薩埵或三摩地薩埵者，亦是以表爲眞之妄想：《《智慧薩埵：：在修瑜伽部時，即有五相成身法。此身既與智慧相行，故已有身心無二之組合；首觀第一相曰：**通達本心，即在心輪觀阿，此為本不生本體**。第二觀即就此阿轉成月輪，此即第二相，曰：修菩提心。第三相曰：**證金剛心，即在此月上觀一吽字，具足五部，表示五智五大**。第四相曰：成金剛身，即觀此杵放大縮小，即是智慧之身。第五相曰：現普賢身，即由此智慧吽字，轉成普賢身。》》（34-68~69）

由觀想種字放光而成三摩地薩埵，亦是以表爲眞之妄想：《《三摩地薩埵：三昧耶薩埵在誓句，智慧薩埵在智慧，三摩地薩埵則在勝義光明。外現三昧耶身，此身內之心輪則觀智慧薩埵，此智慧身內之心中觀其種子字，而此字即含有勝義。由此勝義眞如定中，發出光明，是爲三摩地薩埵。每次修習本尊身，爲一重圓周，如上經過儀軌上之放收觀想、二灌、三灌、四灌三重圓周之修習，及三重圓周之收放，層層調練，次次光明，乃至完成幻身與光明雙運，此所謂光明，即是三摩地薩埵也。**如上三目，總括言之：密宗所謂即身成佛，即此三種薩埵而修成三重佛身**。三昧耶薩埵成就化身，智慧薩埵成就報身，三摩地薩埵成就法身，如是完整密宗之佛果，如是建立其全部密法。》》（34-69~70）

如是在覺知心中觀想月輪之像，然後於月輪之中觀想梵字阿，觀想成就者，即是證得本心，謂之爲本來不生之本體。……乃至於所觀月輪中，觀想本尊身之影像成爲普賢菩薩之身，觀想成就時，自己即是普賢菩薩，即是已成就普賢菩薩功德與果位。

如是以假作眞、一表萬里之觀想法，竟可以作爲佛法之眞修實證者，眞是妄想之極致也；何以故？謂如是密宗之所謂已證得本來不生之本心者，若詢以自身之第八識如來藏何在者，悉皆茫然不知，亦悉不能了知自身如來藏之體性；……乃至詢以普賢菩薩之種種勝妙功德及粗淺之七住菩薩般若智慧時，悉皆懵無所知故。

復次，覺知心於所觀心輪出現種子字之境界中安住，即名「勝義眞如定」，然實與第八識因地眞如完全無關；復於此境界中觀想發出光明……等，即謂爲已證得三摩地；然究其實，與　佛所說各種三摩地悉皆無關，純是密宗自己所定義之「三摩地」。如是能表所表、能修所修、能證所證，皆非　佛所說之證境與智慧，焉得誇言已修已證佛法？如是虛妄之想，而可向諸顯教已修證般若及禪定之菩薩誇言「密宗之果地修行法門爲修完顯教法門之最上上根人方可修學」者，眞是虛妄至極之言說也。

由此三種以假作眞之觀修，而成就密宗之即身成佛，與佛所說之成佛法道，完全相異，乃是密宗自己所設、所定義之「成佛」法門，墮於外道邪見妄想之中，與佛法修證完全無關也。密續中如是言，已收入日本《大正藏》之《大日經》中，亦如是說：《《復以定慧手，五輪內向爲拳，建立火輪，以二風輪置傍，屈二虛空相並，頌曰：此印摩訶印，所謂如來頂，**適才結作之，即同於世尊**。眞言曰：南麼三曼多、勃馱喃、吽吽。》》（《大正藏》18-25）

又如：《《復舒定慧二手，作歸命合掌，風輪相捻，以二空輪加於上，形如羯伽。頌曰：**此大慧刀印**，一切佛所說，**能斷於諸見，謂俱生身見**。眞言曰：（文長，略之）。》》（《大正藏》18-24）

又如：《《復以定慧二手，作虛心合掌，屈二風輪，以二空輪絞之，形如商佉。頌曰：此名爲勝願，吉祥法螺印，諸佛世之師，菩薩救世者，皆說無垢法，至寂靜涅槃。眞言曰：南麼三曼多、勃馱喃、暗。》》（《大正藏》18-24）

如是密宗之「經典」所說，悉是以假作眞之說。此謂欲斷俱生身見，必須先斷我見，然後始能斷俱生身見；我見所斷是「覺知心眞常不壞」之惡見故，俱生身見是我執故，我執即是「思量心常住不壞、是一切法根源」之惡見故。然觀密宗《大日經》所說之斷俱生身見者，並未斷除 佛所說如是之我執，乃至尚未斷除我見，而言作手印及頌眞言已，即是已斷俱生身見，眞是以假作眞者。

復如作手印及頌眞言已，即謂已同世尊，亦是假作眞者。所謂證寂靜涅槃者，亦復如是以假作眞，而言已得涅槃之修證，實則三乘見道俱無其分。如是作手印、頌咒及觀想「成佛」已，仍是具足凡夫也，如是而名爲「大圓滿、無上密教」之法，何等荒謬？而諸自稱「上上根器」之密宗上師，及諸隨同密宗上師修學之衆多「上上根器」密宗行者，竟能信之不疑，不亦怪哉！

第三十四節　錯會心義之密宗

密宗上師由於普未證得第八識如來藏心，是故我見及我執悉皆不知不斷；我見及我執悉皆不知不斷故，乃依自意想像而謂已知實相之心，是故所說諸法便成妄言。譬如《甚深內義》作是言曰：《《行界勝相義，離一異性相，蓋諸法于一刹那外相續超越之時，無量展轉出生，故曰無始。從初有垢心，若執爲常有或常無，如此乃身見所攝，有二過：心常與垢相俱，則無斷期，此其一；心若無因生，則亦違理，龍樹云：「凡緣起所生，彼孰前孰後？前生應如何？復滅於何處？斷除前後邊，衆生如幻現」，是則心佛衆生、無一異故，不加分別，不墮斷常，則離邊見。此上皆開示心之本體。》》（34-341）

如是所言，名爲妄想；亦復錯引錯會龍樹菩薩之偈。密宗諸師一向喜言「一刹那生某某法」，或言「一刹那現某實相法」，或言「相續超越：」等語；然而世尊宣演三乘佛法等一切經中聖語之所言者，悉以第八識如來藏爲中心，由如來藏而言二乘涅槃之本際，依如來藏而言蘊處界萬法緣起性空之二乘無我見，依如來藏而言大乘般若之中道觀，依如來藏而言蘊處界等萬法爲一切法空，依如來藏而言一切種智—唯識增上慧學；凡有所說，莫不以如來藏法爲本而宣演之。

今者密宗諸師普皆未證如來藏心，外於第八識如來藏而言別有一心常住不壞，外於第八識而言覺知心離垢時即成實相心，昧於三乘諸經所說「覺知心乃意識緣起法」之佛語，如是外於第八識根本心而言「行界勝相義，離一異性相，蓋諸法于一刹那外相續超越之時，無量展轉出生，故曰無始」，悉成戲論，所言完全不能及於第一義諦──不能言及法界實相本體之如來藏體性。

如是所言「行界勝相義，離一異性相」等言，當知皆由臆想而說，絕無實義，本質是外於實相心如來藏而說之子虛烏有之法相故。而諸法之出生，悉由如來藏來，密宗所言「一剎那、數剎那、相續超越」而生諸法者，絕無實義，皆錯誤認定爲「從覺知心來」故。如是而言「相續、超越、無量展轉出生、無始」等言，悉成臆想之言，與佛法無涉，外於實相心而言佛法故，本質是「心外求法」者故。

復次，一切佛法，凡有所說而開示於人，悉應依第一義諦而說；然第一義諦乃依實相心第八識而有之、而言之，故一切善知識說第一義諦時，不可離於第一義諦根本之實相心而說。今者密宗古今諸師悉皆依於意識心而說：每言覺知心離垢即成眞實心、即成佛地眞如。然而意識永遠是意識，永遠是第六識，永無可能變意識心而成爲第八識眞如心也。

譬如佛出人間，亦有八識具足運行，非唯六識也；既如是，則知佛地之眞如乃是由因地之第八識如來藏清淨二障之隨眠與種子而成眞如，仍是第八識心，非由意識轉變而成眞如也。由此而知密宗所說「轉變有垢之意識覺知心而成無垢之佛地眞如」，乃是妄想者所說，不符三乘諸經佛說之理也。

第三十五節　以鬼神為主之密宗

密宗自始至終，皆以雙身法之淫樂第四喜爲其修證之終極目標；悉以體會淫樂之空無形色而謂爲空性，復以體會淫樂第四喜中之覺知心空無形色而謂爲空性。密宗法教之所以令人始終不離雙身法者，乃因密宗所崇奉之「佛菩薩」，其實皆是鬼神之類，所以常以五甘露、五肉等淫穢及不淨物而供養之，方能得其歡心。西藏密宗行者修法時，常遇「夜叉所化之女」來與合修，或遇貪淫之女前來合修雙身法。有時則由夜叉等鬼神附於女身而來合修雙身法，以便食其精氣，而諸密宗「修行者」卻誤以爲彼諸「空行母」即是佛菩薩等；譬如密宗上師於打那拉達（多羅那他）過世之後，以自己之經歷，冒稱多羅那他名義而作之《打那拉達密傳》中，如是宣示彼上師之一生經歷云：

《《三十四歲處擠普登，病既愈，人供統竹傾波庫講貪道經（宣講雙身法之「密經」）。余日作善行，午前獨立憑窗遠眺，見花馬幾促縷地某女來，顏色如美人屬，疑其來繞寺者。吾復上座，忽推門入，一瞥醉心；貌如玉，衣飾皆配合相稱，任何支分皆令人貪戀；因問其居址、姓氏，女云：「居普陀山有年，父母姓氏不復憶念；吾名竹幾，今日來欲與相見，故來此。」吾意以爲拉薩之知羅山女子有他心通，現微笑、靨極美，貪心無間生起。深吻淺咂、弄乳探蓮，女心怔沖氣喘，欲不能待，自行仰臥，握我杵入，羅裙映彩、蓮宮散麝，聲香並發，色情交濃；女戰慄若受大驚，蓋極登峰矣。吾復鼓勁行，平常色相都已寂滅，明點降而溢；既提升，虛空中如妥噶影相現起；女有大樂脈，名惹巴眞，既入杵道，如龍交纏不能出，雖欲放點亦不得洩，此中樂大，非人世間所能想見。直延一餐飯久；事畢，盡瓶中酥醹而飲之。**轉瞬間，女杳然去，門戶如常，蓋出神變。**》》（34-622）

如是女人者，乃是鬼神所變，絕非天神，更非佛菩薩也。而密宗諸師普遍艷羨之，非有智之人也。所以者何？謂諸佛菩薩悉皆令人斷淫，悉皆開示：「淫欲乃是欲界愛之最粗重煩惱，求解脫果者首應斷之。」何有佛菩薩而化現女人，前來與密宗上師行淫者。

若如華嚴所說之婆須蜜多者，則必定藉此貪法而令人證悟如來藏，證已便捨欲貪；而今現觀冒稱打那拉達之密宗上師所造如是之文，完全不知不證如來藏，亦未離貪，反而更生想念、筆之於書，顯見來者必是鬼神之屬，何可謂爲佛菩薩之屬？無是理也！

復次，多羅那他畢生破斥雙身修法，而以如來藏法爲弘法之鵠的，豈有可能所造之書竟然如是前後悉皆言不及義？又：一生極力破斥雙身法之多羅那他法王，焉有可能復又極力淫亂衆女，並自撰成書而傳後世、自相矛盾？

復次，多羅那他所弘之法，若與達賴五世、薩迦、達布等爲同一雙身法者，達賴五世及薩迦達布應當認同方是，何須消滅覺囊派而驅逐多羅那他？無是理也！是故密宗古時上師之栽贓誣蔑他人，乃至身爲達賴法王而殺害他人者，所在多有，密宗老修行者多有知之者。密宗雖然以《打那拉達密傳》一書而贓誣多羅那他，大有不是之處，然由密宗上師之假名多羅那他所造此書，今世正可藉此了知密宗法教之淫穢荒謬，何得謂爲佛教正法乎！

密宗上師所遇之空行母，若是夜叉所化者，則彼「女人」必定嗜食甘露（淫液），由其行爲亦可觀知。譬如密宗冒稱打那拉達之名所云：《《…女曰：「吾家蓬窗陋户，不可居，吾夜當帶月來（我將乘著月色來相會），不爽（不會爽約）。」余乃張毳幔候之，果捧供品至，同與行供養於無人處；畢，各取供後品，再吐哺啖之，身盡貪所欲爲、語盡淫所欲宣；樂極同寢時，不及知正分。依起分修，明點數數流，與伊菩提和合，蓮宮膠黏周遍，舌就蓮舐。伊亦知余之明點具加持力，亦為啣杵，如取精華然。伊貪心，無圓滿；余杵勁，無衰弱時；直至黎明，逞其貪欲；至旦，便溺互飲。……（餘詳見第九章所舉，今不重述）》》（34-606~607）

如是女者，皆是夜叉投生而來，故好食人精氣，即是密宗所妄自推崇之「佛母」也，當知密宗所言諸「佛母、空行母」者，皆是夜叉或鬼神之所變化，藉與密宗行者行淫之機而食精氣者也。或是鬼神化現，或是貪淫之鬼神道衆生受生於人間，皆是淫穢之人，以緣合故，便來與密宗行者上師等人相遇，因此而共行淫，藉以食其精液或精氣爾。

復次，若空行母或勇父是魔所化者，則是藉此雙身修法，令密宗行人耽於貪道而永輪迴生死，並影響他人隨之輪迴生死；此事於《楞嚴經》中，佛已具說，密宗行者及諸上師宜應知之，盍可視而不見、聞而不受？故說繼續執著雙身法為佛法者，皆是無智愚人，非是智者也。

第三十六節　密宗之金剛薩埵懺悔法及百字明之本質

密宗諸師所說之懺悔，乃是向鬼神懺悔，絕非向佛菩薩懺悔也；所修懺悔之法與佛法相違故，所面對懺悔之對象非是佛菩薩故，以雙運之法懺悔者乃鬼神所傳之法故：《《顯教懺法：如『梁皇懺、水懺、三十五佛懺』，皆具大乘要義，然不含密宗果法。「金剛薩埵懺法」以（所觀想之）本尊（父母二人交合）雙運間、流注甘露（流注淫液而灌注密宗行者頂門而入身中），以洗滌一切罪業，爲顯教所無。此大悲大智雙運甘露，具大加持力；而『百字明』含義高深，啓請殷重；其能懺者，金剛自性；既懺之後，本體不捨。由此可想而知。……》》（34-726）

然而密宗所引以自豪者，正是密宗最爲邪謬之法。密宗如是觀想本尊佛父母交媾而流注淫液，以之作爲無上甘露，而灌「滌」密宗行者之罪業，眞是世間最大之妄想。以如是荒謬邪淫之想，而謂能清淨其罪業者，眞是豈有此理？而密宗上師及諸行者竟能信之不疑？眞可謂爲普天下之最大妄想也。

淫欲之貪道非　佛所傳，乃天魔鬼神所傳之法故，如是而言百字明之《金剛薩埵懺悔法》能超出顯教一切懺儀而疾得淨罪者，不可信也。密宗作是言曰：《《「金剛薩埵懺悔法」：此法之所以能超出顯教一切懺儀，而疾得淨罪者，以其攝理高深，與大手印正相合。故觀其「百字明頌文」，一則曰：「頓然顯自性清淨」，二則曰：「令我顯眞實自性」，三則曰：「願我顯廣大自性」，四則曰：「願我隨貪之自性」，此中四自性即大手印也。普通念誦拜懺，皆就因果理趣而言，雖有時亦偶及空性，如云罪從心起將心懺等，然皆理趣勝觀而已。金剛薩埵則以果位殊勝方便，現起智悲甘露以洗滌之，並令懺者現起自性空性，故能根本了達罪性空理。》》（34-841）

如是所言，悉屬自意妄想，此謂密宗古今諸師從來不解、不知、不證空性之眞實義，而密宗諸法源頭之天魔鬼神所化現諸佛菩薩等，從來不能證知空性之眞實義，是故所說「頓然顯自性清淨、令我顯眞實自性、願我顯廣大自性」等言，悉成無義，皆是空言，悉以意識妄心作爲眞實不壞自性故。而密宗之「金剛薩埵懺悔法」，又令人於懺悔時發起「願**我隨貪之自性**」，則必墮於欲界最粗重之貪欲中；如是以欲心而求解脫之道，而行貪求欲界最粗重淫欲之行，而起貪求最粗重法之心，以此爲懺悔之法，根本是發願墮落之法，云何而言密宗之懺罪法爲可消除罪障者？乃竟狂言更勝於顯教之懺悔法門，眞是顚倒其說之能手也！

密宗各派一向倡言：「唸誦百字明可以懺罪」，然實念誦百字明者，乃係向鬼神懺悔，趨向鬼神道爾，何懺之有？何悔之有？而密宗諸人普皆不知其意涵，乃竟以「密宗有此百字明懺悔法門」而自豪。今將百字明之意譯頌文列出，以供有智之人判斷之，自知其意之邪謬也：

《《敬禮大金剛密誓（敬禮雙身修法之護持者—嚇嚕噶），頓然顯自性清淨

（頓然顯出淫樂空性之自性清淨），于大金剛心佛位（于成就第四喜之大金剛心佛位），令我得堅固安住（令我可以不洩明點而得堅固不軟，因此安住大樂而不中斷），令我顯眞實自性（令我顯出樂空不二之真實自性），令我具最極勝樂（令我具足第四喜之最極勝樂），令我顯廣大自性（令我顯出樂空雙運時之覺知心廣大自性），令我隨貪之自性（令我永遠隨順貪欲之自性），令我得一切成就，令我成一切事業，令我心具足大勇，令我起五智大用。大善逝一切如來，金剛本體（謂男人性器官勇猛不洩之本體。於女性則謂爲金剛蓮花）莫捨我，令我住金剛自性，具大密誓大勇心，于法無生本體阿，起空樂大智慧吽，降伏一切魔仇呸。》》（35-172）

如是百字明之意譯，已可具足顯示其意涵——以雙身法之修證，及以雙身法之精進合修，作爲密宗行者懺悔罪業之意涵也。而雙身法之邪淫荒謬，世間萬法無有能出其右者，絕非 佛菩薩之所傳者；吾人可以確定：百字明必是鬼神夜叉假冒諸佛菩薩形像及名號而妄傳者。如是百字明之懺悔法，越是勤加懺悔者，越是墮落，離佛道越遠，云何而可言爲更勝於顯教懺悔之法？無是理也，有智之密宗行者當深思之！

第三十七節　明空大手印即身成佛之妄想

密宗古今諸師常言：「明空大手印亦可即身成佛，而顯教無有此法，故是因位之修行法門。密宗有此法故，能即身成佛，故是果位修行法門。」然而此說有大病焉：謂密宗既言明空大手印可以即身成佛，則不可謂顯宗不能即身成佛也；所以者何？謂密宗明空大手印所證者，乃是意識覺知心—以離念靈知心爲佛地眞如—以此意識心而謂爲已證佛地眞如，遠不如顯教之能令人證得第八識如來藏。

是故密宗古今諸師，仍墮凡夫外道妄想之中；如是而言證得一念不生之境即是已證佛地眞如、已成佛道，已證明光大手印者，則顯教之證得第八識者更可言爲已成佛道者。既如是，則密宗所言：「密乘是果位修法，顯教是因位修法」者，即成妄語，非如實語。密宗從此不應再作如是令人感覺其愚痴無智之言。

復次，密宗既言明空大手印亦能令人即身成佛，則不必復修貪道之無上瑜伽也。若言必修貪道之無上瑜伽雙身合修之法，始能成佛，則不可言：「明空大手印能令人即身成佛」。

而密宗所謂明空大手印者，唯是每日坐禪，以求一念不生之定境爾。然而縱使密宗行者能每日坐禪、皆悉保持一念不生者，亦不過是欲界定之粗淺定境爾，於世間禪定而言：尚非世間正定。必須證得初禪者，方是世間正定也。

而今現觀密宗諸師所造密經密續，悉皆教導密宗行者必須依於雙身法之樂空雙運爲主要理論及修證內涵，並需每日精進而修、以求第四喜之大樂，則已顯示尚未伏除貪欲蓋；未伏除貪欲蓋者，悉皆不能證得初禪；未證得初禪者，云何而可自言能成佛道？所以者何？尚不能證得世間禪定，何況具足一切禪定三昧之佛道果位？由此可知：密宗所言果位修行法者，悉是自意妄想，所言皆無實義。

第三十八節　密宗發菩提心之妄想

宗喀巴對於發菩提心，作如是妄想之開示：《《次令發一切瑜伽心，令誦「嗡薩縛瑜伽即當鄔跋達耶彌」發菩提心。鬘論及隨行者，皆說令弟子誦此咒發心，極爲善哉。……藏中諸師有於心間唯修白色五股杵者，有俱修月輪與杵者。又勝吉祥經云：「由略發此心，成佛定無疑；勿捨菩提心，謂是金剛印。」大疏釋彼義云：「空性金剛，謂於月上修五股金剛印，誦云底叉。**略發此心即生不退熏習，等同一切如來，故當了知即現在佛。**」……又勝吉祥經云：「由略誦此故，不離一切如來、永不退轉，映覆諸魔，當知此大菩薩即是如來。」此說發彼心之勝利。彼疏亦云：「以由略發此心之力不退轉故，由決定得無上菩提、等同諸如來故，當知即是如來。」…慶喜藏與寂靜論師，於此發心，俱說通發願心與了達菩提自性之行心。故諸先覺皆說通發世俗勝義二菩提心。慶喜藏說：**月上金剛是空性體**，故金剛配勝義發心；以月輪配世俗發心，亦極善哉。若解此義，則以密咒方便善巧，令於大乘種性決定，最為殊勝。應善分別，於正見上發勝義心，及為利益一切有情發求成佛之願，現為月輪金剛行印。》》（21-327~329）

發菩提心者，乃是發起勤求佛菩提之決心，方名發菩提心；**宗喀巴**則以誦咒而謂為已發菩提心，違佛眞旨也。而勝義菩提心乃是一切有情本自具足現成運作之第八識如來藏，佛於般若諸經中說之為空性，宗喀巴則謂：「所觀想心中月輪上之金剛，即是空性之本體」，顯然誤會空性之眞實義也。

密宗所說之發菩提心，悉皆不在眞求佛道上用心，而在淪墮欲界最粗淺境界之淫樂上用心，而狡辯為「樂空雙運、樂空不二」之即身成佛法。然而實與　佛說空性之正理完全違背，亦與　佛說二乘解脫道之涅槃正理完全違背，應名眞發輪迴之心者，絕非眞發菩提心者也。

心，**宗喀巴**復令密宗行者依於慶喜藏之邪說，而於觀想月輪之情境上用心，誤認所觀想之月輪為世俗菩提心，妄配所觀想月輪上之金剛為勝義菩提心，知見膚淺若此，云何密宗黃教諸人推之為「至尊」？其實乃是於三乘佛法俱未入門之凡夫也，有智之人何堪受此誑騙、而續修彼黃教宗喀巴所傳之雙身修法及觀想之法？是故一切有智之密宗行者，當速探究三乘佛法中發菩提心之眞正意旨，當速探究三乘佛法中實證勝義菩提心之眞正意旨，莫為密宗邪謬知見之所誑惑。

第三十九節　將禪定誤作般若之密宗

遍觀密宗古今諸師所造之密經與密續，其中所說，莫非「以定為禪」之邪見，是故一切傳授明空大手印之密宗上師，悉欲將覺知心修成一念不生、而轉變此意識成佛地之第八識眞如，皆成錯會之言。

當知般若乃是雙具世間及出世間之智慧：既能證知第八識之本來自性清淨涅槃，了知無餘涅槃之本際，證得出世間智慧；亦能證知五蘊十二處十八界等世間法之虛妄空相，證得世間智慧。是故般若慧者，乃以實證第八識心為根本義；由證此第八識心之本來常住性、本來清淨性、本來涅槃性、本來具足一切自性，而能比對蘊處界之虛妄生與虛妄滅，故得般若慧。

而今現觀密宗古今諸師所造密經密續，皆令人觀想種種情境而作爲證得菩提般若者；或者令人每日打坐，求其一念不生之境，以一念不生之證得無語文妄想，作爲佛法之正修者，以之爲證得明空大手印，並誣顯教之證悟即是此明空大手印。

如是邪見，悉是誤將禪定作爲般若正修之邪見也；如是所說、所傳、所修者，絕非般若之正修行也。有智之人當自思之，莫再重蹈密宗諸師之覆轍。如是正理，余諸書中所舉已多，請逕閱之，即可知其正理；此處謹作提示，勿庸贅言，而免厭煩，並省篇幅。

第四十節　誤會無餘涅槃之密宗

密宗古今諸師，對於涅槃之誤解，悉如印順法師無二，完全不知不證無餘涅槃之眞義，而作種種妄想。乃至冒稱多羅那他之密宗上師，更對涅槃起於邪思：《《夜半夢過取龍、草坪甚大，空行母如雲如布，貌美如西施，醜如無鹽、惡如羅刹、形如骷髏、老如雞皮者，不一而足；地基亦女形，彼衆空行皆安住此女身上。地基具蓮花、花蕊檀香株。蓮花中無量勇士空行衆，咸聚會焉。四方四河，正在流蕩。仰觀於天，則虛空全佈爲嚇嚕噶，一面二臂，杵直立如山巖，向地基女躍躍欲試。彼惡貌女子云：「打那拉達！汝欲將勇父母血盡量傾坪中耶？無乃汝之過乎？」餘美女則駁之云：「此無過失，未來密部仗此以爲決定句，今日成就圓滿者，一二人爾；未來有無量衆，趣入此大樂門中，依此決定句者，無量億衆，得生具足蓮花剎土，佛名白馬歌巴，爲定得大菩提果者，汝等勿阻。」如是美中主女，年約二十，衣綠綾，與我結平等印（與我合修雙身法），吾杵直入其臍輪，女感極樂；復厲力行，竟達其心輪，女樂如迷醉。女子云：「今日之會，因緣甚妙，試觀虛空地基、本尊交媾，三界有情以漏明點流轉交媾，佛與菩薩等以不漏明點、**於寂靜涅槃中交媾**。世出世間一切法，唯是法爾交之表示；汝善體此意，能行此道；此生而後一生，當有五百妻、五千姘；又後一生，妻一萬；又一生，妻十萬。」如上授記畢，如前所顯，如虹歸空。》》（34-621~622）

如是冒名打那拉達之密宗上師，竟然狂言「**於寂靜涅槃中交媾**」，誤會涅槃至於如此嚴重之地步，而竟可以謂爲超越顯教之果地修證法門，而竟可以謂爲即身成佛之修證法門，眞可謂爲誤會佛法最最嚴重之人也。

如　佛世尊於四阿含諸經中所言：涅槃寂靜者，乃是滅盡十八界法，唯餘入無餘涅槃前之十八界所緣之「第八識」不復受生，名爲涅槃。佛於大乘第三轉法輪之唯識種智諸經中復說：此「名色所緣之識」恒住於「離見聞覺知、離思量作主」之境中。

如是，已可了知涅槃「境界」之中，實無任何境界：無知者，無覺者，無思量者，無作主者，無六根，無六塵，無六識，蘊處界悉滅，十八界及一切法悉滅不現，尚無衆生在，尚無「種種我」存在，云何而可「**於寂靜涅槃中交媾**」？而言「**佛與菩薩等以不漏明點、於寂靜涅槃中交媾**」？若欲假冒多羅那他而造書者，至少應覓一稍懂佛法之人而假造之，竟由如是完全不懂佛法之上師而假冒之，處處破綻，令人深覺密宗上師之知見膚淺無比。

如是以佛教出家身而破壞佛法，如是以佛法名相、假藉弘揚佛法之名而侮辱諸 佛菩薩，莫此爲甚！如是冒名打那拉達之密宗上師所造之《打那拉達密傳（詳 34-628）》之中，竟作如是污蔑佛教、污蔑諸 佛菩薩之言，而誤會涅槃至於如此嚴重之地步，云何密宗諸師竟可認同而不加以破斥？而竟視爲至寶？豈眞欲令密宗邪謬知見復又廣傳於今時之全世界、而永亡我 釋迦世尊之聖教乎！

第十五章　密宗推廣邪法之手段

第一節　以上師爲中心而推廣密法

密宗之弘傳現象中，有一種廣爲密宗古今諸師所普遍遵循之手段：尊崇上師過於三寶。有文爲證：

《《前面講有兩個修法：第一個即是會供。會供之時，想前面虛空中八個獅子，頭頂一寶座；座上有一蓮花，花上有日月輪墊，**墊上坐自己上師如金剛持之相，一面二臂，右手執杵，左手鈴，作跏趺坐，手抱明母**；明母身穿天絹衣裙爲莊嚴，放五色光。**上師之外有一切傳繼師、本尊、佛菩薩等等圍繞**，即如佛會。所有上師頂上有一月輪，輪上有一唵字放白光；喉間有一紅色蓮花，花上有一阿字放紅光；心間有一日輪，輪上有一吽字放藍光；三光下射，將我身內三種業垢次第滌除清淨。然後上師心間吽字復放光，一切傳繼師及佛菩薩等亦均放光融入上師身內，於是上師與佛無二無別，諸法皆備，三寶合一。行者會供時，應照此修觀；**因師乃住世佛，與佛無異；上師所講之法卽是佛法。上師一人具足三寶，彼卽是具勝過一切佛、無有高於上師者。唯有上師乃我之真佛，行者應如此想。**……

假如師欲何物（譬如錢財酒肉…等物），爲弟子者應即供養，而不問其作何用？**供師應作供佛想**，如此則功德無量。爲弟子者並不得竊議其師之短，否則死後定墮地獄，不可不知。應想師之慈悲，向其求賜悉地，**以師爲佛、一心不疑**，則去道不遠矣。……

行者必須想其**上師比任何佛高**，恭敬供養無虧，久而久之得師歡心，自能得其口訣秘傳，修之以成就焉。……

供養上師時應想一切佛菩薩皆在此上師身內，故供師與供佛無異。如此恭敬供養始有功德，自己業障方得清淨；且上師歡喜，自將一切妙智慧皆傳授與爾矣。上師昇座講經時，應想其一定是佛，一定是一切如來之本體，一心不疑、恭敬侍奉；倘無信仰而心中評量上師之本領，考察其行爲脾氣如何；苟如此想念，即是莫大魔障。想上師之短處，即是心不清淨；如心清淨，不想上師有無本領，則悉地速得矣。故供養上師之時，行者心中應想上師即是佛，一無短處。上師之恩山高海深，供養已、乃於師前禱告曰：「**我唯一之師**，我願以一切妙品供養你、祝禱你。**我只供養你，不供他佛**。」因我師具足三寶，即是佛之代表；**更比你師高大者，世上沒有**。金剛勇識即是你師，如此想念供養而不得功德、不速疾成佛者，未之有也。有一種「上師供養經」異常秘密，聽者即使不修，如聽七遍亦必成佛，此乃佛菩薩加被之力所致也。蓮花生大士曰：「信仰堅固之弟子，我必佑之；因其對師恭敬供養，一切由其師擔負了，故行者只要一心供養恭敬其上師，其他均可不用。」此乃天下第一等便宜事，亦爲最秘密之法術，因修法中上師第一重要也。》》（62-33、35）

密宗上師藉此開示，建立密宗學人對上師之恭敬心，令學人對上師產生絕對信仰乃至迷信，即使上師之所說所爲不符佛說、不符修行者之軌範，亦因此故而能信受不疑。

密宗上師又教學人觀想上師，以此確立學人對於上師之絕對信敬不疑：《《……修時觀想上師現瑜伽相（如上一段文中所說抱明妃受淫樂之相，名爲瑜伽相）向其祈禱，消己罪業，賜己悉地。上師聞之心中歡喜，於唵阿吽三字放白紅藍三光，消除己身語意三業；己身於是清淨猶如琉璃，上師乃融入己身；無二無別已，乃放光奉請佛會灌頂，然後利益衆生。此段觀想不可與未經誓句灌頂者講。因純是口傳，秘要非常。觀想既畢，乃念百字明；念百字明後，法始堅固。每日四次之修習，上座後先修金剛勇識，後修上師瑜伽。》》（62-38）

上師以此口訣開示，及傳觀想上師之法，而堅固弟子對上師之絕對信心，然後傳以金剛乘之法（雙身合修法門）時，弟子方能全然信受不疑；由是之故，密宗之邪淫破壞正法之雙身法，便可繼續弘傳之，而令諸弟子們不會、也不敢生疑。

密宗上師之高推上師相應法，乃是時常可聞可見之說法：《《修頂我之上師，即觀想向頂嚴之上師祝禱，求其加被；祝禱後，上師下降、與自己融合無二無別，永遠作此觀想，上師與本尊本來無二無別故。上師現本尊相，今既與己融合，自己即是本尊，本尊、上師與行者自己，三位一體無二無別。自觀爲本尊即照儀軌所說本尊之形像明白觀想、毫釐不爽，視爲眞實不假、一心不疑。此本尊即本身變成，與自己無二無別。行者上座後，在修儀軌之前先修上師，請上師來融入己身，若不以上師爲前導，而逕修本尊，則決難成就。因行者與佛之間相隔太遠，如無上師爲媒介、從中牽合，則萬難相應。且不修上師，則上師加被之力不來；如無上師加被之力，則決難成就也。》》（62-80）

如是所舉，僅是萬端中之一端爾，於密宗古今諸師之開示中，隨處可見如是高推上師之語。上自天竺密宗諸師，中如西藏密宗諸師，下至今時密宗諸師，莫非如是。乃至今時衆生出版社所出版之書中，創古仁波切尙言：上師有力加持佛弟子，而 釋迦佛無此能力。

如是高推上師，令人對密宗上師生起無比之敬信，便令密宗弟子唯信上師之言，已至言聽計從之地步、而不再依於經中佛語檢查上師所言是否符合 佛說。由此之故，令密宗可以隨意妄解佛法名相及果證，不令密宗行者起疑；衆多上師悉皆如是妄解之後，衆口鑠金之下，雖有正法之師出而宣說正語，密宗信徒普皆不受，唯信上師所言已經曲解之「佛法」，是故密宗信徒欲回歸正法者，極爲困難，其故在此。

如是推崇上師「同於諸佛」或「上於諸佛」之言，處處可見；並且自古已經如是高推上師地位，絕非始自今日末法之時。譬如《大正藏》中收入密宗邪教之《大毗盧遮那成佛神變加持經》中，亦復如是說：

《《爾時金剛手白佛言：「世尊！若有諸善男子、善女人，入此大悲藏生的漫茶羅王三昧耶者，彼獲幾所福德聚？」如是說已，佛告金剛手言：「秘密主！從初發心乃至成如來所有福德聚，是善男子善女人福德聚、與彼正等。秘密主！以此法門，當如是知。彼善男子、善女人從如來口生，佛心之子。若是善男子、善女人所在方所，即爲有佛施作佛事。是故秘密主！若樂欲供養佛者，當供養此善男子善女人。若樂欲見佛，即當觀彼。」時金剛手等上首執金剛、及普賢等上首諸菩薩同聲說言：「世尊！我等從今以後，應當恭敬供養是善男子善女人。何以故？

世尊！彼善男子善女人同見佛世尊故。」》》（大正藏18-12中）

亦如《一切如來眞實攝大乘現證三昧大教王經》卷五所云：《《然（金剛上師）以誓誡告弟子言：「汝從今已後，想我即同金剛手尊。如我所作，汝亦應作。汝當於我勿生輕慢，無令於汝返招殃咎，命終之後墮大地獄。」復授誓誡心曰：……》》（《大正藏》18-353下）。如是高推上師之地位同於等覺菩薩，藉以建立弟子對上師之絕對信心，而便推廣密宗之邪法，及獲取恭敬供養。

如是輕佛而重上師，眞可名之爲狂妄之密宗也。然吾聞 佛於《楞嚴經》中如是破斥狂妄之人：《《…忽有無端大我慢起，如是乃至慢與過慢、及慢過慢或增上慢；或卑劣慢一時俱發。心中尚輕如來，何況下位聲聞緣覺？此名見勝、無慧自救；悟則無咎，非爲聖證。若作聖解，則有一分大我慢魔入其心腑；不禮塔廟、摧毀經像；謂檀越言：「此是金銅、或是土木，經是樹葉、或是疊花；肉身眞常、不自恭敬，卻崇土木，實爲顚倒。」其深信者從其毀碎、埋棄地中。疑誤衆生，入無間獄；失於正受，當從淪墜。》》（《大正藏》19-148下）。佛之所言皆誠實語、不誑語、不妄語，一切密宗學人悉當至誠信受，莫受密宗邪師邪見邪法之所迷惑，方是有智之人也。

第二節　誑言來世受生爲洋人

密宗第二種推廣之手段爲：假稱來世受生爲洋人，如是作爲乃是近代方興之法。蓋以往密宗對於顯教尚且排斥，對於所說不同於密宗之同是西藏民族之異見者，亦復排斥，何況對於外國人？焉能接受？更是極端排斥。然因時移勢易，密宗主要弘傳者皆已流亡海外，並因政治野心──欲使西藏獨立、欲回復政教合一之制度，而被禁止返回西藏。近年來雖已放棄藏獨主張，而仍不肯完全回歸政教分離之一般常態，故仍不能返回西藏。

由是因緣，彼等返回西藏大本營、欲求東山再起之希望，已經漸漸破滅。既不能返回西藏重掌政教大權，便思索轉向外國人弘傳密法之路，以求苟延殘喘，而思另闢疆土。由此緣故，密宗流亡海外之上師、法王、活佛⋯等人，便又開始編造神話，於將死之時，向人謂言：死後將投生於外國，以外國人之身份出現於人間。所以後來便有圖騰耶喜喇嘛死後之轉生爲西班牙兒童「歐澤・利他・托里斯」之神話故事出現（詳書末參考書籍第 170 冊及彼書中附圖）。

如是轉生之事，其實只是依照事先安排之劇本而表演之故事罷了，目的只是藉此在西洋人之中建立彼等對於西藏密宗之信心而已；然後於覓得適合之兒童後，另行編造種種渲染附會之說、取信於人，並非眞實轉生。何以故？謂彼等尚未能證般若慧，尚未能入四地心，云何能有預知往生處所之能力？何況彼等悉以外道邪淫之法而改易佛教正法，皆是破壞　佛之正法者，不墮地獄已屬甚難之事，焉能隨意轉生而預知之？焉能自己作主而履行之？

當知阿羅漢、辟支佛若迴小向大而發受生願、再受來生時，尚不能自知受生之處，尚不能離隔陰之迷；三地未滿心菩薩亦復如是未離隔陰之迷，不能預知來世受生何處，何況密宗之上師法王……等凡夫諸人，皆悉未證般若之總相智、未證第七住位菩薩之般若，乃至最低層次之聲聞初果修證亦無，正是具足凡夫，復是破壞佛教正法者，不墮地獄已屬萬幸，豈有能力自主生死、而復自行指定受生之處？有智之人辨之！

第三節　隨意解釋佛法之證量而推廣密宗

密宗另一推廣自己教門之方法，即是以自己之意思、隨意解釋佛法名相之証量，以配合自宗所說之法。並自行別創　佛所未說之果位名相，將自己吸取自外道之法，而冠用之，說為更高於顯教　釋迦佛所證之報身佛境界修證。譬如密宗自己之四加行、五加行、四緣、三無漏、五緣起、五果、五甘露、五佛、四正斷、四果、十二地半、十三地、四念住、三昧耶、實相氣、等流果、異熟果、士用果、無垢果、五法身、自他交換法、觀想除罪法、供養除罪法、四大相融之捨報過程、觀想成佛之法、以明光爲佛法身、成佛後與佛之眞如合併、淫欲爲道、無死瑜伽、……等（詳第14章）。以此誑於佛教學人，令人誤以爲密宗中人、果眞證得 佛所說之佛菩提道與解脫道之證量、而崇拜之，如是以廣弘傳。

然而檢點密宗古今諸師、諸法王……等人所造密經、密續之說，現見彼等諸人於佛法二主要道之解脫道與佛菩提道，完全未有修證。皆是以外道法之明點、氣功、拙火、雙身法之修持，而將 佛所說之解脫道及佛菩提道修證之果位名目，套上彼等所修外道法之境界中，作爲證得佛法之依據。

如是修證，皆非眞正佛法之證量，與佛道修證無干也。然密宗爲欲令人對彼生信，不疑有他，是故雖於佛法完全無有修證，卻以佛法中之修證果位名相而互相推崇，令人以爲彼等果眞修證高超，以爲皆是地上菩薩、乃至誤以爲皆是乘願再來之大菩薩，如是而推廣密宗，對眞正佛法之顯教，以此手段而蠶食鯨吞之；乃至最後取顯教而代之，完成入篡正統、李代桃僵之大業。

亦如《甚深內義》所說者，即是現成事例：《《氣脈明點清淨，於勝喜（雙身法中所得觸樂喜受）後、交到離喜（此亦是雙身法中所得觸樂喜受）時，生起安樂無二智，離貪等心（遠離貪求射精淫觸之貪心等），如水中月（此是套用佛法第四地滿心之唯識修證名相，其實密宗根本不知水中月之意涵），離虛妄及眞實見（自以爲已離虛妄見，然而卻是遠離真實見，悉墮邪知見中故），無漏不變殊勝樂（不漏失精液而常住於性高潮中之樂），一剎那中滅除千、八百業氣，而登初地。此義與解析，可與三菩薩論相合。》》（34-330~331）

然而不論所修瓶氣明點及雙身法之修證，而配合雙身法之四喜淫樂已至何等勝妙境界，始終是外道法之「證量」，與佛法中之初地證量完全無關，仍然未曾稍知般若慧故。如是以自意解釋佛法果位名目之修證，而誑騙佛教學人，以邀恭敬供養，即是密宗推廣密法之手段也。

第四節　創造新證量名相而冠於顯教之上

密宗之第四種推廣手段，即是創造佛所未說之修証名目而冠於顯教之上，說爲更勝於顯教菩薩、更勝於顯教佛之修證，如是以惑衆生，譬如於佛三身之上另創密宗佛之五法身。

亦如於佛地四智之上另創第五智——法界體性智——之舉，而謂密教佛之智慧超勝於顯教佛——多證一智。然而此乃密宗上師等人之妄想，謂法界之體性者乃是法界之根源——第八識如來藏——之體性，一切法界悉皆依之而生、而起、而變異、而滅故。今觀密宗古今諸師悉皆不知不證法界之根源心，而謂彼等密宗祖師有人已成佛道（譬如彼等所說蓮花生之爲密教佛……等），並且說彼凡夫無智之密宗祖師爲更勝於顯教 釋迦佛之「密宗報身佛」，妄謂彼等密宗祖師爲已證報身佛境界之究竟佛。

如是創造新證量名相而冠於顯教佛證境之手法，自天竺佛教以來，早已是廣爲密宗古今諸師所常用之手法。如是而言證量果德，極爲崇高響亮，令人聞之不由自主地生起崇敬之心，不敢絲毫懷疑之，密宗由是益加興盛。

緣何顯教學人不敢懷疑之？謂如是等言乃是大妄語之地獄罪，顯教中人絲毫不敢稍犯；而密宗古今諸師既敢公開言之，並筆之於書，聞者不得不相信：彼等必有如是證量，方敢言之。否則死後將墮無間地獄受長劫尤重純苦。初未曾料彼等密宗師徒之迷信及無知若此、竟敢以未來無量世作爲博取名聞利養之手段也。

是故：此事若非有人具道種智、並有大悲大勇之心，憐憫廣大學佛衆生而具體言之，誰敢懷疑密宗諸師竟然敢造如是瞞天過海之大妄語業？是故一般學人聞密宗諸師所說之密法「殊勝」、遠勝於顯教時，悉皆不敢有所懷疑；如是以訛傳訛而廣弘傳，便造成學密之風氣益發興盛；學密者人多勢衆時，更加無人敢懷疑之。於是密宗邪法便可由此創造新證量之名相果位，而凌駕於顯教之上，因此而廣弘之。

亦如密宗創造第九識之修證，以此而冠於顯教之上：《《：佛風者，空智之風，不雜煩惱之氣也。其後各種修氣之法，無非以智氣配空定，以增長智慧之心地與光明，並開發各種智慧之脈，而昇華紅白明點（昇華男女雙方之淫液精氣爲淨分）。明者，智慧；點即精華（精液）。其後復在粗重貪煩惱（追求射精高潮之貪煩惱）之上，以智滲透，直至九識轉五智：前五識轉成所作智，六識轉妙觀察智，七識轉平等性智，八識轉大圓鏡智，九識轉法界體性智。》》（34-76）

如是所言，即謂密教之佛能證第九識也。顯教之佛悉皆唯有八識，不論何佛、不論何時所示現者，悉皆如是。顯教中有時說言第九識、第十識者，並非眞有第九、第十識也；乃是依所斷煩惱障現行之證量而改第八識名爲第九識，仍是第八識體，唯改其名爾，並非實有第九識也；復依斷除煩惱障種子淨盡、及斷所知障隨眠淨盡，而立第八識爲第十識名，仍是第八識體，唯改其名爾，並非實有第十識也。密宗之師不知如是正理，妄說別有第九識體與第八識體並存，而由密宗之佛所證，以此認定密宗佛超勝於顯教佛，其實乃是妄說者也。

以如是妄說之第九識邪理，而配以法界體性智之名，以此自高於顯教，其實是誤會佛法者之所說也。以如是新創造之第九識修證，而言密宗之佛高超於顯教之佛，眞乃誤會之極者也。第八、第九、第十識等理，請詳拙著《正法眼藏—護法集》所說，此處勿庸再贅。

第五節　抑顯崇密而取代顯教

抑顯而崇密，乃是密宗推廣其法之手段，並廣爲密宗古今諸師所常用者。第四節所述、另行創造修証上之新果位名目而冠於三乘佛法証量之上（如密宗之倡言蓮花生等人是已證報身佛者，謊稱釋迦僅是化身佛）者，比比皆是；然其所謂報身佛者，卻是以雙身法之第四喜作爲報身境界，與佛所說之報身境界完全不符，相差不可以道里計，實是自意妄想言說爾，絕無佛法證量之實質。

亦如密宗所言「密教佛已證、而顯教佛未證」之第五智—法界體性智，其實仍是意識境界，仍墮於覺知心之變相中故，尚未實證第八識心—法界根源之如來藏性故。然而密宗卻以如是虛妄創造言說之第五智，而言密宗之報身佛多證此一法界體性智，妄言超勝於顯教佛，以此貶抑顯教修行法門。

然而密宗古今諸師及一切「已成就報身佛道者」，其實完全未曾證得法界體性智——法界根源之第八識體性智慧。而此法界體性智只是賢位第七住菩薩初悟所證之般若總相智爾，顯教佛於二大無數劫前早已證得，唯是初悟般若之基本智慧，何足炫人耶？

密宗竟將最低層次之般若修證，高抬為報身佛所證之境界，用以自高。然吾人探究密宗報身佛之修證時，則其實未曾證得此一粗淺般若之基本智慧。如是以未修未證之世俗凡夫，而起慢心，貶抑顯教佛之證量，藉以高抬自宗，悉皆犯下無間地獄重罪；以一世之名聞利養換取未來無量世之尤重純苦地獄果報，不可謂為有智之人也。

譬如**宗喀巴**以凡夫誤會佛法之邪見，而評論陳那、法稱二菩薩對於密教邪法之評論，狡辯密宗之法為正、為超勝之法：《《：二正理王（原註：陳那、法稱）所有諸論，總於內明；別於密咒，全無用者。彼是「順正理慧」力用劣弱，故於難思大慧所趣正道淨理建立、無所堪任，而對精審正辨教理智者，出此狂言。》》（21-496）

然而陳那、法稱對於密教法義之評論，何嘗有錯？今觀密宗所弘諸法，悉皆唯能以外道見而套用佛法果位名相以炫人爾，於眞正佛法二主要道之解脱道與佛菩提道，悉無實證，悉以妄想而自謂爲已證。**宗喀巴亦不能自外於此妄想，乃竟妄評彼二聖者，地獄之報必不能免也。**所以者何？謂彼二人之般若慧修證，絕非宗喀巴一介凡夫所能窺知也。

而**宗喀巴**所言「難思大慧所趣正道淨理建立」者，其實乃是虛妄想者之所建立也，雙身法之即身成佛之道，本質是外道法故，所説、所證內涵完全不與解脱道及佛菩提道相應故（詳見第八章及第九章所述，此勿重贅）。如是狡辯自身邪謬法門爲「難思大慧所趣正道」，以此誹謗陳那與法稱菩薩，實是地獄長劫尤重純苦之罪也。如是抑顯崇密而欲取代顯教，乃是古今密宗諸師所常慣用之手法，亦是彼等一致之目標也。

第六節　高推密宗祖師之証量

高推所創造之密宗「菩薩」功德超越於佛，是密宗古今諸師一向慣用之手段：《《時金剛手大菩薩即爲宣説護命大明曰：「縛日囉，喻。」説是大明時，大自在天欲從地起，雖竭其力竟復不能，即白佛言：「世尊！于今何人爲我師歸？」佛言：「我非汝師歸，彼金剛手大士是所歸處。汝今何不依彼教敕隨應所行？」大自在天言：「世尊！若汝非是我師歸者，誰能救護諸惡有情？」佛言：「為救護者，即彼金剛手，**非我所能**。」大自在天言：「所以者何？」佛言：「**彼金剛手是一切如來增上主宰故**。」大自在天言：「我不解佛所說義，佛如來者為三界主，云何金剛手大士復增上耶？我竟不能曉明斯義。」》》（《大正藏》18-371下~372上）

如是高推所創造之金剛手菩薩證量及威德，而謂金剛手是三界主，妄謂所創造之金剛手證德高於 釋迦佛。高推所創造之虛有菩薩已，復高推密宗之法，謂為能於六個月內使人成佛；以如是虛誑言說之手法，令人誤信密宗諸師皆是已證佛果之聖者，由是而恭敬供養、隨之受學其法焉：《《夫修法之人，如不修起分，則正分不知；起分修後，方修正分之丹火，即八十個氣融入二十五個內去，此二十五個再融入三個內去；如不知此三個，則死時甚危險；如其知道，則死不足懼。因到時將佛請來，**即可成佛**，**入佛壇場**也。顯教之因果修法本來成就甚難，**唯有修此密法利根之人，只需六月即可成佛**。》》（62-123~124）

以如是言語，高推密宗祖師証量，亦間接高推自己之證量，令人誤以為自己眞已成就佛道，便不敢輕易懷疑之；如是說已，復又貶抑顯教，說之為「因果修法」，說之為「成就甚難」。如此高推自宗而崇密抑顯，正是密宗古今諸師推廣密教之一貫手段也。

第七節　以虛妄之傳承自高

密宗諸師慣以虛妄之傳承，而妄稱自身之証量，藉以廣邀衆人之恭敬供養，而廣弘密宗邪法。云何謂爲虛妄之傳承？謂蓮花生之被建立爲密教教主者，乃是虛妄建立之法也；所以者何？觀於蓮花生所造論著及其修證，皆是外道性力派修行法門之境界，與佛法解脫道實不相干，亦與佛菩提般若慧完全無關故。而密宗諸師建立蓮花生爲「**已成報身佛、法身佛之究竟佛位**」已，然後再以其傳承而自高、而籠罩他人，殊不知此密宗傳承者、實無眞義可言，唯是妄想者之所說也。

如是建立傳承已，卻再廣分支派，建立更多之傳承，代代以如是建立之傳承，而後各派相互推崇，以此自高，而輕蔑顯教之法及顯教諸證悟之菩薩。若究其實，密教教主等人並無實證佛法之本質，同是大妄語之凡夫外道爾。然此虛妄傳承，卻是密宗推廣密法衆多手段之一也。

第八節　以隨便作方便之密宗推廣手段

密宗諸師常常妄稱有方便法能令人速得佛果，如是妄稱之言，處處可見，古今諸師之文獻中，屢見不鮮。譬如近人所言者：《《**有一種「上師供養經」異常秘密，聽者即使不修，如聽七遍亦必成佛**，此乃佛菩薩加被之力所致也。蓮花生大士曰：「信仰堅固之弟子，我必佑之；因其對師恭敬供養，一切由其師擔負了，故行者只要一心供養恭敬其上師，其他均可不用。」此乃天下第一等便宜事，亦爲最秘密之法術，因修法中上師第一重要也。》》（62-36）

審有如是法而可輕易成佛者，應當 釋迦佛入滅之前必定宣說之，不可能不說，不可能留待入滅後方由密宗之蓮花生才說之也，佛已自言**化緣已盡、所應爲此世人作因緣者皆已作迄**之故；若眞有如是輕易成佛之法而不說者，則 釋迦佛之化緣顯然未盡，應仍住世弘法直至說完此「上師供養經」而後方入涅槃。若眞有如是輕易成佛之法而不說者，則 佛顯非大慈大悲之人也。

復次，密宗既有此法，應當廣爲人說，何以故？謂聽七遍「上師供養經」者聽畢既已**成佛**，則非如未成佛者之有退轉現象故，則不需顧慮此「經」密意洩漏之弊故。若眞爲顧慮此「經」密意洩漏而不廣傳者，至少密宗之內亦應選擇數人傳承、而令人間世世有「佛」住世、弘傳此「上師供養經」妙法。然而現見密宗古今文獻中，並無證悟之人，所說悉皆同墮常見外道之意識心，何況成佛之者？如是而言有此「上師供養經」聽七遍已即能成佛者，無乃世間無智者之妄語乎！何有可信之處？

若眞有此「經」者，甫公佈已，必定令我佛教一切學人讀已噴飯大笑，必是更爲隨便及更大之妄想故。如是而作言說者，即是以隨便作方便者—隨於自意而自高及妄說故。

亦如遷識之法，乃是以隨便作方便者：《《密法的修習可將這種心識推入佛心之中，而不致投入另一位母親的子宮裡面。密教有很多優良的方法、**可使心識契入佛心之中，以使二者融而為一**。當我在墳場施法時，我一念「嗨」，**便可將已觀成彌陀化身的死者心識推入彌陀的報身之中**（此處所謂彌陀的報身，乃謂所觀想正受淫樂果報手抱明妃之密宗「彌陀」雙身像）**、而使他成佛**。當我一唸「辟特」時，**便可進一步將此報身的心識推入彌陀的法身之中**（此處所謂法身，非是顯教諸經所說佛之法身，而是密宗以自意妄想新發明之「法身」），**而使他證入空性的永恒光明之境—亦稱大悟或涅槃**。》》（32-423）

如是妄想之遷識法，竟言能遷死者之「本識」而入佛身佛心，而言能使死人即身成佛者，眞乃妄想之極致；若以俗語言之，可謂之爲：「想成佛、想到瘋了！」眞是異想天開之法也。如是隨便設想，便認作確實可行之法，便認作眞正可以成佛之法，如是妄想而言能證涅槃、或能如究竟佛之大悟者，豈非「以隨便作方便」者耶？遷識法之虛妄，詳見遷識法章所說，此處勿贅。

復次，宗喀巴作是言：《《傳第四灌頂者，師告弟子作如是言：「汝今此身修爲報身父母結合等至行相（汝今應於此身觀想成爲手抱明妃行於淫樂第四喜而正受淫樂之報身佛父佛母結合等至之種種行爲等相），於眞實義（於淫樂空無形色及受樂之覺知心空無形色故名空性，於受樂之境界對此「空性」有所了知，名爲證知真實義。）引發等至俱生妙智（於此真實義而引發「如何證得俱生淫樂第四喜」而一心不亂之妙智）。然僅勝解身爲天身（然僅勝解所觀想之廣大本尊身只是天身），非實成佛（尚非真正成佛）；汝心安住諸法眞實，亦僅須臾勝解作意，由總相門而爲通達，非於眞實如水注水、心無分別及能常住（此僅是通達總相之智，仍非於真實義完全證得、仍非心無分別及能常住此勝樂之境界中）。然如是修是等流因，若具方便支分修習究竟（若具足證得「如何修證第四喜之種種方法」並修習之，令能究竟堅固），非但勝解（並非只是理論上之瞭解而已），其身實成佛之色身（如是確實修習而親證之色身確實是已經成爲「佛」之色身），心與眞實亦無分別常時安住，此即名爲咒所成果；七支具足，亦名第四灌頂。」是爲曉示雙運，已廣說訖。》》（21-420）

成佛：宗喀巴並認爲可以依此雙身法淫樂之修證之邪見而爲他人授記成佛：《《授記，謂授記稱讚云：「汝能通達三界無分別之法性。」此是授記時之咒義，故應釋彼咒義：「補」謂具足風輪等眷屬之地下，「補縛」即是地上世間，「娑」謂天趣乃至有頂，彼三皆是汝（所通達）故云「當」；三地自性之眞實三昧耶，謂極喜（地）等漸次能證；此即「三昧耶當補補縛娑」之義。金剛幕第四云：「嗡，我今授汝記，脫三有惡趣，金剛心如來，善成諸有故。從今以往，汝於地下地上超地（密宗擅自發明菩薩之第十一地至第十三地。自第十一地起謂超地），成爲某甲金剛如來。」最後句即達嗒伽悉地之義，**釋論第四句謂得無住涅槃故**。第三句謂所記之可事。》》（21-419）

如是，密宗認爲明點已能任意升降於中脈五輪悉皆通達者，即是初地菩薩；由宗喀巴所舉之此段文意，可知「密宗之初地」亦名成佛—名爲金剛如來。眞是以隨便作方便之妄想也。

復次，宗喀巴認爲可以在阿闍梨灌頂時，爲彼受灌之阿闍梨授記爲成佛，名爲金剛如來，亦是隨便之說也。如是阿闍梨，如是金剛如來，根本尚未證得第八識如來藏，即是完全未證般若總相智之凡夫，其後所應修學之般若別相智及一切種智悉皆不知不證，而可授記爲金剛如來者，焉得名爲成佛？密宗所言修證最嚴謹之宗喀巴尚且如是隨便，則其餘宗派亦可知矣！

復次，未證第八識如來藏者，尚不能知第七住菩薩所證之般若智──尚不能揣測「本來自性清淨涅槃」之少分，云何能證諸地菩薩所不能證之究竟佛地無住處涅槃？密宗如是方便而授記凡夫成佛，眞乃隨便至極之宗派，不可謂之爲具有方便善巧者也。

密宗所傳雙身修法之報身成佛法，更是以隨便作方便者；此謂雙身法所修者，皆是欲界中最極粗重之貪：貪求第四喜之長時受樂而不斷絕者，正是欲界中最極粗重之貪著故。如是貪著乃是一切學佛人所應遠離者，思離欲界繫縛故，此是三界衆生最粗重、最低層次之煩惱故，此乃一念無明中之「欲界愛住地」粗煩惱故，是解脫道修行者於斷我見後第一應斷之法故。而密宗竟教人追求此欲界淫樂，並求最大最長久、乃至追求永遠**常受**此樂，謂能常住此樂之中爲「證得報**身佛**」境界，顚倒而行。以如是追求欲界愛之法，旦旦而伐（宗喀巴謂於此雙身法須整月、整年、整劫中每日「八時而修」故），如是密宗即身成佛之法而可謂爲成佛之道者，眞是以隨便作方便之極致者也。

密宗之法道，其實乃是：「對於淫欲貪著不捨，而又思欲解脫輪迴、思欲成佛者之妄想也。」余意以爲：密宗諸師受第三灌已，其實已知密宗法道之根本思想所在，然因已學此法、並已向人廣說「密法是最上上根人所修法門」，如是說已，便難再改口；由此緣故，只能繼續自誤誤他，無顏亦無力回頭。本是最上上根人，所學竟是最下下根人尚不願學之法，顏面欲置於何處耶？是故言出已，即難再回頭也。

由是密宗「以隨便作方便」之理論與行門，而廣招徠好樂淫欲之衆生入於密宗，以廣弘傳而坐取名利雙收之利—既投衆生之所好，又可獲得世間名聞利養，是故密宗諸師對此眞是「樂而不疲、何樂不爲」。由此隨便作方便之法道，可知密宗之法邪謬，非是佛法也。由是事實，吾人可作如是之說：「**娑婆世界再也無法找到比密宗更淫穢、更荒謬之宗教**」，密宗學人於余此說，何不一一求證於密經密續而詳審思惟之？

第九節　妄說遷識及持咒能滅一切罪而廣招徠

密宗一向妄謂修學其遷識法者，可滅除所造之一切罪，此說與一神教之說法相同（一神教認爲：只須相信上帝，即可獲得赦罪而生天堂），應係採納一神教之說，但加以密宗自己所想之修行法門而轉化之。如是思想古已有之，展轉相傳至今不斷。譬如密宗近代上師作如是說：

《《故以往即使有莫大之過，苟現在能好好修法，並能拋斡（拋斡即是遷識法），則將來決不墮入三途。因其死時能拋斡而去也。蓋拋斡之法宛比飛機，所有之罪宛比欠債；人死之時譬如債主臨門，**彼修拋斡而走者，猶如乘飛機而逃**，為債主者其奈彼何？故不論作何罪業，如修此法，皆可償還，**死時一拋斡即去矣**。》》（62-317）

如是所說：「人死之時譬如債主臨門，**彼修拋斡而走者，猶如乘飛機而逃**，為債主者其奈彼何？……**死時一拋斡即去矣**。」如是所說實非償債，而是賴債，焉可謂此遷識之法能償債消業耶？莫道遷識之法只是虛妄想，單說如是欲行耍賴欠債之想，即知密宗之心量如何也，即知密宗思想之歪曲也。如是歪曲邪謬思想，而可作為密宗之正宗修行法門，列入密宗之經續密典口訣中，即可知密宗是否為最上上根人所修之法也。然密宗作是說者，正可吸引淺學無知之人入其宗派，而廣招徠也。

密宗又復妄謂其咒能除一切罪，藉以令人安心修學彼法，以此而廣招徠，擴大密宗信徒人數及勢力。密宗古今上師，悉皆妄謂學其咒法可以償罪逃罪，是故多有誹謗三寶後轉入密宗修學者，冀能除罪及迅速證果故。如是妄傳邪法、誹謗三寶、改易佛教正法為外道邪淫之法等，悉是破法重罪，而倡言可藉密咒消除一切罪業，於密經及密續中，屢見不鮮；於密宗上師之開示中亦屢見不鮮，讀者若曾久學密法已，悉皆知之，不需浪費篇幅、一一列舉之。

然而誹謗三寶等重罪，有兼具性罪者，有唯是戒罪者；如是等罪，若兼具性罪者，其戒罪固可經由懺悔後之見**瑞相**而滅，性罪要需後世親受其報方滅，非可藉由持密咒而滅之也。所以者何？一者法界之理本來如是故，二者密宗以密咒除罪之法教，乃是鬼神假冒佛菩薩名義所傳之密經所說者故（譬如《大日經、一切如來真實攝大乘現證三昧大教王經、金剛頂經…》等，皆是假冒佛菩薩名義之鬼神所傳者故，所說皆違 佛諸聖教量故，亦違真實理故），如是鬼神所弘之法，焉得具有持誦**即得滅除破壞佛教重罪**之理？彼鬼神造是妄傳密法之業已，尚須自受其報而淪墮地獄，何能救人除罪耶？然而密宗若欲廣弘而大量吸收信徒者，必須作如是說，方能吸引愚迷無知眾生入其法道，由是而壯大密宗勢力。是故遷識及持咒能滅一切罪之說，只是密宗推廣之手段而已，並無眞正除罪之實質也，有智之人思之即知也。

第十節　以淫樂無罪而令人安住於密宗

宗喀巴等密宗古今諸師悉皆妄謂：**修學無上瑜伽而與配偶以外之異**

性行者雙身淫合者無罪。然而無上瑜伽、大樂光明、嚇魯嘎……等雙身合修之即身成佛法，皆是欲界世間之最大粗重煩惱，不唯不能令人成佛，反招淪墜果報，所修是邪淫之法故；在家人與配偶以外之他人交合，是十重戒之邪淫罪故；任何人與出家二衆交，皆是破僧罪故；與上師交，與母、女、姨交，根本是邪淫及亂倫罪故；種種合修雙身法之行門，皆是違犯菩薩十重戒之不可悔罪故。

然而密宗古今諸師，爲欲令人免除罪惡感，以建立其邪謬法門之正當性，便向信徒道：「合修雙身法者，不同於世俗之夫婦交合，**而是即身成佛之最勝妙法門**。合修雙身法者，不唯無罪，而且有大功德——**可以即身成佛**。」作如是妄言，以安密宗行者之心，令其繼續與上師或密宗諸同學合修雙身法。是故西密**黃教之宗喀巴教人須每日**「**八時精進而修**」，如是貪著邪淫之道，而以除罪無罪之名推廣密宗法道，如是之言，詳見最清淨之**宗喀巴**所著之《密宗道次第廣論》所說，其餘宗派之法，略思可知矣。

近人亦有倡言可以御女三千而無罪者：《《但爾等須知：人爲輪迴之事，不算大病；如有力量，**即使御女三千，亦無大礙**。然無力量者則不可也，因前者雖與女子交合，而其心不動，終是心存利生，故無罪

焉。》》（62-316）

然而此說名爲妄說，謂密宗行者具有寶瓶氣及不貪求射精衝動之力量者，於與人合修雙身法時，雖能不求射精之高潮覺受而自言「其心不動」，其實絕非眞正「心不動」者，謂密宗既於雙身合修時，必定須進入第四喜之層次，而此追求第四喜之心即是極大之貪也，既有極大之貪求，云何可言「其心不動」？眞是指鹿爲馬之說也。

復次，既能令下體堅固、既能令下體生水而與人行淫事，即是貪心也，不可謂爲無貪也。復次，乃至於心中起念欲與人合修雙身法，亦是貪也。如是有種種貪之層次差別，悉是貪也，云何密宗上師可以自言無貪、自言其心不動？所以者何？若心不動者，必無此諸貪也。若眞無貪，尚不能與人行淫，何況能言「其心不動」？無是理也！

爲欲推廣之故，密宗更言：不可離貪，若離此「貪欲爲道」之修法，則得罪最重；更阻止弟子不應求證「離貪欲」。譬如**宗喀巴**於其所造之《密宗道次第廣論》中，教令上師應對弟子作如是開示而不應離貪云云；有文爲證：《《**如離貪欲罪，三界更無餘**；如是離貪欲，汝終不應爲。**汝受用欲事，但行無所畏**；食五肉五露，亦護諸餘誓；不應害眾生，**不應棄女寶**（不應捨棄明妃女人），**不應捨師長**（不應捨棄密宗之師長），

三昧耶難違（雙身法之三昧耶戒不可違背）。**由慧方便心，無少不應作**（由種種方便法而求常住第四喜之樂中，沒有一絲微小而能引生行淫俱生樂之法而不應作者）；**汝無罪莫畏，如如來所說**（其實如來從未作是說。只有密宗鬼神所化現之「如來」方作是說）。》》（21-409）

號稱密宗最清淨、改革派之**黃教宗喀巴**，如是欺誑衆生，妄謂：「**若離雙身合修法之貪欲者，如是之罪最重，三界更無餘者**」，如是恐嚇密宗弟子不得捨離雙身合修之淫欲貪愛。教令密宗弟子放心受用欲事——可如宗喀巴所說之與衆明妃或異性上師共修雙身法（密宗女行者則可與衆男性行者——又稱勇父——合修雙身法），鼓勵密宗弟子**但行無所畏**，宗喀巴以如是說法而令密宗弟子放心與人合修雙身法而求淫樂。

由是之故，密宗弟子於受完密灌時，應以自己之色身供養師長。譬如**宗喀巴**於其所造之《密宗道次第廣論》中，引用他師所說而認同云：《《**答曰迦跋師說：次於東門全身著地頂禮，俯首不起，以身供養師長**。》》（21-409）。如是認同而載入其所造之《密宗道次第廣論》中。號稱最清淨之黃教宗喀巴尚且如是，其餘宗派，不思可知矣！

密宗黃教之上師，爲弟子行第三密灌時，應使用明妃多達九人（詳第八章第三灌所舉宗喀巴開示之例），如是灌頂方是**如法**，不如是者，即非**如**

法。若是第四灌後與弟子或他人合修者，則可其數無量，不受九人之限制。弟子受第四灌之後，與密宗異性行者合修雙身法者，則可不受人數限制，乃至可如本節所舉文中之御女三千（或御男三千）而無罪，以此作爲推廣密法及擴大密宗勢力之手段。貪欲邪淫之愚人不知，輒受其惑，初時以爲撿到便宜，最後不能自拔、長陷其中，「捨報之後悉從淪墜」。

如佛所言：**《《阿難當知：是十種魔，於未來世時，在我法中出家修道：或附人體、或自現形，皆言已成正遍知覺，讚歎淫欲、破佛律儀。先惡魔師與魔弟子，婬婬相傳；如是邪精，魅其心腑；近則九生，多踰百世；令眞修行總爲魔眷，命終之後畢爲魔民，失正遍知，墮無間獄。》》**（《楞嚴經》卷九）

如是密宗雙身法之邪知邪見，害人不淺—捨壽必墮地獄而受長劫尤重純苦故，此乃違犯十重戒故；而**宗喀巴**竟言如是教導眾生修行者爲利益眾生，其實正是加害眾生入於地獄之行也。如是而空言「不應害眾生」，無乃顛倒黑白之說乎！無乃欺世盜名之說乎！

密宗又別行建立自宗之十四根本戒、而自己脫罪云：「**於比丘尼、母、女、姊妹、畜生女行淫，及非時非處行淫者，若行淫之對象爲相應之空行母，淫事是相應之事業手印**（是修學密法之異性或已修完起分之女性），自己並已具足起分之堅固證量者，則非邪淫，並有大功德。」故對已證明點及寶瓶氣之比丘、比丘尼，及母、女、姊妹、畜生女等，皆可晝夜連續不斷行淫之，名爲「瑜伽」，如是「修行」，亦可於佛堂中行之。

有文爲證，密宗「別解脫戒」中之「明禁行」中有言：《《禁邪淫「尼、母、女、姊、妹、畜生」等。**若其所緣對象爲事印**（所行淫之對象若皆是修學密法之人—事業手印）**、空行女**（或是空行女。其實皆是鬼神夜叉所化現），**具足明顯堅固起分證量**（此謂自身必須具足明點通達及寶瓶氣而能自我控制—不射精者），**故非邪淫**。行人未證起分，**強自修之，犯邪淫，墮金剛地獄。……禁：非處行淫。行：有于佛堂中行**（淫）**者，有依此于壇城中行二灌、三灌**（亦謂密灌，由上師與明妃行淫而取得甘露淫液。詳第八章所說）**者。明禁行：佛慢堅固、眞大力充，所作爲佛事業**（上師爲作密灌故，須使用自己與明妃混合之淫液甘露，故須于佛堂或灌頂壇中佛像之前與明妃行淫而射精，取得淫液作爲秘密灌頂之甘露，如是于佛堂中或灌頂壇之佛像前行淫，密宗認爲是作「佛教事業」。詳第八章所說），**故事處正相合**（由此緣故，所作之事業與處所正相符合）。》》（34-163）

如是邪淫，荒謬已極，眞是世間之最：竟然可與住持三寶中之比丘尼於佛堂中之佛像前行淫，竟然可與親生尊母、至親之姊妹、污濁之畜生等，而於佛堂中行淫。如是藉口「修行」而以雙身法廣行邪淫，如是而可施設「明禁行」之密宗十四根本戒，眞是世間最最邪謬之妄想也。推究密宗作是說者，其因實是「爲密宗雙身法之邪淫犯戒解套」而說者也，其因實乃「爲密宗之推廣」而說者也。

如是密宗邪淫荒謬之法，爲求長久立足於佛教之中，竟進而主張雙身法之修證即是「佛教禪定」，宗喀巴名之爲等至，以此令人信受而修學之。如是邪淫之雙身法、淫樂享樂之世俗法，而言是「佛教禪定」者，非唯陳健民上師所著之《佛教禪定》書中作是說，號稱最清淨之宗喀巴，於其所造之《密宗道次第廣論》中，亦復處處說此雙身法之「修證」爲佛教中修行者所應求證之「等至」禪定。

如是密宗諸師所言所傳者，邪淫荒謬至極，而竟可以強行出頭、與顯教爭佛教正統，乃竟可以狡辯爲更勝於顯教之「即身成佛」勝法，荒唐已極。如是荒唐之說，乃是爲密宗之推廣而說者也，眞是邪知、邪見、邪修、邪行、邪證之法，不足爲訓。

密宗之內常有上師以此雙身法之弘傳，加以「合理化」，令其弟子信受已，復以密傳雙身法淫事而與諸女性弟子「結緣」；藉此作爲日後之把柄，而令女性學人爲情所繫、難以捨離密宗男性上師。甚至有人將雙身合修之過程秘密錄影收存，若女弟子擬捨離時，則以曾修雙身法之證據而恐嚇之，以之訓令女弟子不得背叛之，令密宗女弟子不敢離去及不敢公佈密宗內之種種秘辛。比較「善良」之上師，則以之作爲要脅之物，令女弟子雖離去已，仍不敢公佈密宗實情；而可以繼續對初入密宗之學人，誑言密法爲最勝法、爲能令人即身成佛之法、爲超勝於顯教之最殊勝密法，以如是手段推廣密宗勢力。

第十一節　妄說分身再來以擴大活佛之數量

密宗之第十一種推廣手段，即是妄謂可以死後分身多人再來受生，以此手段擴大密宗之「聖者」人數而擴大教團，即可擴展密宗勢力。如是之法，古已有人行之，文獻尚存，仍可稽查。近代則有蔣揚欽哲及蔣貢康楚爲現成事例。

今以蔣貢康楚爲例而言之，餘則略不舉述，以省篇幅。譬如衆生出版社之《修心七要、無死之歌》書中所說：《《康楚在圓寂前預言：他將以身、口、意、功德、事業等五種化身轉世，而意的化身將登坐主床於八蚌寺。》》（181-36，183-279）

如是擴充密宗「聖者」人數，代代仿行。數代之後，密宗「聖者」人數即可如老鼠會之擴展組織一般，數十年間「轉世再來」密宗活佛之人數即可暴增，藉此擴大密宗之聲勢。

蔣貢康楚作如是言已，將來若有人以其名義坐床於八蚌寺，不論其人是否爲中國所承認者，皆可言爲蔣貢康楚所化生者，則密宗便可藉此再將密法傳入中國地區，藉以影響中國人民。此計極易得逞，即使將來中國自行尋覓一人，不以蔣貢之名而坐床於八蚌寺時，亦難擺蔣貢康楚如是「預言」之陰影也。是故密宗上師如是孜孜矻矻而設計之，以廣密法之弘傳，眞可謂高招也。

然而密宗祖師所言之化身多人而轉生於來世者，皆是虛妄語也，彼等同皆以意識心爲轉生之心故：《《第八節　轉世再生　……身、心兩者各有它們創造和延續的因緣，這些因緣中，只有一些是兩者共通的，譬如身體被打了一巴掌，**心也會感到痛苦**。一般來說，身和心是不同的現象，舉例而言：大家都知道，身體老化的時候，心仍能保持年輕。由於身心、關係密切，二者自然會彼此影響；當其中一者受到干擾，另外一者就**會感到震驚、悲傷、偏執**，以及其他各種身體或心的痛苦。……

由於心識之流的因緣在身體死之後仍然繼續，所以除非有什麼阻礙，否則心識便繼續下去。只要仍有自我，就有二元對立，那就造成業力；而業的能量，就是不管身體發生什麼，都讓心識之流持續不去的緣。心的連續就是所謂的再生。……**因為一切是心，身體也是覺知心的產物**，而且只要我們能夠操縱對於現象的覺知，就能操縱一切現象，所以，如果能夠改變對於身體的覺知，就能夠操縱或改變我們的身體。如此一來，金剛乘就可能讓行者在此生成佛。》》（179-74~75。179-190）

由如是密宗「化生」再來之「聖者」所言：悉認覺知心之意識爲常住不壞之心，則已證實彼等悉皆未斷我見，乃是未證聲聞初果解脫證量之凡夫；更未能證第八識如來藏，則是未知未證般若總相智之大乘法中凡夫。

由此舉示之密宗「再來聖者」開示，可知彼諸「化身再來聖者」，皆墮常見外道邪見中，尚未遠離常見及邊見，即是具足凡夫。具足凡夫而言能於人間化身爲五爲三……等、再來人間度衆者，無有是處；彼等凡夫若能，則一般凡夫亦能，以此例彼，理必如是故。是故密宗所謂分身多人再來者，乃是推廣密法、擴大密宗勢力之一種手段而已，皆是謊言籠罩衆生，並無實質可言也。

第十二節　妄稱密宗上師是顯教經中之菩薩乘願再來

密宗推廣自宗之另一手段，即是託言彼等爲顯教諸經中所說之大菩薩再來者，以此令人信之不疑；或雖然心中有疑而不敢形之於言語，何況形之於筆墨？誠恐不慎誹謗賢聖而造成地獄業故。譬如衆生出版社之《修心七要、無死之歌》書中所云：

《《有關歷代蔣貢康楚「金剛幻化舞」的轉世中所扮演的角色，根據第十四世大寶法王、應欽哲的請求所寫下的文中，在印度有佛陀的侍者，也是結集佛經的啓教尊者阿難：（轉生爲）香巴拉的第一位國王月賢、親受金剛薩埵灌頂以及阿努瑜伽與瑪哈瑜伽續部祖師的沙珂那國王乍、龍樹菩薩的高徒提婆、弘揚中觀的月稱。時空舞台轉入西藏後，有（轉生爲）松眞千布王的宰相，也是創造藏文文字的圖明三博達；西藏第一譯師，得大圓滿心要「朧」部傳承，並證虹光身之藏族第一人——大譯師毗盧遮那；香巴噶舉的祖師瓊波那久；噶舉傳承祖師密勒日巴的如月心子蒞瓊巴；薩迦四祖——如佛陀相好的薩迦班智達；寧瑪巴八大林巴之一的巖導王多傑林巴；敏多林原的啓建者德達林巴；久囊巴傳承的持有者多羅那他……等等共四十二位。就這樣，一位菩薩道的力行者（此指阿難尊者），以其文殊聖智，源於觀音大悲，無有疲厭地開演普賢廣行。

補記：另在『敦珠寧波車降生傳記』注（五五）有如下記載：第十九世金剛尖銳（敦珠法王之傳承），以尊貴種姓，爲香巴拉國王子，手握政權。香巴拉國之握政權王子，傳説頗有多人，如：一、班禪，爲無量光佛化身。二、康楚，遠爲毗盧遮那佛化身，近爲阿難尊者化身。與金剛尖鋭爲三人，若以密意説之，則爲一人也。在不淨之眾生眼光視之，猶如以繩貫珠，一個接著一個不能紊亂。而淨業菩薩，則一可化三千，三千亦能合一；亦如千江有水，則千江皆可現月。故何地需要，則菩薩隨時均可化現焉。》》（181-41~42。183-280）

如是附會密宗之四十一位未悟之祖師（覺囊巴之多羅那他除外）爲阿難尊者之化身再來者，以邀眾生之信受與恭敬。然而阿難尊者於佛世時，已入初地，焉有可能化身再來時，卻無有證悟之見地，而成爲月稱……等否定如來藏之破壞佛法者？絕無是理也。

復次，多羅那他於佛世時已證悟明心而未見性，九百年前受生於中國時眼見佛性，後又奉命受生西藏二世，欲從西藏轉變密宗之邪教而告失敗，被達賴五世假手於薩迦與達布之手而滅亡之。復又展轉受生人間而利眾生，今猶現在人間，絕非未悟之人；再來人間之後，絕無可能與藏密之「常見見」及外道見等人合流，豈有可能成爲密宗諸破法祖師之本尊身？絕無是理也。

復次，密宗達賴十四世所封之多羅那他轉世再來者，絕非多羅那他本人，乃是密宗攀緣多羅那他名聲，而覓一人頂替爾，謂之爲冒牌貨可也。多羅那他今時之所在，非密宗諸師所能知也；然密宗爲責緣其往世名聲，如是作爲，與以往之冒名責緣如出一轍，未來或有一日、多羅那他現身時，密宗之言自破，必將自取其辱；密宗如是依人而不依法之愚行，不足爲訓也。

而十四世達賴喇嘛亦由密宗諸師奉爲觀音菩薩之化身。雖然達賴有時否認之，自稱爲平凡人，然有時則又認同之，今時台灣之密宗所印行書籍中，尙可見彼如是前後自相矛盾之言也。此類責緣諸佛菩薩，而冒稱諸佛菩薩化身以邀恭敬供養者，即是密宗推廣手段之一也。

然而觀世音菩薩乃正法明如來倒駕慈航、以利衆生者也；以如來之智慧，以現前示現等覺菩薩之智慧，焉有可能「化身爲達賴之後，卻墮常見法及斷見法中」？焉有可能信受應成派中觀之無因論？焉有可能化生爲達賴之後卻來否定自己於《心經》中所說「不生不滅之眞相識」？云何於所親證之第八識而否定之？有智之人，稍加思惟觀察即可分辨眞假，無智之人唯有盲從信受之爾。

如是僞緣諸佛菩薩名號，而冒稱密宗上師爲諸佛、或諸菩薩再來者，即是密宗一貫之推廣手法，歷史文獻中屢見不鮮，今唯舉此二例明之即足，不須一一列舉、浪費篇幅也。

第十三節　不禁肉食貪淫而廣招徠

密宗推廣其教法之另一手段，即是不禁肉食及與貪淫，以便「廣度」貪淫貪肉俗人入彼密宗、成爲信徒；譬如**宗喀巴之鼓勵信衆行淫及受用五肉**，即是現成事例：《《：如是離貪欲，汝終不應爲。汝受用欲事，但行無所畏；食五肉五露，亦護諸餘誓。》》（21-409）

如是教令密宗行者得食五肉與淫穢之五甘露，非唯宗喀巴作如是教導，西藏密宗各大派悉皆如是，無有差別，同以如是貪淫貪肉手段而推廣密宗。如是鼓勵食五肉、及食淫液之說，散見諸派密續，不勝枚舉。

宗喀巴之思想，實依密宗之雙身法爲主；密宗淺學之人不知，便謂宗喀巴反對雙身法，如是之人尚非密宗之老修行者，竟可身任密宗之傳法上師，眞乃密教門內之怪事也。**宗喀巴之以雙身法爲其中心思想，而以應成派中觀無因論爲輔者，散見於其著作《密宗道次第廣論》文中，隨處可見，今猶可稽**。

譬如宗喀巴認同及修學雙身法之淫樂，彼作如是說：《《如前所說全未修習生起次第圓滿道者，傳第三灌頂時尚生四喜，而說生起次第已達究竟、由語遠離、於風得自在者，依止明妃不生四喜，實為可笑（如前面所說完全未曾修習生起次第圓滿道之人，於傳第三灌頂時尚且能生起第四喜之淫樂，而竟然有人說生起次第已達究竟、並由語遠離及於寶瓶氣得自在之人，於依實體明妃而合修時不能出生第四喜，這種說法實為可笑）。以是此中觀察四喜生或不生，係指如彼第三灌頂時所生者，是菩提心至摩尼中未外出時俱生歡喜（是精液已至龜頭而控制令不射出時所生之俱生最大樂受）。……如是唯修風瑜伽以及猛利然注之力，溶化諸界，令菩提心住摩尼（令精液住於龜頭）中不出外時生俱生喜，不須定傳第三灌頂。》》（21-422）

如是，宗喀巴所說即身成佛之道，完全以雙身法之淫樂第四喜修證為主，何得言其反對雙身法？作是說者，若非昧於密宗黃教法義之事實，即是故意遮瞞密宗之初機學人，乃是故意誤導密宗之初學者，名為居心不良之人也。

密宗以不斷肉食及淫欲之貪而推廣其法道，令貪欲眾生易於信受。然佛已曾指斥：《《彼諸鬼神亦有徒眾，各各自謂成無上道；我滅度後、末法之中，多此神鬼、熾盛世間，自言食肉得菩提路。……奈何如來滅度之後，食衆生肉、名爲釋子？汝等當知：是食肉人縱得心開似三摩地，皆大羅剎，報終必沉生死苦海，非佛弟子。如是之人相殺相吞未已，云何是人得出三界？……清淨比丘及諸菩薩，於歧路行、不踏生草，況以手拔？云何大悲、取諸衆生血肉充食？》》（《楞嚴經》卷六，《大正藏》19-132-上）

世尊不唯指斥學人貪食衆生血肉，亦斥貪淫之密宗衆生：《《阿難！云何攝心我名爲戒？若諸世界六道衆生其心不婬，則不隨其生死相續；汝修三昧本出塵勞，婬心不除，塵不可出；縱有多智、禪定現前，如不斷婬、必落魔道：上品魔王、中品魔民、下品魔女。彼等諸魔亦有徒衆，各各自謂成無上道；我滅度後、末法之中，多此魔民、熾盛世間，廣行貪婬、爲善知識，令諸衆生落愛見坑、失菩提路。汝教世人修三摩地、先斷心婬，是名如來先佛世尊第一決定清淨明誨。是故阿難！若不斷婬、修禪定者，如蒸沙石欲其成飯，經百千劫只（只）成熱沙。何以故？此非飯本，石沙成故。汝以婬身求佛妙果，縱得妙悟皆是婬根，根本成婬，輪轉三途必不能出，如來涅槃何路修證？必使婬機身心俱斷，斷性亦無，於佛菩提斯可希冀。如我此說名爲佛說，不如此說，即波旬說。》》（《楞嚴經》卷六，《大正藏》19-131 下~132 上）

第十四節　創造密教教主而冠於顯教之上

密宗創造蓮花生上師之傳奇言說，將彼肉胎凡夫玄化為蓮花化生、玄化為阿彌陀佛化身，以此手段令人生起仰信、而推廣密宗法教，而擴大密宗在佛教界之勢力。

早期之密宗只是依附於佛教而存在之持明（唸咒以求護法神感應除災）之宗教，本非佛教。後來因崇密抑顯等手段之長期運作故，漸漸喧賓奪主、取佛教正統而代之，成為佛教之代表者。

天竺之密宗，以種種抑顯崇密之言說及法門，而貶抑顯教、擴大密宗勢力遍於天竺，終至令人相信密宗即是佛教，令天竺佛教滅於無形之中，佛教正式滅亡，此約公元十世紀末時開始演變。十一世紀末、十二世紀初之佛教，雖有佛教之表相，唯有南方海邊極少地區尚有顯教存在，又不破邪顯正、辨正密宗法義之正邪，信徒數量極少，只能苟延殘喘而已，根本不能向外弘傳。是故當時大部份地區皆已由密宗所接管，彼諸大寺院弘法內涵，其理論及行門唯是密宗所傳之外道雙身法，本質上絕非佛教。所以後來回教軍隊「消滅」天竺之「晚期佛教」時，所滅者其實是密宗「佛教」，並非眞正之佛教。

然自古以來，佛教界老修行者間，一向存在著「密宗是否為佛教？」」之爭議，始終不曾消失過。因密宗一向存在著「密宗是否爲佛教？」」之爭議，西藏密宗爲除此爭議，後來遂創造密教祖師「蓮花生上師由阿彌陀佛蓮花化生」之故事，於西藏佛教之中附會傳說，終至獨立於中國正統佛教之外，成爲獨立之「密宗佛教、藏傳佛教」。

密宗諸師傳說蓮花生之由來，互有出入，並無一致之說法。譬如：《《首先，釋迦佛從身上放出一道嗡白光，到達印度一個名叫烏金的地方。那裡有一朵蓮花，而釋迦佛以其整個身密提出的白光，就是指向那朵蓮花。由於我們的釋迦佛特別慈憫有情衆生，而他的身體已入涅槃，因此，他將他的身光投入那朵蓮花之中，藉以代替他的本身。這就表示了：**蓮花生上師的身體與釋迦佛的本身的身體無二無別**。其次，依照五方佛的位置來說，彌陀佛處於西方，代表一切佛語和喉輪；而他則放出一道表示佛語的光明到蓮花生大士的口中。第三，觀音菩薩是一切諸佛的大悲化身，而他則放出一道表示大悲的光明到蓮花生上師的心中，這身、語、意三者，在密乘中是非常重要的要件。身，包括身體所有的一切；語，雖然只指語言，但也包含著言語和從喉輪說法的能力；意，包括一切屬於哲理和心想的東西。而所有這些，蓮花生大師皆已從三位佛陀身上得到了。他一身而兼三佛之身，這當然是一大因緣。毫無疑問，

有了這面的因緣，他當然可以成就不死虹身了……》》（32-440）

如是所言，諸佛之心身與光是可分割合併者，符合密宗所創造之《大日經、一切如來眞實攝大乘現證三昧大教王經…》等密經之旨，而完全違背　佛於三乘諸經所說之旨——一切有情之眞心如來藏悉皆各各獨立、唯我獨尊，不可分割合併。如是依於自意妄想而創造之荒謬說法，竟能成立，而且被未具慧眼法眼之後人編入大藏經中，正式承認其在佛法中之地位，正法開始被公然破壞——滲透入佛教中、從內部轉易佛教法義。如是之行，陰險毒辣，令佛教界不能驚覺提防，而漸漸被密教化。

亦如《蓮花生大師應化史略》中，密宗自行創造密教之源起，倡言「佛法歷劫住世之程序」云：《《過此世界一億佛土，有一世界，顯教昌明、民安物阜。經五方佛應化以後，此土空過，無有佛法。迨劫經壞空，至成劫時，有一國王名曰住硬、歷受眾生擁戴敬服之天王有九。嗣出世者，傳顯教佛一，傳密教佛一、獅子王一、金翅鳥王一、開敷花王一。過此以往，至鐵輪王世，顯密二教兼住應化。如是五朝，王名曰達里扛，其子曰嗟我幾，其后妃共百二十有九，皆敬信三寶；持戒精嚴，極畏地獄，欣慕成佛。發大勇猛、悲智兼修。其傳法佛：曰麻兇者、曰可爾完結、曰然母通、曰朽巴、曰典蒙遮、曰斷捨加爾、曰噶加爾。所傳法教爲八萬四千，約爲十二分教、再約爲三。此爲化佛設教。其報佛所宣，爲即身成佛法門：不畏破戒、不望成佛、自明本心。言亡慮絕，甚深秘密，法爾如是。其時國王曰贊朵爾；傳法佛曰卑彌納、曰古汝扎圭納。外、內、密、儀軌，都爲一千有二十五部。約爲十八部，再約爲七部，更約爲三部：曰馬哈約噶、曰阿落約噶、曰阿兑約噶。其教普及天下。》》（1-11 AB面）

密宗又復妄言：《《釋迦佛在人壽八十歲時出世，傳顯教三乘及密教外密四部，最深秘之觀、念、禪三者，遂秘而不宣。緣深秘中降魔與雙身法，非當時聲聞機所宜故。其實無上密宗，在釋迦應化以前，即已流佈於世。

蓮花生大師未出世以前，釋迦《穩覺察爾隆典經（密宗祖師創造之經）》云：「佛涅槃後八年，地名達納果嗄，海中大蓮花上化生一佛，名曰卑馬炯容利，一切密乘由彼擔荷。」又《那密斷宗經（密宗祖師創造之經）》云：「我涅槃後八年，我再出應世，名曰卑馬炯容利，世間第一莫能敵比，最上密乘由傳布。」又《甘杜渣威舉經（密宗祖師創造之經）》云：「佛說與我同來教主，名海生金剛，傳外內密諸法。爾時國王名主朗勁。」又《涅槃經》云：「殺那、展母卻雙林間，佛示寂時，摩訶迦葉他往，唯噶達雅、那準達、滾高三人在側，佛囑累曰：『我涅槃時至，爾勿焦心，亦勿號泣。即住多劫，此身終當變滅。將來當有**勝我者**出生海中』。」佛不妄語，信而可徵。釋迦所說，側重顯教；密教金剛喇嘛蓮花生，其應化神變曷可罄述。》》（1-14AB 面）

又妄言曰：《《王率土内馬汝地，其東北有海，曰殖民當顛，盛產蓮花。中有蓮莖、粗可合抱。時惟辰年季夏六月，日宿在鬼，有王臣採蓮而食，見大蓮已敷，析爲八房，中出小兒，相好光明，端身趺坐。心極詫異，欲返報王；又慮不獲將得，反滋罪戾。躊躇久之，仍赴國門，央閽者求見；王適發帑將竭，索者坌集，王虞不濟，方聚臣工、圖理財治生之道，不及陛見，事遂寢置。蓮花生大師以何因緣化生此邦耶？以阿彌陀佛爲度生三事垂現大師之相：一、恩張波迭樂善無子，爲令眾生知因果、起正信故；二、爲六趣有情，化現六道金剛，各得即身解脫故；三、爲印度鬼稠人稀，西藏復多神道惡魅，皆待密教方便度化，並爲成熟赤松得眞藏王故。……自茲大蓮晝開夜合，大師由此出現。王之國祚亦轉爲隆永。王臣奏報未達，王問求子術於星者……作是語時，王大感傷，王臣啼淚悲泣，因名之曰磋結朵絜——海生金剛義也。》》（1-16A~17B 面）

如是所言，乃是附會傳說之神話也；所以者何？史實所載：蓮花生其人，乃烏杖那國之候爵「因陀羅蒲諦」娶妻所生，肉胎成身，非由蓮花化生，亦非王子；及長，娶寂護之妹爲妻，曾與寂護同赴西藏「弘法」。因陀羅蒲諦之妹羅珂修明迦羅，著有《不二成就法》，門人極多，有大名聲。此等皆是歷史事實，今者密宗以蓮花生之蓮花化生神話而創造密教主，藉能建立密宗在佛教中之「合法」地位，故意扭曲事實而作此說，高推蓮花生之身份，非誠實之行也。

復次，蓮花化生之身，唯能生存於色界，尚且無法生存於欲界六天，何況能生存於人間？化生者必是極微細物質所成身故，皆是不屬男女相之中性身故。今觀史實所載：蓮花生上師既是肉質之身，復具男性之性徵而可娶妻生子，又能屨次與人間女人（乃至猴育幼女）實修雙身淫樂之法（詳見《蓮花生大師應化史略》所載），實已證明其爲人間肉胎之身，非由蓮花化生也。是故蓮花生之名不符事實，乃是後人爲欲建立密宗之崇高地位，爲欲令人以爲密宗勝妙於顯教，是故造此傳說而流傳之，藉以「超越」顯教也。

復次，蓮花生之所謂「成佛」者，乃是以樂空雙運時之覺知心、以一念不生時之意識心，作爲佛地之第八識眞如，以如是「修證」而言即身成佛。顯見其尚未斷除我見，未證聲聞解脫道之初果，亦未證大乘佛菩提道之見道所證般若慧—未知三賢位第七住菩薩般若之總相智；如是，蓮花生所證之佛地眞如既是樂空雙運時之覺知心，既是靜坐時一念不生之覺知心，則與常見外道同一所墮，仍是具足凡夫，焉得名之爲佛？更言勝於顯教之佛？更言顯教佛「不知、不修」雙身法，故僅是化身佛；更言密教之蓮花生能修能證顯教佛所不能證之樂空雙運境界，所以是「報身佛」，所以勝於顯教佛。復次，密宗自言：蓮花生上師是釋迦佛所化生。具載於《蓮花生大師應化史略》書中，則蓮花生之佛法證量，焉能高超於本尊 釋迦佛？而密宗竟爲抑顯崇密，而高推蓮花生爲超勝 釋迦佛者，而貶抑顯教之 釋迦佛，其理邪謬，充滿矛盾，此說焉能信受之？密宗種種說法，違教背理，荒唐無喩。

密宗以未見道之蓮花生所說邪見，而建立其爲密教教主，冠於顯教釋迦佛之上。彼等所說者，乃是以凡夫之臆想，建立密教教主後，再違背 佛說四智之眞意、以自己臆想所知而解釋佛地四智境界，然後妄說蓮花生已證佛地之四智；如是建立之後，另行發明第五智—法界體性智，妄謂密宗之佛是「報身佛」，多證此第五智，而貶抑 釋迦，說 釋迦爲化身佛，未證此第五智，由是歪理故顚倒而說：密宗超勝於顯宗。

然而推究密宗「**報身佛**」蓮花生所證之法界體性智，其實乃是凡夫之臆想所說，全無實義。所以者何？謂法界之體性者，乃是一切有情凡聖衆生法界之根本——第八識如來藏之體性。而今密宗外於第八識如來藏，另行建立虛妄想像之「法界體性智」，渾然不知一切法界之體性，將此欲證佛地四智之前所應求證之基礎——根本無分別智之法界體性智，妄行高推爲成佛之後所應求證之第五智，所說顚倒，顯見密宗完全不懂佛法也。

蓮花生之所墮，今已明確舉證於拙著《宗門正道——公案拈提第五輯》中，讀者欲知其詳，請見該書第三八九、三九〇則之舉證說明。若具慧眼者，可以逕行檢閱新文豐出版公司印行、諾那活佛所譯之《蓮華生大師應化史略》書中所說，其破綻處處可檢也。

而密宗所說之報身佛，完全違背佛說。謂佛所說之報身佛者，唯住色界頂之色究竟天宮，純說一切種智，不說般若經所說之總相智與別相智。而今密宗所說之報身佛者，乃是以長抱女人、永不離女人、永住淫樂第四喜境界而不稍停淫樂覺受之雙身「佛」作爲報身佛——以長久不斷而常受淫樂作爲果報，故名「報身佛」。

如是誤會「報身」之義，而言永受淫樂之報、常不斷絕，以之爲報身佛之果報者，根本是鬼神夜叉之妄想法，只是欲界凡夫境界，尚不如外道離欲得初禪者之凡夫境界，而竟高推爲阿羅漢所不能證、所不能稍知之顯教報身佛，而竟妄稱如是邪淫妄想之密宗「報身佛」智慧高於顯教報身佛，顚倒至此。

如是妄想已，不自知其妄，竟又狂言：「若不修雙身法而常住於淫樂第四喜之覺受中者，即非眞正之報身佛。顯教之釋迦佛不修此雙身法，是故未能常住於如是境界，故非報身佛。是故顯教之釋迦佛，不如密宗之報身佛蓮花生大士。」如是抑顯崇密之說，於今時密宗上師所造書中，處處可見。如是妄想三乘佛法已，再建立虛妄想所得之密宗法教，將假想觀之密宗虛妄法誤認爲眞，而高推於三乘佛教之上，而後崇密抑顯，以廣招徠初機信徒，此即是密宗推廣其邪法之種種手段中之一種；久後難免智者之所破也，殊不足取。

第十五節　以破斥天魔爲手段令人誤認密宗非魔

密宗常於密經密續中破斥他教爲魔教，破斥鬼神或他人爲魔所化現，破斥異己之正法爲魔所傳法，假藉「摧邪顯正」之表象，令人以爲密宗絕非魔教，令人誤以爲密宗眞是佛教。譬如西藏密宗黃教之土觀羅桑卻季尼瑪誣指覺囊巴爲同於印度教溼婆神之法，又誣蔑覺囊巴爲同於古印度數論派之教法（詳見《土觀宗派源流》所說）；然後由達賴五世，授意薩迦與達布，聯合打殺覺囊巴信徒，驅逐覺囊巴領袖多羅那他（別譯名爲打那拉達），再燒燬覺囊巴之著作，並封存其刻版；復又將覺囊巴之著作加以篡改，再以種種著作曲解其法義，掉換其封存之覺囊巴著作刻版，如是完全摧滅覺囊巴。

密宗黃教以其政治勢力，誣指覺囊巴所弘法義爲魔所說，以如是作爲，配合妄語曲解覺囊巴之教義，而說其消滅異己覺囊巴之行爲是破邪顯正、摧滅魔說，令人誤以爲密宗黃教絕非魔道。然而此等作爲，實乃黃教土觀及達賴五世等人之故意曲解覺囊巴教義而後責之也。後人之研究覺囊巴思想者，皆依**已被黃教篡改曲解之覺囊巴教義**而作評論，其實無人能眞解覺囊巴之教義也，必須證悟之人方能眞解其義故。

密宗如是誣責他人他派，令人誤以爲其法正眞，然後消滅正法宗派覺囊巴；復又美言自身破壞正法之行爲是護持佛教之純淨，是消滅魔教之行爲。然而從佛所傳之眞正法義觀之，其實藏密之黃教及餘宗派正是魔教，而反假藉「破邪顯正」之手段，令無智之人以爲密宗是正教。

如是**篡改曲解覺囊巴之教義**以後，又假冒多羅那他之名而著作《打那拉達密傳》，以彼密宗喇嘛自己之種種邪淫行爲，說爲多羅那他一生之所爲者。更將之印行成書而廣流傳之，令人誤以爲多羅那他亦是弘傳及實證雙身法者。

然而多羅那他一生破斥密宗之自續派中觀及應成派中觀，亦復暗中極力抵制密宗之雙身法，是故不能見容於達賴五世，策動薩迦與達布二派信衆，打殺覺囊巴信衆，並驅逐多羅那他離開西藏，不許其立足於西藏。然而密宗不少上師亦曾依據古來之傳說，而言「多羅那他晚年曾婉惜此世**未曾修證雙身法**、**未曾實證第四喜**」，卻又有密宗喇嘛假冒其名而造《打那拉達密傳》，詳述密宗雙身法修證之內涵。如是打殺之、驅逐之，後世又假藉其名而贓誣之，藉以弘傳雙身法，眞是西藏密宗喇嘛們**一石兩鳥**之代表作，手段不可謂爲不高也。

今者達賴更妄封「**轉世再來**」之覺囊巴末代領袖多羅那他法王，其實乃是思欲擴大今時密宗法王人數、藉以廣增密宗之勢力，故作此行。所封之多羅那他法王，本非眞正之多羅那他再來者，乃是別覓一人、妄稱爲多羅那他法王之再來者。所以者何？多羅那他於往世既被達賴所驅逐，一切寺院悉爲達賴所奪，全部改宗黃教無因論之應成派中觀；所傳正法復爲達賴所壞，令諸藏人絕於正法之緣，令多羅那他利益藏民之願未能成就。由此緣故，多羅那他再來時，尚欲滅彼密宗達賴應成派中觀之邪法，焉有可能同意由凡夫之達賴冊封？而彼密宗竟作如是冊封多羅那他再來法王之虛妄行為，欲廣勢力，非是誠實之作為也。

如是之行，配合「破斥魔說」表相而令人誤以為彼密宗眞是佛教—非是魔教—之手法，互相為用而廣弘密宗邪道，手段不可不謂高超也。

密宗贓誣他人之手法，一再重複使用不絕，古今如出一轍，非唯假造密傳而贓誣多羅那他而已；譬如今時台海兩岸之密宗上師及學密法之顯教法師，已有多人贓誣余為附佛法外道，實因余之極力破斥密宗邪法，令其感受極大之壓力，故以顚倒其說之言而誣蔑余為外道，以此欲令無知之初機學人誤以為密宗眞是佛教。

多羅那他在世時，極力弘傳如來藏妙法，極力破斥密宗之雙身法為外道法，又極力破斥應成派中觀為無因論者，又極力破斥自續派中觀為常見外道見，是故密宗喇嘛後來便冒名假造《打那拉達密傳》而誣蔑之—誣言其弘傳時輪金剛。其實皆是顚倒其說、混淆事實，以利其繼續弘傳密宗邪教之作法也，何有破斥雙身法者極力弘雙身法之理者？

然而有智之人，但觀密宗所供養之「佛菩薩」所好樂之淫穢不淨物、所好樂之淫觸、及永遠好樂女人而常抱不捨；又觀密宗息增懷誅所供養及所驅遣者皆是鬼神，又觀密宗所修諸法、其中種種細節之示現，即知密宗之本質即是鬼神邪魔之法，即知密宗所修之法皆是魔所傳法，智者細加探索即知，云何復受其法而修？

密宗上師於修學密法、而漸深入密法之過程中，其實亦知此中道理，然因先入爲主之觀念，不能一朝棄捨；復因久習之故，不忍棄捨—不甘願承認修學二三十年之密法確實錯誤，乃自我安慰、自生妄想，希冀其中或有密意、眞可令人即身成佛，抱此一線希望，因而賡續修之。而不能了知密宗之以破斥魔說作爲手段，令人以爲密宗眞是佛法也。此是密宗推廣其法教之種種手段之一，有智之人當依其法教比對三乘諸經佛意，詳審明辨之，然後捨離妄想邪謬之密法，轉依顯教三乘正法而修。

第十六章　狂密與真密

第一節　狂密略說

第一目　狂密之三業秘密：

《《彼等流順因，由極深成辦法身者，爲四智故，故爲智慧身。時輪說爲太陽身，亦名爲智慧太陽輪，蓋取其喻義。如是智身示現事業，由十方無量世界，乃成爲色身；於三有未空中不斷示現，是當讚歎之身秘密（以雙身法合修之方便秘密而繼續受生於三界中，永遠有色身在三界中示現名爲身秘密）。其語業者，則如人天任運之鼓聲，爲除有情煩惱故，發出「世出世間」歡喜增長之法螺語（法螺語謂行淫中受樂叫床之聲，及指導對方證得第四喜、體會樂空不二樂空雙運之語），不假功用，而能遍於虛空，令盡其所有眾生皆得之，是當讚歎之語秘密。其心業者，則如摩尼寶，離一切垢，以妙觀察智及成所作智俱有故，雖無少許戲論，然於具戲論菩薩、二乘、異生前，能令其心中所有希求，皆得滿足，是當讚歎心之秘密（以雙身法之密意而能令「戲論菩薩、二乘、異生」等人悉皆滿足希求，名爲心秘密）。如上三秘密業成辦事業：盡其所有眾生，一切煩惱皆爲轉變；而佛於身語意業智上過患無有，安住無染。》》（34-511~512）

以妄想所知之身秘密（雙身法合修之方便秘密）、語秘密（唸誦及觀想梵字而令精液不洩漏之秘密）、心秘密（安住於樂空不二、樂空雙運之境界中而不令人知曉之秘密），而言能夠成辦諸多事業：轉變一切衆煩惱。並言自身由具此三秘密故，能安住於佛地之三業秘密中，安住無染、無有過患。然實皆是外道妄想，與佛法之修證完全無關也；佛法之解脫道修證首須斷我見故，佛菩提道修證首須親證第八識如來藏而後始起般若慧故。

今觀密宗一切上師悉皆不知佛法二主要道，亦皆未斷我見、未證如來藏般若慧，而以外道妄想邪見邪修之法，套用佛法名相，並又創造佛道之修證而冠於三乘佛法之上，謂爲至高無上之秘密教、謂爲至高無上之金剛乘，其實完全不堪理上及教門之檢驗。

西藏密宗一向以淫邪之雙身修法，謂爲能生淨土之妙法：《《後依紅大威德，離戲瑜伽修拙火，勤持瓶氣，至三、四年，時已二十三歲矣；五月十五夜，夢身具威光，心極歡悅；聞妙音，女子從空中來，呼我上升。至則有大尸林房屋莊嚴，衆寶所成，各地方女一一顯現，如天女然；骨飾所佩悉若勇母，羅刹女皆十六左右，充滿其中。女王尤佼佼，玉肌豐盈，其履雜綴五彩並諸珍寶，服具花圍、耳環、鬢鈿，面質桃紅，久凝視不厭，此蓋移喜磋嘉也。夜半供養後，諸空行皆散矣，女王示我金剛心嚇魯噶相（手抱女人立姿交合之嚇魯噶），吐酒入我口，心頓安樂，異乎尋常。王密蓮中（女王之下體中），突如其來一女人（突然出現一女人），漸次長大，如二八佳人（如十六歲之少女），吾即與相抱。女王爲告諸方法，全遵行，明點不漏（精液不洩漏）、心安住無戲論上（心住於一念不生之境界上），第四表示灌頂義眞實現前（第四灌頂之真正意義現前了知），女王即爲證明並懸記之：「未來不受生人間，當往烏金刹土。如此但行七次，縱造五無間罪，亦得清淨。以吻口、執手、撫摩、偎傍、褻語、交談生起貪心而修道者，七生内必生淨土。既契貪道，於任何處，耳所聞、目所見、心所憶、體所觸，皆具義利。」》》（34-610）

以如是邪淫荒謬之欲界中最粗重貪心，而言能滅五無間罪，並言當生「烏金淨土」者，讀者從此文中所說之女王等人境界，當已知悉密宗之烏金淨土中所住何人、住何境界矣！如是而言淨土者，彼淨土當是更污穢於人間之處所也；當知彼中有情必是極貪欲界粗重煩惱之衆生也。

復次，彼女王所授記「多羅那他當生烏金刹土，未來不生於人間」之言，根本虛妄；所以者何？謂多羅那他由願力故，迄今尚在人間，根本未如彼假冒多羅那他名義而誣造密傳之密宗上師所說不受生人間也。有朝一日，多羅那他現身澄清時，自可眞相大白也。

如是密宗所崇尚及自炫於他宗他派之雙身修法，謂爲能迅速成就究竟佛果之言，云何可信？如是雙身修法中，求得第四喜淫樂之方便智慧，狂言其「佛法」之身密、口密、意密者，何須自矜？凡是稍有智慧之人，皆知其謬，而密宗諸師竟秘惜之，竟以之而貶抑顯教法義爲不如密宗，謂之狂密，誰曰不可？

狂密行者所證之解脫果如下：《《五毒自解脫—謂貪、瞋、癡、慢、嫉等妄念，隨其所顯，若于彼體性上無覆而觀，寬鬆而住，則能于本來明空體性俱生智上解脫。良以一切悉由本覺智慧之所顯，故無用斷；無斷即斷，由住自性本體之上自能解脫故，更無有餘法可以對治摧壞或放釋；即彼本住無礙之自解脫故，由無勤勇自解脫故，根本無有，現在數數云修習解脫，由認識五毒爲智故，方可會歸于道。爲修之正行，則隨所顯現悉皆爲修。無用向外馳求，如是其所執持之定心，亦可自體解脫。》》（34-815~816）

如是密宗所言，謂五毒本是覺知心相應法故，本生於覺知心中，故五毒本是覺知心之體性；而覺知心即是自性本體，是故不用修除五毒，即於貪上修之：令覺知心安住於貪之第四喜上而樂空雙運、現證樂空不二，常常住於樂空雙運之境中，樂在其中而不生妄想等，即是「無斷即斷、自體解脫」。如是誤會解脫，如是認定覺知心爲本體自性心，而修身密、口密、意密，即是密宗所言之即身成佛法；如是墮於常見外道邪見之中，嚴重誤會佛法解脫道之密宗，謂之爲狂密，誰曰不可？

亦如陳健民所言者：《《祝拔宗大手印中五八頁，則簡括言之曰：「所斷能斷修道皆盡，此外更無最上地。」……正如上文破專一以進于離戲，能令明體之體更廣，明體之明更大。如是破一味以進于無修，能令明體妙用雙運更契密，所起妙用更深更多更變化（此二句意謂合修雙身法之雙運也，詳見第九章中所說），非唯不散亂，亦且離功用，而滲透一切散亂；愈散亂，愈定靜；愈新奇，愈微妙。奇哉！明體妙用之一味，和合事智（雙身和合而修之智）也；愈損而愈益，愈離而愈即，愈無而愈有，窮盡法性，以此也；圓證涅槃，以此也；涅槃無住，以此也；妙用無盡，以此也；緣俱義利，以此也。是故大手印三身圓成，謂孤分法身者，不及瞭解此中秘奧也。》》（34-822~824）

如是所言：《安住於雙身法第四喜大樂中之一念不生，即得離戲證量—安住樂觸覺受之中而不生言語戲論；不復別思異性而生貪心，安住於現前之樂境中，而得專一；復由此樂而了知密宗佛法唯是此一味，世間出世間之至樂亦是此一味；修至究竟時，其實此樂亦非因修而得，生來即是具有如是樂性，即是無修。》密宗以爲如是覺知心常住淫樂第四喜中，其境界即是涅槃境界；若唯修禪坐而常住一念不生之「密宗根本無分別智」者，則因不能生起如是「報身」之淫合大樂果報，所以僅是「孤分法身」，不能成爲報身佛；必須修此雙身法，而證得第四喜，方可名爲圓滿法身、報身、化身之究竟佛也。

如是而言解脫者，眞是狂密也，對於解脫道之正理完全誤會故，以輪轉生死未知未證解脫之凡夫境界而謂爲已成佛道，謂之爲狂密，誰曰不可？

第二目　光明大手印之明光雙運：密宗所言「道上四瑜伽」之專一、離戲、一味、無修者，皆以意識及明體境界爲所修。譬如陳健民所舉道上四瑜伽三品之量—岡波巴《大手印顯明本體四瑜伽》三品證量之比照表中作如是言：

《《**專一瑜伽：**下品：能住覺受明空三摩地，初難後易。後得有究及所顯爲心之執著，夢與平常無大差別。中品：自然入定，妄念較少，唯于朗然無際有執著；夢少，夢中定境覺受，時現時否。上品：晝夜入定，後得匯歸于定；惟於此定有執著，夢中多入定，有漏功德略生。

離戲瑜伽：下品：雖知生住滅離戲，然有空執，後得有親疏；夢中多顚倒。中品：雖離執空，斷分別根，于無分別亦斷增減，但于顯境尚有希畏。後得及夢，時迷時否，以為無成墮之因。上品：斷除輪涅之根，明空顯空精進則相續，不動不續，夢中有時亦迷。後得斷八風，有時起慢心。

一味瑜伽：下品：通達內外法法爾明體一味後得外境強，微為所動，心身境三，無分覺受有時出生。夢中有微執。中品：解脫能所證、能所受一味執，後得迷執較少，夢中迷亦少。心境不二，正智現前。上品：由本體不滅力所顯一切離執，晝夜一味，能一多互證。無念所顯之門微有未明。夢不迷，有時甚久無夢。

無修瑜伽：下品：二顯清淨，無庸著力，自入無修，後顯住于無覆無記，于般若中，尚有惡趣處，及如幻如化之執，夢中亦微現實執。中品：如幻如化之執已盡。微細相續識以為無念，亦為惡取處垢。上品：微細惡取處，于智慧上清淨，子母明光相會合，成就法、色二身，利他不盡。》》（34-831~832）

如是所言岡波巴《大手印顯明本體四瑜伽》各有三品，而皆是以意識覺知心及所觀想之明體為中心而說者。未曾有一所證是觸及法界根本之如來藏識者。復以如是意識覺知心所處境界，配以觀修明體及雙身法中之證境，而套用佛教諸地及佛地之證量名相，作為修證佛果之法：

《《果位之量—配五道十地：祝拔宗大手印六一頁云：「專一瑜伽上中下三品，屬資糧加行二道。離戲瑜伽上中下三品，配見道之初地至七地。一味瑜伽上中下三品，配修道之八地至九地。無修瑜伽上中下三品，配十地至十三地圓滿究竟道。」

拙見（陳健民之見解）：專一當配見道初地（密宗認爲觀想明體成功，並能於中脈之五輪上下無礙者，即爲通達位之初地果位）。離戲二至七地，下則相同。蓋見明體，則與見道相等；疏遠加行，較近加行，配資糧道；貼近加行，配加行道。豈有全然不修加行而開始修專一耶？既有各種加行，何故不列于五道之前二耶？且見明體，方堪稱大印正行，豈有未見道（豈有未修證明體通達）而能開始修大印（而能開始修雙身法大印）耶？又大印專一（又雙身法中之專一），無分別（及受樂而不作分別），屬勝義諦，唯聖者堪能，宗喀巴所許，經論皆如是云，豈有聖者尚未見道耶？良以古德中有誤以普通止爲專一，而以勝觀屬離戲，故將離戲配見道。本人以專一非屬普通止，曾舉各種理由如上，茲不復贅。》》（34-833）

又將明體之觀想及雙身法之修證境界，配以五智三身：《《了義海七七頁云：「體性空爲法身，自性明照爲報身，不滅而顯萬象爲化身。」空爲法界體性智，明照爲大圓鏡智，彼二無分爲平等性智，彼二

無混而各各分明、爲妙觀察智，如上四智無整而任運成辦、爲成所作智。》》（34-833）

如是所舉密宗之說，舉凡五道十地、五智三身之果位配置等，皆是外道法之意識心境界，並未觸及法界根本之第八識。未證得第八識，完全不知法界之體性，而言依於明體及雙身法之境界，可以證得妙觀察智等五智，眞乃虛妄怪譚也。

不唯如是，又言依於明體及雙身法之「修證」，可以證得八地之證量——證得無生法忍：《《而證取無生，顯教八地菩薩方得無生法忍，其時甚長；若能修大手印，則于明體無生上即身證取無生（34-837）。……然此中大乘之勝義菩提心，必證大印，則易于達到目的。若唯依「大乘勝義菩提心法」則必登八地證得無生法忍，其時當在二大阿僧祇劫之後，無乃太久太遠。若依密乘方法，經過三摩地心月菩提心修法後，直取無上瑜伽大手印道，則即身可以完成（34-841）。》》

然於佛法之佛菩提道而言之，若未證得法界實相心——第八識——之本來無生者，皆是未悟之人，完全不知不證般若，不入第七住賢位之中，何況能證八地無生法忍？而密宗竟不以證得法界根本體性之如來藏而言見道，竟以外道之觀想明體虛妄境界，而配合雙身法之樂空不二、樂空雙運外道境界，作爲證得無生法忍之依憑，何等荒謬？如是以外道法而取代佛法，狂言證聖成佛，謂爲狂密，誰曰不宜？

密宗又言其「妙觀察智」之修證云：《《次十玄門觀通大印者：各種玄門修習，徒于理趣方面修成一個抽象境界，且無論如何善巧觀察，總不離第六意識之作用，故欲令玄門妙用緣起實德眞正成就，則必得妙觀察智自生自顯，方可實現；而此妙觀察智之獲得捷徑，則在修習大印：先得明體，後證一味；于一味中煥發妙用，證得一切神變功德，然後妙觀察智始可發揮作用；而玄門一切理想，可以在此實現矣。……大印以明體爲因，以法身爲果。》》（34-839~840）

如是不知不證法界根本之實相，不知大乘勝義以第八識實相心之本來無生爲義，而外於 佛所說之法界根本實相勝義心，別行建立觀想明體之虛妄法，以代替 佛所說之實相心，妄謂明體爲本來無生之法。然而一切人悉皆現見明體乃是觀想而後始成，絕非未觀之前本已存在之法；佛所開示者，則是本來已在之法，不論行者悟抑未悟，各自之第八識實相心皆是現成運作不絕、而爲一切證悟者所能現觀之也。

如是，密宗以虛妄建立之意識觀想所得明體，作爲無生之法，配以雙身法之淫穢境界而言證得妙觀察智，而言證得第八地無生法忍，背世俗諦，復違聖教，根本成淫，亦墮凡夫外道知見，而空言即身可證八地無生法忍，乃是大妄語者也。如是不解佛法而大妄語者，斯名狂密也。

第三目：事業手印（雙身修法）**之樂空雙運：**此乃以意識住於合修雙身法之樂空雙運境界之中，如是而修專一、離戲、一味、無修，以為解脫成佛，皆仍未證得第八識，乃竟狂言可以證得第六七地、乃至十一、十二、十三地而成佛道。密宗之如是說法，以薩迦派之《道果—金剛句偈註》中所列道次第，最為具體，以宗喀巴之《密宗道次第廣論》敘述最為詳盡。如是妄言，於西藏密宗各大派之密續之中，悉如是言，處處可稽。前來三輯中所舉已多，恐厭煩言，不復多舉。

如是密宗上師所言，古今同調，悉皆崇密抑顯而弘密宗。譬如今時眾生出版社諸密宗上師所造書中，眾多仁波切所言，與密宗古時諸師所言，如出一轍，悉皆墮於意識境界，完全未斷我見，而謂能證解脫；完全未證法界實相心，未證得第八識、以致不能發起般若之根本無分別慧，於下品妙觀察智尚生誤會，尚不能入賢位第七住中，而謂即身能證四智五智、能得佛果，皆是大妄語者，謂之狂密。

譬如印順法師所言：《《密教多特色，承固有之傾向而流於極端者有之，融攝外道者有之。若以一言而罄，無不盡者，則以「世間心為解脫」是已。**信師長達於極端，即自身、妻、女亦奉獻而不疑**。師命之殺，不敢不殺；**命之淫、不敢不淫**，此婆羅門所固有（印順原註：讀『央掘魔羅經』可知，後期佛教所取用者也（平實註：『央』經未有「師命之淫、不敢不淫」之說，唯有「外道師命之殺、不敢不殺」之說。印順贓誣『央』經而引此未曾有之「經文」、似有「故意貶抑『央』經、令人誤以為此經同於密教」之意。所以者何？謂**阿含此經中明說**「有如來藏本性清淨」故，與印順所說「阿含不曾說如來藏第八識」之說相違故）。……

佛世以依教奉行為最勝之供養，佛後亦供以燈明香華等而已。密教以崇拜者為鬼神相，其供品乃有酒肉。有所謂「五甘露」者，則尿、屎、骨髓、男精、女血也。更有「五肉」者，則狗肉、牛、馬、象及人肉也。以此等為供品而求本尊之呵護，亦可異矣。……

出家聲聞弟子，視五欲如怨毒，以「淫欲為障道法」，固非在家弟子所必行。然以性交為成佛之妙方便，則唯密乘有之。……

惟是（惟此）淫欲為道，密宗之舊傳我國而流入日本者，猶未嘗顯說，故每斥無上瑜伽之雙身法為左道密教。然特宏（弘）無上瑜伽之西藏喇嘛，則矜矜以妙法獨備於我已。》》（《以佛法研究佛法》146~148頁）

密宗貪淫之邪謬，非唯今日始余知之，早有印順法師知之：《《所崇事者，天身之佛；天有明妃（天后），佛亦仿之而有「佛母、明妃」，此即與「方便（悲行）爲父，般若（智慧）爲母」之大乘義相雜。金剛以表雄猛折伏，蓮華以表慈和攝引，亦一轉而爲生殖器之別名。密教所崇事之本尊，無不有明妃。事部則彼此相顧而心悅，行部則握手，瑜伽部則相擁抱，無上瑜伽則交合：此固順欲界欲事之次第而成立者。前三部雖有相視相抱事，而行者每以表悲智和合等解之，然無上瑜伽則付之實行；衡以密者之說，則「三昧耶」爲表象，「法」爲觀想，「業」爲實行，固表象獨是而觀想實行之非耶？**以秘密教之發展觀之，固不達此不止**（以密教之發展而觀察之，若不達到雙身法所修之境界，是不會停止的）。吾人以秘密教爲佛之梵化神化則可，尊信前三部而不信無上瑜伽則不可。何有智者、譽病入膏肓爲健康，而歸死亡之責於臨終一念也！？**無上瑜伽者以欲樂爲妙道，既以「金剛、蓮華」美生殖器，又以女子爲明妃、女陰爲婆伽曼陀羅**（以女陰爲修行之壇城），**以性交爲入定，以男精女血爲赤白二菩提心，以精且出而久持不出所生之樂觸爲大樂。外眩佛教之名，內實與御女術同。**》》（《以佛法研究佛法》148~149頁）

西藏密宗之修行法門，若不到無上瑜伽之最後階段，若不到第四喜之階段，終不休止貪淫之心。而依**宗喀巴**所說者，必須每日「八時而修」，始符密教「報身佛」之義—以常受淫樂之觸爲果報；以如是淫樂之長受與常受，作爲修證密法之「報身佛成佛果報」，故密教之「報身佛」皆是長抱女人交合受樂永遠不捨。是故密教上師及諸密宗行者之修行，若不達此第四喜境界，終不能休止，淫樂第四喜是其即身成佛所追求之最終目標故，亦是密宗行者成佛後所永遠常住之境界故。

依如上所述，而觀察密宗之身密、語密、心密，乃是淫穢之行，而言能令菩薩、二乘、異生皆得滿足所求者，眞是誤解菩薩及二乘法道至極矣！菩薩色目女欲（男欲）猶如毒蛇，二乘觀女欲（男欲）猶如毒藥，云何密宗盲不見此，而言如是雙身法之三密能令菩薩及二乘諸聖得滿足？究欲滿足彼等何所求乎！如是密宗誤會佛法至此，云何而非狂密耶？

而密教之明光大手印（明空大手印），亦墮意識心中，自謂靜坐之中依中脈明體等觀想而不起語言妄想等，謂爲專一、離戲、一味、無修者，皆以意識及明體境界爲所修、所證，與佛法之解脫道所斷我見我執完全無關，是故彼等自言「觀想明體至專一、離戲、一味、無修，即是已斷我見、我執，即是已成佛道」者，其實仍墮我見我執中，與解脫道完全無關，根本未曾證得解脫果也。

而彼等所謂明光大手印之成佛、之證得三身四智五智者，其實亦完全未得三身四智、完全未得法界體性智。密教報身佛五智之說，更是妄想發明之邪見，與佛菩提道完全不相應，無有絲毫交集之處。如是邪見妄想，而言更勝於顯教，自言超勝於 釋迦佛所弘顯教，正如精神病患之妄語不休而倡言其精神境界超勝於諸方哲學大師，云何而非狂密耶？

西藏密教雖修明光大手印，然終不以明光大手印爲滿足，必定要以「長受及常受」淫樂而一心不亂爲足，若不達此終不滿足，是故批評東密之不傳雙身法門，謂東密所傳明光大手印所證得之法身（一念不生之覺知心）爲孤分法身，而以雙身法之修證爲「究竟佛、報身佛」之必修課程。

西密認爲若不修證淫樂第四喜之樂觸而常住永住此樂中，即非佛地之正報，不名已證「**報身佛**」境界者，則亦因此不能發起化身而利樂有情，故名孤分法身。然而推究佛法，化身並非由淫行所能證得；而佛法中所說化身，亦非西密所說之化身。如是，報身與法身亦非由淫行所能證得；而佛法中所說法身與報身，亦非密教所說之法身與報身。如是，西密主張經由事業手印雙身修法成就佛道之說，即成妄想，猶如精神病院中之精神病患妄想自己是大國王一般，云何而非狂密耶？

印順所反對於密宗者，唯在此貪欲爲道之邪法，是故破斥之。然印順終究反對研究佛教歷史之中外學者所作「**密教入篡佛教正統**」之一致結論，不肯承認密宗是入篡佛教正統之外道，所以者何？此乃因印順所宗之「應成派中觀見」之無因論，乃是出於密宗之故。若全面否定密宗，則印順一生之佛學研究及「修證」，便告全盤瓦解，無異於承認：自宗所說悉屬戲論。則其一生辛苦研究建立之佛法體系，勢必全面崩盤而煙消雲散，一生辛勞悉皆唐捐其功。由是緣故，印順極力護持密宗，爲密宗入篡正統之歷史事實而作辯護，別以破斥密宗雙身修法之表相，令人誤以爲印順對密宗之「立場客觀公正」，如是而著作諸多書籍，支持及弘揚密宗之應成派中觀邪見。印順爲何如是作爲？實因印順之一切思想皆圍繞密宗之應成派中觀見而發展、而演述、而著作、而弘揚，除此而外，印順法師即無任何佛法之概念與知見。是故印順之龐大著作之中，前後所說唯有一法，即是應成派中觀之無因論、兔無角論邪見。

由信受密宗應成派中觀見故，不能知曉第三法輪所述之佛意，故完全不能了知佛菩提道，誤以爲：「外於如來藏而作中道觀行，並修集福德資糧，成就之後即可成佛。」觀乎印順所著《成佛之道》全書所說，可知其意也。然而觀乎三乘諸經佛所說法，佛菩提道悉皆以如來藏爲中心，依第八識如來藏而證、而修、而圓滿一切種智，然後始得成佛，非如印順之外於如來藏而言成佛之道也。如是，印順乃是未知未證第八識如來藏者，根本尚未能入賢位第七住中，尚未能生七住菩薩之般若總相智，而言能知能解般若諸經中　佛說般若之意者，無有是處！未知未證般若者，而言能知能解增上慧學之唯識一切種智者，無有是處！於如是佛菩提道完全不知不證之人，而造作《成佛之道》一書，言能授人以成佛之道者，未之有也。

然印順竟以凡夫臆想之知見，而著作《妙雲集、華雨集、成佛之道、如來藏研究、空之探究、印度佛教思想史……》等書，護持密宗應成派中觀之邪見法道，極力破斥　佛於四阿含諸經所說之第八識如來藏，如是破斥三乘佛法根本之如來藏法，焉得謂爲正法之師？尚不如彼諸不識字之老比丘、老比丘尼教人念佛求生極樂也，彼諸出家二衆不造破壞世尊正法之大惡業故，印順諸書所說悉是破壞　世尊正法之邪說故——無有一書而非破壞　佛之正法者故，完全違背三乘經典　釋迦世尊所說解脫道與佛菩提道之聖教量故。如是嚴重破壞　世尊所傳正法之根本、之中心思想，否定第八識者，正是心外求法之外道，正是從根剷除佛教根本之嚴重破法作爲，云何不應說「印順是破壞佛教正法之外道」？**如是支持密宗邪法之印順，云何不是狂密之一分子？**

若人於此嚴重控告，心有異見而不能安忍者，應當書具本名，以文章或書籍公開提出質疑，而非作諸人身攻擊與無根誹謗，否則即同狂密，即同印順之破法邪行，即是成就破壞正法之地獄業者，死後墮於地獄時，莫道余未先言。

第二節　現實中之狂密

密教之古今上師皆未見道（覺囊巴部份祖師除外），由弟子之盲目崇拜故而高推爲佛，久之，彼上師便默認之。如是戲碼，於今時之密宗中猶續上演，以之誑惑佛教學人，迄未止息。及至觀察彼等密教古今「諸佛」所述，皆屬三界有爲境界分段入出之法，猶未見道。四禪八定乃至初禪境界皆未身證，尚不能描述初禪之證量，乃至將幻境說爲初禪，焉得二乘俱解脫之滅盡定？未見聲聞道者必不能證得滅盡定故，尚不能離欲界我見，何況能離有愛住地？以彼等悉皆未斷「覺知心常住不壞不斷」之邪見而墮「意識心常住不壞」之我見故。

我見不斷者，尚非聲聞初果，何況能起般若慧？所以者何？聲聞大阿羅漢雖證滅盡定，然因未證第八識如來藏，便不能知無餘涅槃之實際，由是不能了知法界之體性、不能了知法界之實相，故無法發起般若慧——不能了知賢位七住菩薩之般若慧；般若慧必須依於親證法界實相心之體證、方能發起故。今者西藏密教不能了知佛法修證之道，不能證得三乘菩提法中任何一種智慧，是故另行發明密教自己之成佛修行法門，外於顯教而獨創其說，乃是狂想所得邪見，故名現實中之狂密。

若密教所說成佛修行法門，眞能達成其目的者，余終不敢妄評之。所謂「眞能達成目的」者，謂所修法門必須與三乘菩提不相違背，而必定有其交集相通之處，方能達到成佛之目的；所以者何？此謂密教若眞有法能令學人達到成佛之目標者，其法必定與二乘解脫道及大乘佛菩提道不相違背，而且必定相符相契而函蓋之。

然觀密教所說者，豈唯不能達到成佛之目的，更與成佛之目標背道而馳—越精進修之，則離成佛之目標越遠；更與修證二乘解脫道之境界完全相背—越精進修之，則離解脫越遠，越發導致繫縛與淪墮。如是而言密法即是經中所言「欲令入佛道，先以欲鉤牽」者，唯是美言爾，絕無實義。只益衆生之貪淫，更熾其心，無益佛道。如是修行「成佛」法門，名爲現實中之狂密—違遠佛菩提之密意故，背離解脫道之正理故。

《成唯識論》卷七云：「要斷三界見所斷惑，方起此（滅盡）定，異生不能伏滅有頂心心所故。」若不斷三界中之見道所應斷之無明，永遠不能發起滅盡定，是故佛世有諸外道證得四禪八定具足已，仍不能出離三界生死，捨報生於非想非非想天中，佛說彼外道於彼壽盡已，必定復墮畜生道中，轉受更大輪迴之苦。

聲聞初果雖然未得禪定之證量，然以斷除見所斷惑之我見故，彼最鈍根懈怠之須陀洹人，亦可於七返人天之後成阿羅漢，現證慧解脫之般涅槃；如是解脫道之修證，要以除斷三界中見所斷惑—我見—爲其主修；若不斷我見，即使證得四禪八定具足，終不能證得滅盡定。縱使四禪八定具足而發起廣大神通，能炫惑世人，終究不得解脫，後世反招惡報，不離可厭異熟果報。

今觀密教所說、所修、所證，其結果、始終皆墮我見之中，而自以爲已斷我見，乃至狂言已斷我執、已成佛道，皆是不知三乘菩提之凡夫外道，皆是大妄語者，皆是狂想者，由是故說密教是此世界中現實存在之狂密，完全不解三乘佛法之密意。

由諸古今文獻之中，可以明確證實：未證道之密宗祖師自稱爲佛者，比比皆是。如是墮於毀破菩薩重戒，及墮破壞正法、謗菩薩藏、淫污僧衆、犯大妄語等重戒，皆墮無間地獄長劫重罪之中，不通懺悔，捨壽必受長劫尤重純苦之極重果報。

如是密教之法，陷害衆生於未來世中長受尤重純苦果報，何足尊貴？而言密教之勝妙於顯教？而言密教之佛超勝於顯教之佛？而言密教是上上根人所修之法？而言密教是修證顯教、已通顯教法門者方可修學之上上教、金剛乘？眞乃顚倒其說之言也，謂爲狂密，誰曰不可？

世法殺害衆生，或以毒藥鴆殺者，爲害雖鉅，唯是一世。密教之法害人受苦，爲害衆生，則是無量世；依之修學者，久後必定成就長劫尤重純苦之地獄罪故，受害無量世故；如是殘害衆生之未來無量世，猶不自知，尚欲誣謗顯教證悟之勝義僧，狡辯密法之殊勝、之超勝於顯教，愚癡至此。而諸衆生大多不辨邪正，樂欲受學，隨之誣謗顯教賢聖所說正法，愚癡乃爾，令人悲憫。

凡我佛門學人，若不樂欲未來世長陷地獄尤重純苦果報者，當離密教—特指西密。若欲正修佛法三乘菩提者，當離密教—特指西密。願我佛門一切大師學人正視此事，莫再攀引密教之狼入佛法之室、爲虎作倀，以免捨壽時至，後悔莫及。

一切佛門大乘學人，皆應回歸顯教之禪與淨土法門；於證得如來藏而發起般若慧之後，方始進修別相智與一切種智，方是正辨。若學二乘法，而求一己之解脫者，當依阿含諸經佛之眞意，修斷我見我執，莫依密宗應成派中觀之邪見（印順法師及達賴喇嘛所崇奉之黃教宗喀巴等人所說中觀即是應成派中觀），應成中觀是無因論、兔無角論、斷滅論之邪見故，依之不能證得二乘解脫果故，亦違大乘佛菩提果故。如是「中觀」邪見，於現實之密宗「佛教」中存在，故名現實中之狂密。

第三節　眞密——事密與理密

第一目：事密

眞密者，可概分事密及理密而言之。事密有三：身密、口密、意密。

身密者，謂修練氣功、明點、拙火等，藉以健身，延年益壽，而不妄言氣功等法可令人證得佛法解脫道與佛菩提果者。譬如有人修練拙火，以除身虛畏寒之病；亦如有人修練氣功，而治世醫所不能治之病；亦如世俗人藉修練氣功，而求強精益氣、彌補年歲漸增而日漸衰弱之性能力，以博取配偶之歡心，達成家庭和樂之目的；……；是故有人藉氣功之證量，開班授徒，廣收供養，名利雙收；如是現實之例，海峽兩岸不勝枚舉；如是皆屬事密。

乃至有人藉拳術氣功之修練，而隨意妄解佛法，攀緣佛教名相、用以自高，妄說爲悟，而得世人之恭敬供養，歛得巨資，譬如台灣之妙天、大乘禪功。亦如有人以氣功之修練而妄說爲已證佛果，乃至說爲更

勝於　釋迦世尊之佛法證量，而獲得龐大勢力、令政府不得不正視之者，譬如大陸之法輪功李洪志……等。

如是等外道，隨其勢力之增長，而漸有欲與佛教爭正統之態勢者，則已屬於狂密之範疇；處處以佛教自居故，亦常以未悟凡夫之身而貶抑佛教教主，而謂彼等諸人及彼等祖師之修證超勝於　釋迦佛故。如是等人尚不能稍知二乘解脫道之正理，尚不能稍知大乘佛菩提道之正理，於佛法修證而言，皆屬門外漢，皆墮外道知見中，竟敢顛倒其說，狂言佛法修證超勝於　釋迦佛，無知至極也。故說如是等人，皆屬附佛法外道，而以其所修拳術或氣功身密自炫，乃至欲行入篡正統、而作種種喧賓奪主之事，皆名狂密宗徒，已非事密也。

口密者，謂依初期密經所言諸咒而持眞言，以求佛菩薩及護法神祇之加持，希求平安或修學佛法時少諸障礙；如是修持者，以金剛唸誦法而自修，不令人知，故名口密。

初期密宗者，本是依附於佛教之護法神，爲求佛法之修證，而發願護持佛教正法，藉以修集福德，以之作爲修證佛法之資糧。後來由於彼諸護法神之努力護持，令人間學人得其護持，而於世法及修道上少諸障礙。口碑漸漸流傳之後，廣爲人知；求護法神之助者日益增多，乃有俗人——崇拜供養而不修佛法者——亦來佛教中求神禮佛而不修行，專事祈求世法之信徒。

由如是俗人之信仰，導致持咒密法之修持者日廣，亦引生密法求神儀軌之發展；隨於時日推移，密法求神儀軌日益具足圓滿者，乃因人為之故，而發展密教。然此猶未足以為患，復因密教之修證粗淺，難入佛法正理，為求與顯教一爭短長，乃引入外道性力派思想，並秘惜而不令他人知之，而高推為能令人即身成佛之更高密法、籠罩他人，由此導致後來密教在佛教中之喧賓奪主、及以外道法入篡正統之歷史事實出現，佛教於焉滅亡。

是故初期密宗乃是求諸護法神助益之宗教，所修「持咒」等密行，謂為持明，皆是不為外人公開宣說之密行。由此等口密事行，而獲得世間法之利益，及獲得排除修學佛法時之種種障礙，是名口密。

意密者，謂藉事觀而修正欲界貪瞋等者。譬如今時密宗所說種種貪瞋五毒之觀行，皆屬事密之意密。猶如密宗古今諸師將三乘佛法中所說之四聖諦、八正道、十二因緣、五陰、六入、十二處、十八界、等二乘法加以思維觀察，於現實中了知蘊處界無常、苦、空、無我，而於心中不起世法貪著者，悉名事密之意密也。

密宗中人作如是觀行，雖猶未能現觀「意識我」虛妄、未能現觀作主思量之「意根我」虛妄，致不能證得聲聞初果，悉名眞密行者之意密也。如是密宗觀行之人，若不妄作證果之說，及不妄作自意發明之說，即屬眞密；已屬佛法中觀行之人故，已有異於世俗有情之見解處故。

密宗之練氣、持咒求平安等，以此作爲修學佛道之助緣，雖然並非以此爲佛法正修，僅作爲學佛過程中排除身病障難之助緣、而不公然宣揚；因其能助益行者之佛法觀行與修證，非外人之所知者，故名事密之眞密行者。

第二目：理密。理密者，謂眞實証得解脫智及佛菩提智，現觀身語意三法虛妄，現觀意識（淸淸楚楚明明白白之覺知心、離念靈知心）、末那識（處處作主乃至夢中定中悉皆思量作主之心）、五陰（特指識陰中之離念靈知心）、六入（見性、聞性…乃至覺知性，詳見楞嚴經所說「見性聞性知覺性等六入皆無自體性，皆是如來藏之妙眞如性所顯」）、十二處、十八界虛妄，證得解脫果，是名理密；其證境若不說之，則無人能曉故，是出世間之眞實密法故；此謂實證二乘菩提者，名爲世俗諦之理密。

若是佛菩提果之理密者，則是親證一向離見聞覺知之第八識如來藏；由證此識故，親見第八識一向不於六塵而生貪瞋取捨，一向離見聞覺知而能出生前七識等見性、聞性、嗅性……乃至知覺性。由是親證第八識而現前領納其本來體恒常住性、本來具足世間法及出世間法體性、一向清淨無染性、本來已住涅槃之性、常住中道性……等法性，由是證知及現前領納其種種體性，隨即了知一切衆生法界皆由此各各本有之第八識出生，如是證知法界之體性已，即得發起賢位第七住之般若慧，成就法界體性智，中道智隨之出生。是名大乘菩提之理密。

由此進修般若之別相智及修除異生性……等，漸漸出生、乃至具足道種性——具足進入初地之性，開始進修初地所應具之一切種智……等，而得道種智，然後勇發十無盡願而進入初地。從此以往，所說諸法猶如經論，聞者悉皆以爲此菩薩所說乃從經藏中閱讀強記而說者，悉皆不能知是此菩薩從自心流露而說者也，此亦是理密。乃至諸地菩薩證道種智已，進修佛地智慧，而至究竟佛地之圓滿一切種智——圓滿三品妙觀察智、平等性智，亦發起大圓鏡智及成所作智，如是證智，悉名理密。

西藏密宗則以靜坐之明空雙運，及無上瑜伽之樂空雙運爲究竟，故蔑視事密之三密，認爲事密不究竟：《《……然以密宗四種功夫：念誦、觀想、氣功、眞如，念誦居首，且爲眞言宗立名之由來。而念誦雖有多種，普通每被無上瑜伽部（以雙身法之樂空雙運爲正修行之宗派）所鄙視，故

「眞言宗」一名，多爲下三部所引用；如唐密、東密，慣用此名。藏密雖不否認，然多用金剛乘名，偏重氣功、（及雙身法之樂空）雙運。》》（34-43）

西藏密宗既以雙身法爲主修，則必定偏重氣功，以便攝持精液不洩而能長住性高潮中享受大樂，同時觀察覺知心空無形色故名空性，如是樂空雙運，即是西密所說上三部無上瑜伽之修法也。

西密由如是「修行」理論及實修之法故，念念不忘雙身法之大樂：《《法器之表義者：天杖表父佛能（給）與（雙身法合修之）大樂；鼓表佛母與眞空（以內空猶如女陰空而能納陽具故、代表真空）；顱器表樂空無別與明妃氤氳三昧（氤氳三昧謂交合之種種身口意行）；杵之中股表遍照佛；東股表不動佛……下五股表五母佛；下八瓣蓮花表四門母（表大小陰唇之四明母）及鉤、索、鎖、鈴四母。鈴體分三部，分表三界；內空表自性無我；鈴舌表通達眞空之方便，及果位之俱生大樂智（雙身法之初喜至第四喜之淫樂）；鈴聲表無間轉動金剛乘法輪（鈴聲表不停地轉動雙身法之法輪）。任何時執杵，必念方便大樂（任何執杵之時必定心心念念想著雙身法之大樂）；任何時搖鈴，必念智慧眞空（任何搖鈴之時必定想著女性能令人證得「智慧真空」）；任何時搖鼓，必念空樂雙運、度盡一切有情（凡是搖鼓時，必定想著樂空雙運之大

樂，心想以此樂空雙運之法而度盡一切有情）。》》（34-42）

西藏密教如是邪見，心心念念不離雙身法之「大樂」，並以有此「大樂」之修行法門，故對東密及顯教產生蔑視之心態，謂顯教及東密不如。然而東密雖不倡行雙身淫觸之修法，仍以眞言為主，而在修行法門上，其偏差遠較西密為小，至多為墮於常見見中，不能見道爾，尚不至於正面破壞佛教正法。至於眞如之理—般若之修證，今時之東密西密悉無其分。

然西密之違　佛所說解脫道及佛菩提道者，已至匪夷所思之地步。如是嚴重曲解佛法已，卻來崇己抑他—崇密抑顯，乃至以凡夫未悟錯悟之身，而批評顯教證悟者為不究竟、為證量粗淺，而批評顯教之佛為不如密教邪淫之「報身佛」；如是而與顯教爭正統，顯教大師競相作濫好人，不加駁斥，終令密宗漸漸取得佛教中之代表性，最後便可取代整體佛教，如是蠶食鯨吞，終令古天竺之整體佛教演變為密宗佛教，佛教遂於衆人不知不覺間滅亡；滅亡已，尚不知已被密宗滅亡，成為純粹之密宗外道法，而猶自稱是佛教。

如是，今時之西密，正在效法天竺密宗，再次逐步進行此種從佛教內演變之過程，以此手段、雄心壯志而推廣密教。然而今非昔比，顯教已不再如古時波羅王朝之支持密宗而被壓縮，吾人亦不再如往昔天竺南方之顯教只求苟延殘喘，是故今將密教之底蘊全部公開，令其不再神秘；佛教學人閱畢此書已，已可了知密教之虛妄，悉可同聲名之為狂密，即可不再受其矇騙，即可漸漸促令今時後世之佛教回歸正法，摒除密宗邪淫妄想；是故今日余名「現實中存在之密教為狂密」，絕非贓誣與虛評之言也。

第四節　密宗絕非佛教

密宗為崇顯其法之殊勝，言談之時每言：「必須修學顯教法門圓滿，而後方可修學密教之法。」意謂密法是冠於顯教之法，意謂其基本學者之修證皆是上於顯教之最終修證者。如是之言，於藏密之諸多上師—特別是西藏喇嘛—之間常所聞之，不斷作此開示。而諸顯教大師學人、法師居士，迄今未見有人據理反駁之，是故密宗上師等人便益加膽大，乃予整理成文字之後，更以書籍而流傳之（譬如今時之眾生出版社所發行諸書），如是便得堂而皇之推廣密教。

然而密教之說邪謬：若密法必須先証得顯教之見道及果位後始可修學，則古今一切密宗祖師（古時之覺囊巴除外）應皆無資格修學密法，彼諸密宗古今諸師於解脫道及佛菩提道二門皆未見道故。既未見道，顯然未能如實了知顯教之法義，亦未證得顯教之法，尚應努力再學顯教之法；依密宗諸活佛、喇嘛之言，則彼等密宗諸師今時皆應捨棄密教法門之「修行」，先入顯教之中從頭受學顯教之法：求證顯教所證之聲聞初果所斷我見之智慧，以及求證大乘七住菩薩所證之般若慧與斷我見智慧；二者俱證已，尚須親從平實修學一切種智；證得道種智已，尚不能修學密宗之法，尚未成顯教佛故，是故當證顯教佛果後，方可迴身而入密教。今以密教古今諸師所說之理，返邀密教諸師捨密就顯而修佛法，此是爾等密教諸師所說之理故。是故，今時密教諸師悉不應受學密教之法也，何況弘傳之？何況崇密抑顯？

然而彼諸密教上師、活佛、喇嘛、法王、格西……等人，有朝一日，若能眞正證悟顯教所說般若、而與顯教諸經悉皆符契者，彼等諸人必將由於般若慧之顯發故，而照見密教之邪謬，必不能復忍密教法義之邪謬也，必將漸漸發起密教教義改革、及密教回歸顯教之舉動，密教教義及修行法門悉皆違背涅槃解脫道及般若佛菩提道故。

睽於密教之法義，如前所舉密意，可知密教絕非佛教，純粹是以外道法之世間境界，而冠以大乘最高修證果位名目之外道爾。凡我佛教學人、一切大師居士，悉應確實認知。若於本書所言有所懷疑者，可就本書所舉實例，一一加以檢查核對，確認密教是否如余所說之邪謬。親自一一檢查驗證已，即可了知密教之本質，即可確認密教確非佛教，只是身披佛教外衣之外道爾。是故密宗所言：「先修學顯教完畢之後始可學密」之主張，藉以顯揚密宗之殊勝者，唯能籠罩未悟學人，不能籠罩一切已得道種智之証悟者。

狂密之問題所在，是密宗學人知見普遍嚴重欠缺所致，故對上師祖師盲目崇拜信仰，無能力、或不肯檢查其上師之開示是否了義？是否正確？是故由諸古今上師隨意誤導之。由彼誤導之故，便又依先入爲主之觀念，而不願接受正法之熏陶，乃至排斥正法，而反謗之。

復次，密教之信徒多屬民間信仰層次者，於眞正了義之佛法，本已不曾熏習及修學；又遭長期以來之諸方大法師、大居士之夤緣密教以自高舉，令人以爲密教眞是佛教之一支教派。後因「活佛」喇嘛等人之誤導，而令本來不具足正知正見之學人，加以追求有爲法境界爲因，是故每多生慢而歧視眞正之般若慧等無境界法，於眞正之般若及解脫道等無所得法之修證，更加心不好樂，於是密教便有可乘之機，便有擴大發展之空間。

密宗之領導者，亦多喜好誇大其「證量」，而求名聞與利養；是故彼等信徒每作是言：「我們大活佛說的證量是佛地的眞如，不說阿賴耶識。在我們密教裡面，阿賴耶識是初入門所修之法；你們顯教菩薩只證得阿賴耶識，證量太低了。」然而推究密教所說之法，彼等其實皆未曾見道，於三乘佛法之見道悉無。

所以者何？謂密教所說之阿賴耶識，只是意識觀想所得之明點──將外道法中學來之明點觀想成就、作爲證得第八識阿賴耶，作爲見道之初地證量。然其所證明點根本不是 佛所說之阿賴耶識，乃是以外道法之明點取代佛說之阿賴耶識；彼諸無智之密教信徒多不知此，而信受不疑；復又無人出而公開宣示正義，彼密教學人便隨彼密教上師等人步步深入歧途，大多未能警醒。是故余今爲利一切佛教學人，而作此得罪密宗上師法王之惡人，出而公開宣揚辨正之：將現實存在而正在廣弘之西藏密宗公開名之爲「狂密」。

第十七章　總結

第一節　密宗之金剛乘義

密宗之金剛乘義，如宗喀巴云：《《當依《掌華論》說，如云：「金剛乘者，謂無餘攝一切大乘爲六波羅蜜多。總攝彼等謂慧方便（總攝六波羅蜜多者謂：以雙身法之慧方便而總攝六度）。彼復攝成一味謂菩提心（彼雙身法又攝成一味，謂明點菩提心及精液菩提心），亦是金剛薩埵三摩地故（密教由雙身法能成就「常住不壞」大樂，是故樂空雙運而常住不斷，名爲金剛薩埵三摩地），即是金剛。彼是金剛亦即乘故，名金剛乘，是爲咒乘之義。」「方便智慧和合無別」金剛薩埵瑜伽（由勇父之善巧方便而不令射精，與明妃之女陰能令人證得樂空雙運，或空行母能教導男性行者證得樂空雙運智慧，所證空樂雙方無別，名爲方便智慧和合無別。由如是男女金剛瑜伽—行雙身法），即金剛乘（這就是金剛之乘），此有道果二位（此金剛乘法之修行，有修道位及究竟佛果之二種果位）。善巧方便大於波羅蜜多乘故，名方便乘。《除二邊論》亦云：「由無分別，即果爲道；廣大方便，最秘密故，名金剛乘、果乘、方便乘、秘密乘。」」》》（21-14~15）

如是宗喀巴所說密宗金剛之義，本質乃是有爲生滅淪墮之法，不應名爲金剛。樂空之法並非未修之前即已常現不斷故，非如第八識之「不論修與未修悉皆常住而**現行不斷**」故；亦非遍一切界、遍一切識、遍一切地之法，淫樂既然非如第八識阿賴耶之恒遍一切時、遍一切界、遍一切識、遍一切地，故不應名爲金剛，不應名爲不變妙樂。

顯教所說菩提心即是金剛心，以第八識爲金剛心，由第八識體性常住不壞，亦無人能壞之故，名爲金剛。密教所說菩提心則有三法：乃是觀想所生之明點及物質明點（精液）及一念不生之意識，非是 佛說常住不壞之第八識心故，非是有情法界根本故；彼密宗所說之勝義菩提心爲淫樂第四喜中之覺知心意識，非是 佛所說之第八識金剛心故。

密宗別立樂空不二之樂及覺知心爲金剛法之中心，然而如是「金剛」者，皆是緣生緣滅之法，不應立爲金剛。密教既以如是淫樂生滅法爲其理論之中心思想，所修之行門亦完全依之而行、而修、而證，則是全部以生滅有爲之法作爲密教之立論及修行法門之中心，則不應名之爲金剛乘也。

如是虛妄有爲、緣生緣滅之樂空不二、樂空雙運行門，亦是令人淪墮欲界最粗重煩惱之法，永絕解脫之緣，而宗喀巴竟狡辯爲以欲止欲之妙法，並美其名曰金剛乘，而狂言密教能總攝大乘之六波羅蜜多，其實唯是空言，絕無實義。宗喀巴所謂方便者，其實是以淫行中「保持樂受而不射精」之世俗淫樂技巧小聰明作爲方便，正是以隨便作方便者，如是而言方便乘者，非如實語。

密教之見、修、行、果等說，及其「修證」，悉皆虛妄，絕非佛所說法，詳見本書各章各節所說即知也。復如陳健民所說密宗之見，亦可見其虛妄也：《《何以顯教須三大阿僧祇劫，而**密法則能即生即身圓滿其成就**、及究竟利他之事業？由此基本原理之是否契合？是否運用靈活？亦可作爲批評各藏文譯出之中文各本尊之圓滿次第之量尺。顯教中，如華嚴宗自稱圓教，奢談全體起用，全用在體。獅子搏虎亦用全力，獅子搏兔亦用全力，然但標其理，卻無實行之事實；事事無礙，唯在唇舌，並未全然運用之於各項修行亦事事無礙之證量可以出生。**有之，則唯在密法無上瑜伽中耳**，故華嚴宗亦有顯中之密之稱讚。佛陀以其果位之經驗，直接授予其選擇之有緣弟子，而傳以在果位成佛一階段中之妙法；如砍柴然，最後一刀如何著力、如何頓斷。譬如，華嚴宗修法並無灌頂，然而密宗最先方便即有灌頂之法。先將佛陀智慧結晶代表性之本尊智慧身，引入弟子心中，弟子之本有佛性，一時全體無餘開發，與此智慧本尊身融合爲一；弟子即時具有如佛之本體資格與身份。

如生於皇宮而為太子，一舉一動一言一語，關係全國大局。此即全體起用，全用在體之開端。試問：當時善財童子領受華嚴圓教時，有此靈感否？》》（34-27、28）

然而如是言語，唯顯密教諸大修行者之狂妄無知爾。莫道華嚴深妙廣大之旨，乃至初入實相之般若諸經意旨，密教古今上師悉無絲毫能知之力，何況修證？而竟以凡夫之身，妄評華嚴善財大士之修證，非是智者之言也。若如此段密教文中所言，則密教是以一貫之邪見而妄說佛法也；此謂衆生之眞心與佛心，皆是第八識金剛心，從來不生不滅、不增不減，云何密教諸「經續」之中悉言應與佛心合併？審如是者，卻成有生有滅、有增有減之法，則違般若諸經及《心經》所說也。

復次，華嚴所說之境界，確可實證；唯因佛誡，不得輕洩密因，是故證者悉不明說爾，絕非密宗所言「唯標其理而無實證」之虛言也。反觀密宗所言「唯在密法無上瑜伽始有事行之實」者，其實密法在親證佛菩提上全無事行之實，而藉用華嚴婆須蜜多之典故以證成密教無上瑜伽之雙身法，卻反而誣賴華嚴善財大士等顯教菩薩為「無修證實質者」。

然而華嚴中之婆須蜜多尊者，於淫行中所令人親證者，乃是與淫觸不相應之第八識實相心；密教唯見彼尊者之表面示現而效行之，乃廣弘雙身法，所傳卻是意識及淫觸之覺受貪著法門，相差何止千萬里？可知密宗完全不知不解華嚴經中婆須蜜多尊者之眞旨也。

如是，密教自始至終皆以雙身法之淫觸及淫樂中之覺知心作爲修證之標的，與佛道完全相背，亦違二乘解脫道之修證；乃竟自稱金剛乘，反而貶抑華嚴所載善財大士等菩薩之眞修實證，顚倒乃爾。

由此舉述，一切學人即可了知：**宗喀巴**所說密教**金剛乘**之眞實義者，即是雙身法中受第四喜淫樂之覺知心主體，及於淫樂中體會覺知心空無形色故名空性、體會淫樂之覺受空無形色故名空性；如是而謂淫樂及覺知心不二，即名證得金剛心者，即是果地修證者。如是長久修練而能永不漏洩精液，而能長住第四喜之淫樂覺受中者，便是即身成就「報身佛」。以如是「修證」，而言「覺知心常恒不壞、第四喜淫樂常恒不壞、本自有之，故其性猶若金剛，此樂即名俱生樂，證得第四喜至樂之智慧即是密宗之俱生智。」**宗喀巴**言：密教由有此法之修證，故名金剛乘，此即是金剛乘之眞實義也。

復次，修證佛菩提與解脫道，不須灌頂即可修證。而密宗法道之修證，必須先受密宗上師灌頂方可修證。然而密宗所說之灌頂者，悉屬戲論之行，始從瓶灌開始便以雙身法之淫樂修證、及受淫樂之意識作爲修行之主體故，而如是「修證」實與解脫道及佛菩提道完全無關故。是故密教所謂金剛之義，名實不符，乃是欺世盜名之說也。

密教又作是言：《《密壇中頓時現起特效，古今皆有之。如畢瓦巴受無我母之灌頂時，頓時現起六地菩薩功德，載在密典。當其授與觀空密咒，則明明指示全法界皆空，非一身、一物、一法而然，萬象、萬慮、萬世、萬物，莫不皆空也。此即因屬本體空性無我，如乳入乳，毫無二致。不惟能消極地破除凡夫由業力所感之人身之庸續我執及其自餒之下劣觀念，亦且積極地開發佛性之無我空性、五眼、五智、十地、十力、一切具體德相。故蓮華生大士一遇老僧名毗盧遮那者，則直指之曰：「**汝即圓滿佛陀**。」而此老僧亦立即承擔，幷此一生時間亦不必經過，而**立地成佛**。又那洛巴之妹勒古媽本人，未曾修習，然經普賢王如來現前灌頂時，**立地成就圓滿無死佛陀**。……此後行者由本尊身修任何供養，皆全體起用，而全用在體；空間無有一物遺漏，時間無有一秒間缺。》》（34-30、39）

密教雖然作如是言，自言密教祖師已成佛道者，多如牛毛；然而所說成佛者，彼等其實皆墮外道見中，根本未曾見道，尚不能入菩薩數中，何況成佛？皆仍是具足凡夫也。譬如此段文中所說之畢瓦巴、蓮花生、毗盧遮那僧……等人，皆是同以明點爲阿賴耶識，同以雙身法中受樂之離念覺知心爲佛地眞如，同以雙身法中之淫樂第四喜空無形相而認作空性。如是錯誤之「**修證**」，而空言「**立地成就圓滿無死佛陀**」，空言「全體起用，全用在體」，皆是虛妄之語，無有絲毫實義也。

譬如畢瓦巴所造之《道果—金剛句偈》，譬如蓮花生諸書所說之空性，譬如密勒日巴之歌訣傳記所言阿賴耶識（觀想之明點）、所言佛地眞如（受淫樂之覺知心）……等，悉墮常見外道法中，尚不能證得賢位第七住菩薩之般若智，尚不能斷聲聞初果所斷我見（仍取樂空雙運時之離念靈知意識覺知心爲眞如故），悉皆未斷我見，而空言已斷我執，其實仍在外道見、凡夫位中。是故彼等所言「全體起用，全用在體」，皆是虛妄之語，所「證」皆是變異無常間斷之法，焉得名爲金剛耶？無是理也。

復次，密宗作如是言：《《行者心中應永遠是「一切法空、空安無二無別」，醒時固當如此修持，即在夢中亦應常常修空，則明光速來矣；與醒時修法一般。至其修時之進程，乃首先想「我死無常」，其次想「一切法空」，再次想：「自己變成本尊，心間吽字放光，一切情器世化光融入此吽字之內；融畢，自己身體上中下三部亦融入此吽字內去；其後此吽字本身自下上縮，漸化爲光；先底下之烏字融入阿字內，後阿字融入黑字內去，黑字融入其上之新月內去，新月復融入其上之紅日內去，紅日復融入其上之那打內去，最後那打逐漸上縮而歸空」，於是四大皆空矣。此時心中如如不動，不取不捨，有無俱遣，法我兩空矣。如此修久，心光自明。初入手時當然只有醒時能做，但久修成慣之後自能夢中知、夢亦然修空矣。苟能醒睡一如，死後必定成佛無疑焉。》》（62-255~256）

密宗以如是觀想之法，而言能成佛道者，悉屬妄想之言。謂此等密教之成佛者，於「成佛」時，悉皆不能了知般若諸經之主旨，而皆錯以「外於如來藏而說之一切法空」之外道無因論空，作爲般若空性，即是未見道之凡夫。如是密教「修行」法門，悉墮斷滅無常空法，悉墮無因論之緣起性空中、而言一切法空，違背《心經》所說不生不滅之聖教量；如是密教修法、而可言爲金剛乘者，修學常見外道法者亦皆可言是金剛乘也。

睽諸密教所說、所修、所證者，悉皆如是不離外道知見、外道法門，悉皆未入佛法三乘見道法中；讀者欲知其詳，可於閱畢此書一至四輯後，購閱坊間販售之《那洛六法（晨曦文化事業公司）》一書，詳閱書中灌頂章與觀想、無上瑜伽章，即知其詳。或請購薩迦派最具系統之著作

《道果—金剛句偈註》，細閱其中所說，即知其意。或有密教其餘大師所著諸書（如宗喀巴所著之《密宗道次第廣論、辨了不了義善說藏論、入中論善顯密意疏……》等），閱已即知。悉皆同屬外道法**無因論**之戲論邪修法門也，如是而言金剛乘者，無乃蔑滅「**金剛**」之名乎！

密教之「見地」如是，復觀密教所行之法，亦悉墮於外道妄想之中，行者欲知其詳，請閱第一二三輯所述觀想及氣功無上瑜伽等行門，即可了知密教宗義與行門之邪謬也。密教以如是外道之行門，而誇言自法為金剛乘者，絕無實義，純是妄想。

復次，密教所證之果者：《《行者觀想自己心間吽字放光消除六道眾生之罪業魔障，再自己心間咒輪左轉放光，在此光下一切眾皆成卡覺，即使一只螞蟻亦是卡覺化身，不是卡覺的沒有；一切器物悉變卡覺之宮殿。但此種境界必須親自修習方始會來。若不修習，決不能有。親自修習自然明顯而來。並須修習十年方始能成。若只修一二年決不能成就；因此種視眾生為卡覺化身、視器物為卡覺宮殿，不是易事，非修習多年，不能一心無疑。若能一心不疑，此人始有起分之道理矣。倘心中想他人之短處及疑一切有情不盡是卡覺化身，則起分道理一定不來；以一無疑心則見道自來，見道來則八萬四千煩惱之對治自然均曉。夫道有五：一、聚道，二、行道，三、見道；到見道時瞋心疑心自然去除，見道有十六個樣子，十六個一一過去後，四、修道始來，此道與悉地第一地同來。修道過去，五、不學道始來。到此不學道時即成佛矣。以前不知者，至此自皆瞭然，因法身成就六通盡得也。上述五道皆屬顯教範圍，人能勤修上述之觀想，則死時佛光一來，立即中陰替代成佛矣。》》（62-62）

以觀想之法，而言可以成就解脫道，而言可以成就法身，而言可以六通盡得，悉屬妄想。謂欲證漏盡通者，須現觀「覺知心我、思量心我」虛妄；現觀已，復須斷除「欲令此二我永存」之執著；確實斷除已，確有能力、自信捨壽時若欲滅除自我、即能不令來世之「覺知心我、思量心我」又再現行者，方是眞實證得漏盡通者。然而密教古今諸師，悉言覺知心常住不壞，悉言離念靈知常住不壞，悉言樂空雙運之第四喜大樂爲常住不壞大樂，皆墮意識心中，即是未斷我見之人，捨壽時必定復有覺知心與思量心不肯滅失而致如來藏之重又受生入胎，於解脫果之修證根本無有絲毫成就。如是未斷我見者，即是凡夫，復又受行外道雙身法而修、而行、而傳，如是未見道之修學外道法凡夫，而言聚道、見道、行道、修道、不學道，而言中陰能成佛道，皆是大妄語者，皆是欺世盜名之輩；如是傳授密教法門，而言金剛之義者，悉屬無義之空言也。

密教諸大派別如是，號稱最清淨之黃教亦復如是邪謬。如**宗喀巴**云：《《如龍猛菩薩云：「由得風眞實，漸入咒眞實，了達咒所緣，學習金剛誦。金剛誦行者，能得緣自心，住如幻等持，以實際修治；從實際起定，當得無二智，住雙運等持（住於雙身法之樂空雙運等持——一心受樂而不起分別諸法之妄想），更無可學者（至此密教修道法門圓滿，更無可學者，名爲無學道）。」》》（21-546-4）

密教之淺學者如陳淳隆、丁光文二人，不知宗喀巴實以雙身合修之淫樂法門爲黃教之主修法，而妄言黃教宗喀巴不傳此法，乃是不知密教之本質者，根本尚未入於密教之門，尚是淺學之初機密宗行者爾，有何資格弘傳密法？何有資格出頭爲密宗辯護？譬如**宗喀巴**作如是言：

《《此若未知何爲所修不共之果，則於生起圓滿諸道易於淆訛；知則以彼爲例，即易了達諸能修道。如『五次第論』云：「正學大瑜伽，已修習雙運（已修習樂空雙運）。」雙運雖有「學、無學」二，然是一類，故合說之。所雙運事，雖多異說，要在世俗勝義二諦。如『五次第論』云：「世俗與勝義（世俗菩提心——精液，與勝義菩提心——樂空雙運之覺知心。詳第

八、九章舉證分說），了知各別分，何者正和合（應當了知如何是二菩提心之正和合），說彼爲雙運。」雙運之理，彼論又云：「此如彼次第，自加持光明；唯此二和合，是雙運次第（詳第九章無上瑜伽舉述）。」此謂身現加持之清淨虹身，心成勝義眞實一味之智；此二非是一有一無各別存在，謂得同時和合智身。此於無學位時，心既恒住眞實，身亦成就相好莊嚴之究竟身。》》（21-546~547）

如是所說密宗之本質，完全繫緣於雙身修法淫樂上，而以雙身法之樂空不二、樂空雙運作爲勝義諦，譬如**宗喀巴**作如是言：

《《諸餘圓滿次第，亦須修辦雙運智身（諸餘圓滿次第，亦須修證成辦樂空雙運之俱生智身）。故當思惟：云何修習乃能攝持圓滿次第宗要。（21-554）》》（餘詳宗喀巴之《密宗道次第廣論》書中廣說，此勿多舉、以免厭煩）。如是黃教至尊宗喀巴所傳、所修、所證，悉是外道性力派之享樂法門，純屬世間有爲有漏之法，完全未曾證得金剛心—第八識如來藏，焉得名彼密教爲金剛之乘？無是理也。

宗喀巴及密教諸師所說「即身成佛、中陰成佛、究竟成佛」等悉皆虛妄，豈唯違教，亦復背理；所說究竟成佛而證之虹光身，亦復墮於虛妄想中：《《故五次第論云：由鏡中影像，應了知幻身，諸色如虹霓，周遍等水月。此義是說前述唯從風心自身現爲金剛薩埵之身，如彼諸喻。非說僅覺自骨肉等粗體，明了顯現清淨無礙如水月等。以於生起次第亦能如是修故，即於生起次第未堅固時，亦多明了顯現勝於眼見，清淨無礙猶如虹色。又攝行論說：從生起次第至三遠離，皆無幻身。以是生起次第究竟，於細點位雖能於芥子量中圓滿現起能所依曼陀羅，明了堅固，然非幻身。是故此等全無幻身之義。如是天身猶如虹霓、現起清淨無礙身時，憶念正見雖覺全無自性、如幻相現，然亦無幻身義。……又生起次第位，漸收情器入空性時，滅顯色等一切粗境，明了安住離心；後從定起，雖不作意，亦能顯現天身及現清淨無礙。》》（21-548）

如是所證天身而化除粗色肉身覺受之後，轉入觀想所成之廣大「天身」，發起猶如虹霓之光明，如是虹光身即是密教究竟佛所證之佛身。然而此等皆是妄想，純是意識觀想所成之影像故。意識既是依他而起之法，則意識觀想而成之「廣大天身」實唯覺知心中之影像爾，並非於天界果眞有此天身也。密教以如是觀想所得「天身」而復觀作無肉質之身，復觀作五色七色虹霓之身而無面目等，謂之爲究竟佛地之莊嚴佛身，亦可謂妄想之極致者也。今者**宗喀巴**以如是妄想不實之法、以如是依他起性意識所生之法，而謂爲金剛乘必須修學之法門者，焉得名爲金剛之乘？所修虹光身是時起時滅之法故，非是常住不斷之金剛性法故，由意識覺知時之觀想而後始成就者故，因修而後始有者故，佛說第八識方是 佛眞法身故。

如是所謂虹光之身乃是妄想，由自身之內相分所成，非是身外實有虹光身之修證，皆屬穿鑿附會以誑衆生爾。如是妄想言說之手法，古今一脈相傳，互相抄襲而巧妙各各不同，今時亦有密教學人效行。

譬如「顯」密雙修之元音老人，身患癌症、內臟朽壞已至內出血之地步，然於命終時仍作遮掩之行，強忍不吐，欲示坐脫立亡之表象，以維持其「大修行人」之名聲。然終不免吐血後倒臥、再吐血而死，而其近侍徒衆，爲求維持其大名聲而繼承之，以自宣揚；欲以之作爲繼續宣揚其常見法之依憑，故互相約定：一致對外渲染其爲現大神通、坐脫立亡，遮蓋彼元音老人之不支倒地、吐血送醫而亡之事實。

復又爲彼建造舍利塔，稱爲聖人；如是之行，即成《佛藏經》所言之「不得言得道，死言入涅槃；衆人信起塔，而自入地獄」之愚人也；如是近侍諸人，不論元音老人於捨壽前有無交待作如是行，彼等如是誑語及建塔示聖推崇之作爲，正是陷害元音老人入地獄之惡人也。如是妄言其坐脫立亡、現大神通者，實是虛妄之語也。

今若不破之，後時即被推爲實有證悟之一代大師，則其著作將可誤導衆生極久；大衆昧於其名聲及其繼承人對於證量之虛妄推崇，必將不敢評論之；則將導致其常見外道著作繼續弘傳，繼續誤導衆生，貽害人間數百年，而令後人更相轉授其常見外道法也。如是密宗上師之誑惑世俗大衆，古今二者無異；所說、所修、所證，悉屬有爲有漏之意識心所成法，未證根本金剛心第八識，云何可言是金剛之法？而竟自言彼乘是金剛乘，乃是虛妄之說也。

復次，虹光身所現之光亦是邪光，非正光明也。眞實光明悉是金光，而於金光之中蘊含極強之白光，方是佛之光明也。今者密教之「佛」悉以五色虹光作爲佛光，悉以五色虹光之身作爲佛身，其謬大矣！而彼密教上師悉皆不曉其理，猶自於此鬼神虹光矜矜自喜，謂爲顯教佛之所無，謂爲唯密教佛方有，眞乃顚倒其心之說也。

如是虹光身者，與實證金剛心無關，與實證法界體性無關，與實證般若無關，與實證解脫無關，純是妄想者所說，無關佛法之修證。密教竟以如是無關佛法修證之虹光身，而炫耀他宗他派，謂爲金剛乘法，眞乃無知之言也，何嘗有絲毫金剛乘之本質耶？

復次，密教所觀修之究竟本尊，乃是雙身常受淫樂之像，亦皆是由密處出生，皆是住於自身或空行母之密處，故須以雙身合修所得淫樂之觸受而供養之，以淫樂供養時須觀本尊手抱明妃於行者所抱明妃之密處受樂（詳第九章第六節舉證）。如是邪淫之密教雙身合修之理論與實修法門，即是「金剛乘」之根本教義也。然而如是之法，乃是外道性力派之妄想法，與法界實相心金剛之理無關，云何可言密教是金剛乘耶？

自古迄今，由於時常有人批評密教之法義非是佛法，是故密教對此必須多所辯解，今時亦復如是，故密宗之大仁波切作如是言：《《在歷史上，金剛乘一直面對它是否爲佛陀教法的質疑。就如同印度的小乘佛教宗派聲稱大乘不是佛陀的眞正教法而加以排斥，有些小乘和大乘的教派也同樣地抨擊金剛乘佛法的眞實性。……人們期望宗教導師和教法成爲那個宗教最高和最嚴格道德標準的規範；金剛乘和這些期望背道而馳，它經常使用一些看起來野蠻（如以五肉供養、以誅法誅殺他人…等）而怪異的行爲（如以五甘露之淫液、大小便等而作供養…等），它的教法與修行方式也非常讓人驚訝（以雙身法追求至高之淫樂），要相信這種教法來自溫和寧靜化身的釋迦牟尼佛，實在有點困難。……而一般所接受的三藏中，也找不到金剛乘的東西。》》（179-176~178）

然而如是所說，尚屬「過度樂觀、遮掩眞相」及「美化密教」之說；於現實之密教而言，彼等常言「以欲止欲」，而卻常思女人、常思淫樂。密教上師勤修雙身法者，縱得第四喜已，淫心終不能息。譬如某上師勤修雙身法，一世努力修之；彼爲求能即身修成報身佛果，是故臨終時觀想本尊與明妃雙身合抱受樂，觀想自己即是本尊，乃有臨命終時仰臥於床而一柱擎天醜態現行，大失「佛子」律儀。如是而言以欲止欲，而言貪道成佛之法，何等荒謬？亦與金剛之法完全無關，云何密教可言自宗是金剛乘？

亦如密宗上師冒稱打那拉達者，心中常思女人、常思共諸女人同享淫樂……等（請詳第九章所舉實例），謂之爲現實中之狂密，誰曰不宜耶？如是密教，誇言自宗爲金剛之乘，其實與佛法之金剛性完全相背，本質乃是外道也。

第二節　不離意識範疇之密宗

密宗之修行法門，自始至終、悉皆不離意識範疇。譬如密教中最有系統、最完整之薩迦派《道果—金剛句偈註》所言之：《《釋道：其道分爲：世間道、出世間道、議輪道、轉輪道、暖集道、驗集道、智進退集道、妄進退集道等八類。亦略攝爲：五道、以二地半、三十七菩提

分。》》（61-127）

然而推究其中所說之法，皆是意識範疇之法，中心思想及其行門、修證，悉皆不離雙身法之中脈、明點、瓶灌、密灌、第四灌、雙身合修之法等（請詳 61-127~182 所說，此不多舉），正是外道性力派之修行法門，與佛所說之金剛心完全無關，是故所說、所修、所證等，完全與佛法三乘義理無關，永絕於大乘實相金剛之外，悉墮意識境界，而不與實相之金剛心相應。

復如密教之明空大手印，不論任何宗派，所修者皆是以定為禪之法，與般若金剛心完全無關。譬如紅教所說者：《《坐上入處悟境之後，照定了、放下了、確切死透了，在這微細定功上仔細檢點：有無隱隱執持之心？有之，即將此心全部放捨，務令毫無半點留存，務令真如本性自空、自明、自顯，不由我心執持。前此悟境，因此微細執持之心亦已放捨，不惟不會忘失，而且因此明相更寬坦，心地更舒服，體重更消失，氣息並內息亦能停滅，脈搏及血液循環皆可停止，新陳代謝作用也已停止，附帶的延年卻病功能也由此得，神通更較前開展。出定後，不急於下座，先右顧而定於悟境，明相依然如故；次左顧亦然，各經二分鐘久，次散定印，而以右手向身前方略作施無畏印勢，而定於悟境，經二分鐘久，而其明相如故；次左手亦復如是；次垂右足而以右手置膝上，而定經一分鐘久，而其明相如故；次左足手亦復如是；然後徐徐經行，縱不管帶，常覺明相不散，心田空蕩；然後於四威儀中，自然合道。此時則可坐、可不坐矣。此時但住山（此時只須出任住持或覓山開關新道場即可），已可不必再閉關（已可不必再閉關修行）。》》（34-1198）

如是明光大手印之「修證」，其實未離意識範疇，以離念靈知心作爲佛地之眞如心，墮於常見外道所說之常住不壞心中，未曾與實相心—法界根源之第八識—如來藏心相應，只是未斷我見之凡夫爾。

如是觀行，若不以密教之見解爲中心思想，而作求斷我見之觀行者，無妨成爲別教第六住未滿心之加行位菩薩。若以密教之雙身法爲中心思想者，以此作爲證悟者，即墮大妄語業中，名之爲未悟言悟、未證言證者。死前若未懺悔而見好相者，必墮地獄、受無量世之長劫尤重純苦。聞余此說，而仍不肯翻悔者，是名執迷不悟之愚人，不可救藥也。

如是密教之明光大手印，悉墮意識境界中，自古至今，無一倖免，悉皆不能自外於意識境界之外。此即密教之本質也。

密教之「見、修、行、果」，可以畢瓦巴所造《道果—金剛句偈註》之三句而概括之：《《於身方便續等以四（種）三座等因灌，以妙欲等令悅等（以明妃淫樂妙欲而供養男性上師令喜悅，或以勇父淫樂妙欲供養女上師令喜悅……等），於道之四座修四灌（於修道之四座灌頂而修第四灌之無上灌頂－詳第八章舉述）。》》完全不離雙身法，而雙身法完全是意識之境界，與佛法之三乘菩提正修行等，完全無關。

密教（特指西藏密宗）之中心思想，完全是以淫樂大貪爲成佛之道，美其名曰樂空不二、成佛大樂，其實皆是意識心之貪淫虛妄境界，與佛法無關。有密宗上師假冒多羅那他之名所寫之文爲證：《《某晚夢中和合緣生，詰朝安樂嗣之；是故御印覺受，契合眞實智慧，任運生起大樂，綺歟妙哉，不可思議。是年秋，居足木，余手析印度論師札冷得縷歌集，至佛菩薩與金剛母句，於是夢非夢景像中，蓮師受會供竟，爲設勝觀自在壇，特爲余灌頂；勾召地主神女「那米抬木」來；忽一女子，高平山頂，漸近漸小，變現各種形相；蓮師結其誓願印，令現本相；女乃收攝變化恍然現一端嚴妙齡女，膚桃紅，月貌花容、年甫二八，髮黑潤，如本地女；珍寶……極其炫目，衣飾皆類後藏者，唯面則別有一番光明，非人間所有爾。余凝視，似曾相識，與狎暱咂吻、面面相抱、契入，盡其淫事方便；時猶未及解裙，然余之杵雄驍，已無礙闖入蓮宮，難得大樂，不僅杵蓮肉感乃爾，於毛孔所接觸，皆若無衣，柔嫩光滑、樂不可支，明點不漏；未漏而感受中，明明洞見彼之大樂脈安住八葉蓮中，如其蕊，小若針刺；我恐安逸頤死，明點從頂溶下，舒快到全身，無毛孔不鬱適；女亦纏綿不忍釋，久踞吾跨、緊扣吾腰，如水乳融，不能分別；**細語吾曰：「如爾瑜伽士，真實持明者，御女而不生大貪，則難契道，一切佛果皆依貪獲。彼諸已成之佛，我皆知其本源。」**時以動**搖故，蕊**（陰戶）**漸從杵**（陽具）**退出，余覺諸法法本寂靜相，空樂不二現前**。女子以脈帶回少許明點（女方以海螺脈吸取少許精液），提入臍輪，樂如昏如醉，自云此樂三年不能散。余醒後，自念吾今年顧修怖畏金剛瑜伽，若修氣功，得此佳夢，功不唐捐。明點既到頂門，連四五日大樂，心未動搖，可謂得手印自在矣。翌年處札束，白根本師，請密勒日巴無上灌頂，夢到五空行母處。彼諸佳人咸欣然相告曰：「那本準比嚇魯噶，曾已授記，汝可爲此地諸女主人。」余狂喜發大噱，各與一通（與諸女各行交合一次）。……》》（34-611~612）

如是所言之密教所證「佛果」悉依淫貪而證，乃至以杵出女陰而覺空虛，以此空虛作爲佛法所說之空性，如是而言「覺知諸法之本來寂靜相」，而言了知諸佛本源者，乃是意識覺知心境界也，未曾了知諸法根源之本來寂滅，更未曾親證諸法根源所在之第八識如來藏，悉依意識有爲有漏法而言「佛法」、而言「佛果」修證，故說密教法義自始至終不曾稍離意識範疇。如是「修證」，迥異多羅那他之以證得如來藏作爲空性也，焉得說爲多羅那他之所修者？所以者何？謂一切親證第八識如來藏之佛弟子，絕對不會再認密宗所說之空性爲正法，必定會起而破斥密宗所說之空性故，必定會起而破斥密宗所說之「雙身法樂空雙運之離念靈知心爲空性」也。宗喀巴所造《密宗道次第廣論》所述內涵，亦完全相同，無少差異，行者欲知其詳，可逕閱其著作即知，毋庸多所贅述。

復次，密教「內秘雙身法」爲「即身成佛」妙法，以此外炫於顯教各宗，亦因此而蔑視東密；然而密教所言「即身成佛」之法，設使眞實，亦非人人可成，生起次第諸法非人人皆可成就故；每見學密之人竟其一生，苦苦修練明點觀想，始終難以成就；亦有人觀成明點後，苦修寶瓶氣而不得成功；亦有人終生勤修樂空雙運，而因性能力衰弱故，導致不能長時住於樂觸中保持不洩，致無法成就樂空雙運者；乃至有人福德不具故，竟其一生、欲覓一女合修雙身法而不可得者；或竟其一生而不能獲得上師之青睞而傳密灌，遑論獲得上師喜悅而傳授雙身法？更難與上師合修而獲得上師之臨床指導。如是種種情況非一，故說密教之「即身成佛」法門，並非人人皆可修成。

復次，縱使眞能具足如上所說之種種修證，復又獲得上師之青睞寵愛而傳密灌，乃至與異性上師合修雙身法而獲得上師之親自指導，得證樂空不二、樂空雙運者，彼「**即身成佛**」之「佛」，其實並非眞佛，僅是密教自封之「淫穢凡夫佛」，與佛法中所說之佛、完全無關；「**即身成佛**」已，仍是名符其實之外道與凡夫故，與二乘菩提及大乘菩提絕無絲毫相應故、絕無絲毫果證故。何以故？謂密教所修成佛之法，完全是意識相應境界故，與般若完全不相應故，悉未親證般若之體（第八識實相心）故。

第三節　密教興而佛教亡之原因

往昔天竺「密教興而佛教亡」之原因有七：

第一：以外道法代替佛法。密宗實非佛教，乃是以外道法代替佛法之宗教—以佛教表相及佛法名相包裝之外道法—所說一切修証名相及法報化身修証、諸種等至三昧、四加行、四無量心、法界體性智、四智、五智、般若、根本智、後得智、涅槃、眞如、成佛之道……俱與三乘經典佛說本旨不同；彼等所證之阿賴耶識亦非顯教所證之第八識阿賴耶心，乃其自行施設明點之阿賴耶識，故顯教中一切賢聖以己證量與之印證時，必定扞格不入，悉如牛頭之逗馬嘴也。

如是，密教以其未證佛教諸經所說之真實心，以其未證佛教諸經所說般若慧之種種「般若妄想」，以其未入見道位之「雙身法外道世間淫慧」，翻誣顯教真悟菩薩之證量粗淺，貶低為「因位」之修行法門，而反妄自高推己所修行之外道法為佛教「果位」之修行法門，以此崇密抑顯，殊為可笑。如是，密教中人所言證量，既然皆與三乘經典所說之修證無關，復又崇尚雙身法之第四喜——追求人間淫樂之最高層次樂受，顯然僅是外道性力派之「世間淫樂藝術」爾，是故密教根本只是以佛教表相及佛教名相包裝之**世間淫樂術**，絕非佛教，純是喇嘛教也。

由是之故，古時早已有人說之為有分別法、戲論法、不了義法，主張不須修之；如**宗喀巴**之為密教辯言：《《…是故有說「波羅蜜多乘所說行品是不了義、是戲論法，唯應修空。」及說「密咒生起次第、修持念誦，是有分別、是戲論法、是不了義，若知了義則不須修。」如是二說全非真實，諸有智者應遠應捨。應於方便智慧雙運轉道（應於受樂而不射精之方便道，及證知樂空不二而能樂空雙運之智慧雙運道）、生起圓滿雙運道（生起第四喜之圓滿雙運法道），漸次修學，了知永離戲論中道深義，依止諸三昧耶（依止雙身法之初喜至第四喜之三昧），趣入雙俱二理大車軌道。》》（21-458）

然而宗喀巴如是言論，眞是不通事理之言也。謂密教之法，非唯最後之雙身法邪謬、與佛法完全無關，乃至初始之持咒、觀想、明點、寶瓶氣、火供等，悉與佛法完全無關；若人善知了義之般若者，便見持咒觀想及寶瓶氣火供等悉是「凡夫修證佛法妄想」，是故若有智者悟道之後生起道種智等般若慧者，必作是說。而宗喀巴渾不知此，猶爲密教之持咒……等法而作辯護，非是有智之人也。

然因密教善於迎合衆生求有、求世間法之心理，而廣宣揚密法；及善於穿鑿附會佛經種種果位名相，欺瞞初機學人，令人信以爲眞，不敢生疑。又因施設三昧耶戒，令諸弟子不敢洩漏密教之法義，以致外人不能窺知其謬，密教以此手段防止自身被破壞，復又因此而容易招引不知內情之初機學佛人入密教中，重蹈已入密教者之覆轍，以此擴大其勢力、竊取佛教資源，終至漸漸取而代之——李代桃僵——滅亡眞正之佛教。

第二：藉用政治勢力擴大密教。密教善於夤緣政治勢力——譬如夤緣波羅王朝——藉以急速擴大勢力；由波羅王朝諸多權貴悉信受密教故，令諸百姓誤以爲密教眞是佛教。逮至密教興盛之後，即以常見外道之大手印、大圓滿法誤導衆生，誑言密教有法、能令末法衆生「即身成佛」，如是而令「佛教學人」之修證同於常見外道。如是轉易佛教之內涵已，則佛教已同常見外道無二，已同印度教之修行法門無二，已無勝妙於外道之處，令人不生景仰之心，信仰者日減，終至唯餘密教崇拜鬼神之法、及餘佛法表相言說之自續派中觀與無因論之應成派中觀，成爲正統被篡之密宗「佛教」，已無佛教之教法及實質，眞正之佛教遂如此平和而不知不覺地亡於密教之手。

波羅王朝被滅時，隨之而滅之「佛教」其實只是密教—以表相佛教包裝之密教；眞正之佛教早已在波羅王朝崛起興盛時，被密教滅亡—只餘佛教之皮膚，而內臟血液及骨骼皆已是密教外道法之本質。由是之故，「佛教滅於回教軍隊」之說，乃是不明事實眞相者所說，乃是密宗爲誤導佛教研究者所作之說辭而已；回教軍隊所滅之「佛教」，只是取代了眞正佛教的密宗外道，絕非眞正之佛教也。是故藉用政治力而篡奪正統佛教之手段，乃是密宗所常用之伎倆也。

如是善於藉用政治勢力之現象，不唯出現在天竺「晚期佛教」，亦同樣出現在後來之「西藏佛教」中。達賴五世藉用蒙古可汗之軍隊及清朝之政治勢力，令覺囊巴無所奧援，而後唆使薩迦與達布，聯手打殺弘傳如來藏法之覺囊巴，驅逐覺囊巴專弘如來藏法、破斥雙身法之末代領袖多羅那他，逼令覺囊巴一切寺院悉皆改宗黃教，覺囊巴遂告滅亡，唯餘法系傳承表相，如來藏妙法遂永絕於西藏人民。凡此皆是密教善於利用政治力量，以擴大自宗勢力之事實也。

密宗古今法王與諸上師如是作爲，違背　佛陀教言，亦違戒律，誤導衆生同入邪見破法重罪中，非所應當；是故吾人主張政教分離，不與西藏密教之「主張政教合一」同流合污。所以者何？政教合一之舉，本違佛制戒律，亦必將令法義公開辨正之行永滅，則眞實之理即不能藉由法義公開辨正之舉而顯露；則最高宗教領袖之密教法王，即可全面獨裁而弘密教邪法，遂行其邪教，亦必日漸腐化，亦必不許異於其說之佛教眞正法義弘傳，繼續以其邪見全面荼毒生靈；是故政教合一之舉，於眞正之佛教，有百害而無一利，亦違宗教信仰自由之風潮，不應採行。如上所說，謂密教善於夤緣政治勢力，藉以消滅眞正之佛教—顯教如來藏法，導致密教興而佛教亡之結果。

第三：誇大證德證量。密教古今上師皆善於誇大證德證量，迷惑衆生，以此作爲擴大密教勢力之手段，最後終能取顯教而代之，滅亡佛教。如是之行，不乏其例，歷代皆有，於今未絕。譬如今時之桃園雲慈正覺會所推崇之阿王諾布—無我母大師—即是一例。喜饒根登極善宣傳，善於夤緣新聞記者，將廣告之說、繕成新聞採訪稿，登於報紙之上，作種種不實之說，此即是密宗誇大證量之現例也。

譬如喜饒根登等人常說：阿王諾布證量同於 釋迦牟尼佛。如是誇大「證德證量」，以邀無知衆生之恭敬而博取名聞利養。有文爲證：一九九九年三月七日台灣日報第 20 版廣告文云：《《而具有五法輪級道境的，則是已至佛陀境界的釋迦牟尼、蓮花生大師、瑪爾巴大師、宗喀巴大師、無我母大師及觀世音菩薩。》》其實彼等所舉古今密宗諸「大師」中，尚無一人曾得三乘見道之一，皆墮外道常見之中，尚非證悟之第七住賢位菩薩，何況成佛？乃竟妄攀 釋尊之證德與證量，猶如穿著華麗破舊故衣之乞兒，於邊陲荒蕪之地自以爲王，妄攀國王爲至親盟友，而衆人不知，信以爲眞，如是無異。

彼等諸人於台灣作如是說，而與台灣之密教爭正統已，見台灣之密教並不反駁之，乃又花費鉅資召集世界各地與其有關之密宗喇嘛，群集台北圓山飯店，召開所謂「世界佛教總會」之高僧會議，而高推義雲高與阿王諾布等附密宗之外道證量，而處處貶抑顯教，欲與顯教爭正統。可憐顯教諸多大師，見其勢力廣大及作風蠻橫，竟無一人敢加以反駁、辨析其謬，坐令初機學人誤以爲彼等眞是佛教，導致諸多比丘、比丘尼入其會中修學之，悉墮外道邪見之中。

此是密教自古以來所常用之法──誇大「證德證量」，令人心生敬信，不敢懷疑、乃信受之，其實根本即是外道，無有絲毫證量與證德。今日之台灣，亦有附密宗之民間信仰者：雲慈正覺會之喜饒根登等人效法，藉以高推義雲高、阿王諾布、仰諤益西諾布等人，以欺瞞台灣之佛教初機學人。時日既久，其勢力若擴大至極限時，佛教便因之而由彼等外道所完全取代，遂告滅亡──只餘表相而內涵實是外道之「密宗佛教」，本質純是喇嘛教、或餘類似「雲慈正覺會」之附密教外道。如是誇大證量之虛妄言語，由因各大道場諸師悉不加以辨正，便漸漸造成密教興而佛教亡之結果，是故佛教若滅亡於密宗者，彼諸大法師、大居士等人，悉皆不能卸責也。

第四：投衆生之所好。密教善於以火供之法，驅使鬼神用其小五通，而爲衆生治病、求財、求子……等，滿足衆生之所好。

亦善於以氣功健身等有爲法，投衆生之所好。復以雙身法投衆生之所好，令諸好樂淫觸而不能捨離之衆生，進入密教之中，以享樂而誤以爲是修學佛法解脫及般若慧。如是雙身修法，極易吸引有情受於欲樂而入密宗法道；一旦進入密教已，須發十四根本戒之重誓，則因恐懼而不敢宣揚密教之過失；復因恐人訕笑其貪淫、或因恐人訕笑其無智故，不願向外宣揚其曾修學密法，亦不願宣揚密教之過失。更有女性因已曾與男上師合修過雙身法，而覺情分有別，或心生情愫而於上師生諸愛戀，更不可能宣揚密教之過失。

密教既善於投眾生所好而迎合之，並因如是種種原因，致令外人不知其邪謬及諸過失，而隨表相因緣入於密教中，令密教勢力極易迅速壯大；壯大已，便令顯教正法弘傳者之資源受諸排擠，難以開展。

復次，密教又創**即身成佛**之說，令人心生嚮往。顯教之二乘菩提，由於去聖日遙，故末法時之大師等人悉皆不知不證，欲成聲聞初果尚不可得，更不敢起心欲求聲聞羅漢斷除我執之法。大乘菩提倍復更難，欲求證悟般若極難，是故古今每有大道場大名聲之講經座主，說法三十年後心虛膽怯，罷講而入叢林參禪，乃至老死仍無入處者。

大乘般若之證悟，如是倍難，是故一般顯教學人久修佛法而無所入者，不免因於密教之倡言「**即身成佛**」之說，而嘗試轉入密宗修學密法，以求證入佛法。然因不知密教之底蘊，又因自身之慧眼法眼二俱欠缺，故受密教之籠罩，隨其漸入歧途；逮至後來受其雙身法之引誘而不能自拔時，更不可能迷途知返。天竺密教如是投眾生之所好，以貪欲而唱言即身成佛，吸引眾生入其門中；逐漸擴大勢力，蠶食鯨吞，於眾人不知不覺之間，漸漸取顯教而代之，天竺佛教遂告滅亡。

第五：由彼時天竺衆生之福薄故亡。古時天竺佛教之弘傳，亦因衆生業力之故，而有正法、像法、末法之說。譬如佛經所言正法之：聖法堅固時期、寂靜堅固時期、正行堅固時期、遠離堅固時期、法義堅固時期、法教堅固時期、利養堅固時期、乖爭堅固時期、事業堅固時期、戲論堅固時期等，乃至佛已授記：佛法將南移，最後傳至震旦……等。是故密教之滅亡「眞正佛教」於天竺者，亦有部份原因爲彼時天竺衆生之福薄，而引生天竺「眞正佛教」滅亡於密教之種種外緣。

第六：應成派「中觀」邪見摧毀佛法之根本。應成派「中觀」邪見之害，遠甚於密教雙身修法之爲害佛教，是故此二法之爲害佛教、不可等視。此謂應成派中觀之邪見，令雙身法得以維持其「意識常住不壞」之正當性，而令雙身法得以繼續存在密宗佛教中故；是故印順及達賴、宗喀巴之破法事實，遠甚於密教之弘傳雙身法者。

印順「法師」及達賴喇嘛，由於信受應成派中觀之邪見故，於此數十年來極力否定如來藏正法；彼等諸人由否定如來藏正法故，眼見大乘諸經皆說如來藏妙法，而自身悉皆不能證得，故進而否定大乘諸經，說爲後人所編造結集者。印順更加膽大，假藉考證之名，而否定大乘經，於其《妙雲集……》等著作中，處處暗示：大乘經是佛入滅後之後代弟子所長期創造結集而成者。更大膽倡言：唯有人間佛教，無有天界弘傳之佛教，亦無極樂世界、琉璃世界等十方佛世界，亦無地獄可受誹謗正法之報，皆是方便施設化導而已；又於書中處處倡言：「**釋迦佛入滅已、如灰飛煙滅，實無報身佛仍在色究竟天說法。那只是後世佛弟子對釋迦佛之永恆懷念而創造之說法而已。**」而印順造作如是邪說之著作，今時已廣爲海峽兩岸九成以上之佛學院採用爲教材，其惡劣影響極大，亦極深遠。

由於印順如是破壞如來藏正法之錯誤邪謬著作言說之長久流傳、及被普遍公認爲眞正佛法，已令今時大陸諸佛學院學生、乃至部份出家法師，由於信受印順著作故，而普遍不信因果、不信地獄。是故彼等學生放學出寺後，便吃肉喝酒乃至嫖女人等，如是之人所在多有；亦有少數出家之比丘，同犯此過，同行此事。

詢以爲何作此放蕩行爲？難道不畏犯戒及地獄之因果報應？彼等每多答言：「**依印順法師著作之考證所說，及依佛學院諸教師依印順諸書之所傳授者，實無地獄，是故無有所謂後世果報可言。**」今日大陸佛教已淪落至此境地，未來大陸佛教令人憂心，凡此皆拜印順法師《妙雲集……》等著作中所弘應成派中觀等著作邪見及錯誤法義考證之賜。

台灣佛教界，由於諸多佛教學人與諸信徒普皆重視戒律，形成自然之約束，是故台灣部份出家二衆雖信印順「無地獄、無極樂、無琉璃世界」及「釋迦滅已，實無報身佛現在色究竟天說法」等邪說，而心中不信三世因果，但仍然不敢明目張膽違犯戒律，以免失去信徒護持。

然而近年來，請購密教「普賢王如來」雙身交合裸像之出家法師人數已明顯增加，凡此皆因印順之堅持應成派中觀邪見不改，繼續以其著作否定如來藏正法爲因，加以台灣中國佛教會邀請達賴喇嘛來台「弘法」爲助緣，聖嚴法師復又藉機攀緣達賴喇嘛，藉以拉抬日趨沒落之身價。如是推波助瀾，致令在家出家學人轉向密教求取「佛法」所致也。由此事實，已突顯應成派中觀邪見對佛教爲害之深遠，不可小覷也。

天竺佛教之滅於密教手中者，其表相原因雖是淫樂之雙身修法所導致者，而其根本原因卻是應成派中觀邪見所造成。所以者何？若如來藏正法爲大衆所普遍認知，若一切學人皆知般若慧乃依如來藏而建立、而有，若一切學人皆知成佛之道要在修證如來藏之一切種智，而認定「必須先證如來藏、方入大乘佛法見道位中，方能悟後起修佛菩提道」，則將了知密教種種修法悉與佛法無關，則將不受密教所惑，則我佛教正法便可繼續弘傳。

而今印順法師自己去承接密教之應成派中觀邪見，否定如來藏正法，誣謂如來藏非有，誣謂如來藏是大乘方有之說，無視於四阿含中處處 佛說如來藏之聖言，致令密教種種依於意識而虛妄施設之外道法，有其生存之空間，凡此皆是密教得以繼續存在發展之正因，故說應成派中觀邪見方是天竺佛教滅於密教手中之眞正原因，雙身法之廣傳而滅亡眞正佛教之事實，只是其表相爾。

今時台灣及大陸諸佛學院，大多已墮密宗應成派中觀之邪見中，而令密宗邪淫之法得有生存及發展之空間；往昔之天竺佛教亦復如是，由於應成派中觀之爲害，令密教種種意識相應之法、得有生存發展之空間，令 佛所說之如來藏正法漸漸不被信受，終至消失不傳，乃使密教漸漸坐大，終至取顯教而代之，佛教遂告正式滅亡。如是現象及發展趨勢，亦已開始出現於今時之台灣佛教中，日後或將更嚴重地出現於大陸佛教界；若不徹底加以辨正，古天竺佛教滅亡之歷史，重演於台海兩岸之期、將在不久，由此緣故，佛教之未來發展令人憂慮。

江燦騰教授今時所當急者，乃是前往大陸研究探討印順著作對大陸佛教界之惡劣影響，方是「佛教學術研究學者」之本份，方不違背「佛教學術研究學者」之良知，而不應如鴕鳥之埋首沙中、迴避事實，繼續迴護印順之邪見、不肯前往大陸探討而研究公佈之，坐令印順著作邪見繼續破壞佛教根本之如來藏正法，坐看印順邪見繼續荼毒台灣與大陸佛學院諸學子之心靈。

第七：古來顯教中證悟般若者太少，力量薄弱。古來顯教中證悟者極少，致令顯教之力量不足以抗衡邪見之密宗；或雖有證道者，然因尚未深入種智之中，未發起深妙智慧，而致墮於鄉愿心態，故不肯得罪與己有交情之當代錯誤密宗大師，而不願摧邪顯正，致令密教得以繼續坐大；如是心行，名爲鄉愿。

不能摧邪顯正之原因有二：一爲未得道種智，無力能作；二爲情勢所逼，不能成功，如覺囊巴之多羅那他在西藏密宗時，雖然廣弘如來藏正法，而暗中破斥西藏密宗之雙身邪淫外道法，欲從藏密根本地改變密宗邪法，然因黃教政治勢力逼迫而功敗垂成。

密教法義完全邪謬，依如是法而弘傳者必有大弊，令人垢病不已。密教之今人鄭蓮生曾作是言：《《末法時期，戒德不乾淨的上師很多，往往假借上師相應法之雙身觀想，漸漸達成淫騙之結論。……目前台灣一地，學西藏密宗之人士非常多，一部份學密人士，對無上瑜伽之雙身法特別嚮往，**認為此法可以得到男女之欲樂，又可此生即身成佛，實在殊勝**，如某居士（應係指陳健民）之大批著作一再地提倡：「只有雙身法才能在此生此世成佛，不待來生。別的佛法則無法這一生成佛。」結果有一些學密人士借題發揮，用盡心機向初學密宗之女性哄騙，兩皆墮落因果，破壞佛教戒律清淨的宗風。又有些上師曲解「事師法五十頌」的內義，而以上師等同於佛為藉口，要求女弟子以身共修，一般初學密宗人士由於好奇而上當，**衍生不少家庭倫理悲劇**，殊為可憐憫慨嘆。》》（62-348、62-347）

鄭蓮生本人固作如是之說，而猶不知密教之邪謬，故主張：《《密宗雙身法，非盡人人可修，必須男女雙方在悟性見地及氣脈成就、到達一定之標準，而由上師認可、方可修持。》》（62-347）。此即不知密教法義邪謬之人也。

密教中人如是不知雙身法之完全無關佛法，顯教中人雖已證悟，然因密教之對於己宗法義完全保密，令外人不能知悉其底蘊，故多恐懼誤犯誹謗正法之重戒而不敢評論之。復因顯教中證悟實相般若之人一向極少，不能形成制衡之力量，大多不敢對密教法義加以正式之批判，遂令密教得以廣大弘傳，於衆人不知不覺之間改易佛教正法，而鯨吞蠶食顯教資源、乃至完全取代顯教而成爲佛教之「正統」代表者，如是滅亡佛教於大衆不知不覺之間。

今時之佛教證悟者，亦如往昔之處於少數劣勢狀態，然因此時之密教典籍已較往世容易取得，藉此可以了知密教法義之內涵；亦因余於往世奉 佛之命，曾經二世在藏密之覺囊巴出家而任法王，冀圖從密教內部從根改變密教，故以時輪金剛法門作爲掩護，而密傳如來藏法，多世之後方始公開弘傳之。彼時中國皇帝因收攬外藩之政治因素故，貴族因貪緣皇帝故，多已崇信密教法義，而不崇擁顯教，有時甚至加以限制；故於中國內地已難弘揚顯教之法，唯有從密教根據地之西藏，從根轉變密教之法，可作衆生佛法慧命之一線生機，故奉 佛命往生藏地，藉機弘傳如來藏法，以破密宗之雙身法與應成派中觀邪見。

是故余於此世雖然完全不曾修學密教之法，不曾研讀密教之書，然甫閱土觀所作《宗派源流》一書後，是夜即夢「往昔身任覺囊巴法王時，本派與薩迦派及達布噶舉派六次法義辨正之勝利，及每次勝利後之立刻遭遇泥濘地上打殺混戰，而漸次被逐出西藏之情形。」其後便常於定中及夢中，觀見往昔二世在密教中爲正法奮鬥之情境。後時亦因閱彼密續諸書故，便陸續勾起往昔在密教學地中習得之知識，而漸憶起部份密續中所說之密義。是故今時便以如是記憶，及手中所有之資料，而綜合密教之法，對密教法義隱喻之說，加以辨正之。

如是作爲之目的，乃在避免往昔天竺佛教滅於密教手中之故事、重演於今時之中國。凡我佛教正法弟子，由此《狂密與眞密》書中所舉實例，及余對其密義之確實解說，應已了知密教之本質，從此即知遠離密教之邪謬知見及行門，改依顯教諸經之佛旨，修證各自本有之第八識如來藏，而後可入顯教賢聖位中，繼承及發揚 釋尊三乘佛法之正確知見，普令有緣衆生悉得證入，而免再被密教誤導、乃至造下違犯重戒及破壞佛教正法之地獄罪，則佛教幸甚！衆生幸甚！

第四節：密宗遵崇上師遠勝於佛、故非佛教

由於密宗諸師傳法時，一向教導密宗行者遵崇上師遠勝於佛，產生依人不依法之偏黨現象，便將喇嘛、法王、上師所說，奉爲絕對正確之佛法，不復檢討其說是否正確，而一味盲從之。遵崇上師遠勝於佛而弘法者，是密教之常態，故密宗之學人，悉無自覺檢討之能力，要因他宗他派之檢點，而後始有可能引發密教中人眞學佛法者之自我檢討也。

密教法義邪謬，而密教中人普皆不知，故對密教寄以過高之崇拜，

而完全不知自我檢點。譬如**宗喀巴**之令人修證顯教後，再轉學密教，非是有智之人也；彼於《菩提道次第略論》中作如是言：《《別於金剛乘修學之法者，如是於諸顯密共道淨修之後，不應猶豫，當入密乘。此道較餘法特為寶貴，以能速疾圓滿二資糧故。若入彼者，當如「道炬論」所說：於初令師歡喜（於初學時應供養上師令其歡喜）。較前所說尤須增上（較前所說尤須增上，故乃至以身供養之）。此亦須於彼中所說最下之性相全者，而如是作也。》》（20-181）

密教之法，入門之後首要之務，即是博取上師之歡心，以便上師依其歡心而樂傳授種種密法；最重要者，厥為博取上師歡心之後，能令上師樂於傳授雙身修法、及樂於與己共修雙身法。是故宗喀巴認為必須「於初令師歡喜」，乃至必須「較前所說尤須增上」而殷勤供養上師、而以身供養，如是主張見於宗喀巴之《密宗道次第廣論》中，謂為「乃至伏地不起，以身供養」……等。

密教如是遵崇上師遠過於佛，自古至今一向如是，未有改變；由是緣故，令密教諸多行者普遍不敢違背上師，唯恐違背之後即成毀犯三昧耶戒而「墮金剛地獄」，是故個個戒慎恐懼，不敢言上師之過，亦不敢將上師所說與佛說比對思維，只能一味相信上師之身口意行，不論上師

所說所行是否違背 佛說、是否違背解脫道與佛菩提道。

如是遵崇上師遠過於 佛之密教，焉可名爲佛教？所以者何？「天上天下無如佛」，豈有上師之言可以違背佛語者？豈有學佛之人而唯依上師之言、不依佛語聖言量者？如是遵崇上師遠過於 佛之密教，焉得名之爲佛教？無是理也！有智者思之即知，勿庸末學多所饒舌也。

密教由於「依人不依法」之傳統，全依上師之見，是故對於佛教法義，完全不能加以檢擇，導致步步走入歧途而不能自知。譬如：《《然而顯密作風不同，上文雖屬陀羅尼，畢竟非密典故，唯顯示理趣而已。密宗爲果位方便，其傳授諸口訣化儀、化法，皆有差別；化儀秘密，化法亦秘密，故必有證量之顯現。顯教有「依法不依人」之說，而**密教必人法雙依，而人尤重。**》》（34-711）

如是以上師爲重之密教，欲冀其能改變觀念而隨顯教「依法不依人」者，殆如對牛談琴、緣木求魚也，必不能如願有所回應改變也。是故余於密教已無希望，不存改善之希望，今乃以彼等所造之書作爲根據，悉數披露之，而供佛教界一切大師學人之公評公斷；若不依彼等所造之書而作證據者，彼等必皆誣余所說爲栽贓誣蔑之言故。

復次，密宗常以上師是否能於合修雙身法時，達到大樂而享受射精之至樂後，復將射出之精液吸回腹中而上提遍於全身，作為上師是否眞已具足傳授密法之證量。然此邪見有大過失：謂射精後，重新吸回身中時，已非吸回精囊中，而是吸回膀胱，與尿液混雜，稍後仍將因為尿急而排出體外，有何「不損精氣」之可言者？若謂「吸回膀胱中，無礙於提取精液之淨分」者，其言與實情不符，精液已與尿液混雜故；除非能另行發明一法，將尿液與精液之氣分隔離。是故密宗所主張：「不能射精後重新吸回腹中者，不可修證雙身法」之明禁，以及主張：「若有重新吸回腹中之功夫者，即可與一切女人合修雙身法，包括比丘尼、母、女、姨母、舅母等皆可合修」之明禁行，如是等三昧耶十四根本戒，其實皆是依於外道邪見而施設之戒禁取見也。

復次，享受大樂而射精後，吸取淨分者，何如令其留存身中繼續安住而不令出？不如世俗氣功之直接上提，更加有益自身也，何須行淫令出而後吸之？多此一舉也。復次，密宗所修由異性身中吸取淫液淨分之行，同於中國房中術採陰補陽之妄想，縱使眞能採陰補陽，裨益自己色身，又何益於佛法之修證乎！其實與佛法解脫道及佛菩提道悉皆無干也。以如是外道法修證、與佛法無關之密宗上師，而遵崇之遠過於 佛，豈非顚倒想耶？

密教既然不肯依　釋尊所說之法爲主爲歸，而依密教上師等人爲主爲歸，而諸密宗上師所弘之法復又全是外道法，悉與解脫道及佛菩提道完全無關，則可了知密教絕非佛教；何以故？謂彼等所說諸法，悉皆不能與　佛說諸經互相比對印證故，悉皆與　佛說諸經法義互相違背故，由是可知密教絕非佛教也。

第五節　密宗之本質乃是喇嘛教

西藏密教派人前往印度取經，敦聘阿底峽、蓮花生等人進入西藏弘法，其時之印度其實已無佛教，佛教寺院悉皆已被密宗所滲透把持，只餘佛教表相之外道法，是故西藏密宗傳承自印度之「佛法」，其實絕非佛法，唯是身披佛教外衣之外道法，本質皆是密續坦特羅「佛教」也。

如是密教喇嘛所說一切佛法之法相，其義迥異三乘經典，又以自行發明之歪理、及蒐求自外道之性力派行門而解釋實踐之；密教內之學人復又迷信上師所說，不肯依經如實檢討，若欲以眞實佛法與之談論，必定如同牛頭逗馬嘴，處處乖違，無有交集，難以溝通。而彼等所說之修行法門及理論亦完全異於顯教　佛說諸經之眞實意旨，是故絕非佛教。

密教復又欲令諸顯教行者信受其妄想之法，故於顯教經中所說證量加以妄解扭曲之後，復於顯教諸經所說證量名相之上，另外發明「更高」之證量名相，並蒐集一切外道法而納入佛教中，說為顯教佛所未曾說之更殊勝法門，說為更勝於顯教之修證，令人油然生信、不敢懷疑，以此籠罩之法而弘外道之法。如此冒充為佛教，滲入佛教中，再漸漸以崇密抑顯之手段，取代顯教而成完全代表佛教者；然後再從教法根本上轉易佛教之本質，以外道法取代原有之佛教，如此嚴重破壞佛教，乃至最後取代之而滅亡佛教之實質，唯餘佛教之表相存在。

密宗自稱屬於佛教大乘，專攝著相眾生，於眾生證得境界後，令其於境界中觀其無有色質之性，如是而謂為空性；以如是觀行，而謂人曰：「已證入我空及法空。」然密教既自稱屬於大乘，則不應離大乘法教，於大乘法教之所以能令人成佛者，其義應明。而密教不此之圖，竟然別創即身成佛之說，以婆羅門教、印度教中部份支派之性力派學說作為即身成佛之修行法門，與佛所演說三乘解脫道及佛菩提道完全相背；如是與佛法背道而馳之邪謬知見，竟可高推於顯教諸經所說之究竟解脫、究竟成佛法門之上，而說為佛教？眞乃顛倒之說也。

由是故說密教絕非佛教，唯是令人證得欲界人間性愛淫樂最高層級之技術爾，同於世間人享樂之法，而以佛教表相及佛法名相加以包裝，本質尚非正派宗教，何況可以佛教名之乎？是故西藏密宗，實是西藏喇嘛們追求性樂至高層次之宗教，絕非佛教，與佛教完全不相干也！

今時之西密，有《悉眞論》一書；此書雖爲西藏密宗部份教派所崇，然其作者仍未見道，所說悉皆言不及義故；依祖衣定位階之說亦是新創，皆是虛妄想也。不知不解佛法之密教上師，造作如是《悉眞論》一書，以祖衣之表相而言傳承，而高推自身爲法王，以邀無知之初機密教學人恭敬及供養，於三乘佛法悉無交集之處；是故此書留存人間，完全無義。由此可知：彼諸推崇此論之「大法王、大活佛」等人，必屬未見道者，仍是外道、凡夫也；論中所說皆言不及義故，完全不能述及解脫道及佛菩提道之少分故，彼論作者尚未具備佛法之基本知見故。

復次，密教常以雙身法取代佛教之禪定，以雙身法中之男女雙方俱皆同住於性高潮中一心不亂，謂此爲等至，以此混淆世間禪定及佛法之是非，絕非佛教也。譬如陳健民所傳之「佛教禪定（詳見附錄37及38冊）」，及**宗喀巴**等藏密四大派所傳之「等至」，悉皆同以男女雙方同到性高潮境界，而「平等安住」於性高潮之中，妄說爲佛教之等至禪定。**宗喀巴**等人所作所弘如是荒謬邪說、邪修、邪證之密教，完全違背通於外道之世間禪定正修，亦違　佛所說解脫之道，又復嚴重違背大乘佛菩提道正理，尚且不能令人證得外道所證得之禪定境界，焉得名之爲至高之佛教耶？故說密教純是密宗喇嘛們依於自意妄想所創造之享受世間性愛技術之弘傳者，絕非佛教也。

自古以來，佛教界即對密宗之法義有所諍論，是故歷代皆有佛教界人士認爲密教非是佛教。譬如衆生出版社印行之《佛教的見地與修道》書中所舉者，亦有是說：《《有一部份的問題之所以會發生，是因爲金剛乘的教法無法公開修行，而有時候這個層面就遭人曲解了。金剛乘或密續的教法，長久以來都只限於傳給一小群上等根器的特別弟子；而且傳法也很秘密，通常都選在大眾廢棄或避免接近的地方。由於包圍著它的神秘性，密續很不幸地被誤認爲是低俗、不健康的，或者總使人覺得有點不太對勁，把它當成是一種危險的宗教。實際上則剛好相反，因爲金剛乘太珍貴了，所以須要保持秘密。你不會把自己最寶貴的東西拿給每個人看，也不會到街上大肆宣揚你把寶貝放在哪裡、鑰匙藏在哪裡；因爲你知道如果這個消息傳到了壞人的耳裡，就有不少麻煩，甚至會失去那件寶貝。》》（179-175~176）

然宗薩欽哲於此書中諸多言說，實是遁辭與飾辭；於此《狂密與眞密》書中，已經具舉密教之所以「無法公開修行方法」之眞正原因故，亦已經具說密續之所以「被人認爲低俗、不健康」之眞正原因故，亦已具舉密教修學之所以「被人當成危險宗派」之眞正原因故。所以，金剛乘絕無珍貴之處，絕對低俗下流，眞是以隨便作方便之宗派，絕非如宗薩仁波切所說之「太珍貴了」。

宗薩仁波切又作是言：《《如果你能公正地研讀金剛乘典籍，就能瞭解到它們和佛法基本教義一點也不衝突。有些學者認爲金剛乘不是佛法，而一再地否定金剛乘，但是他們一直都無法證明自己的觀點；持相反立場的許多學者，則認爲金剛乘是佛法的究竟教授。然而，**這些日子以來**，金剛乘不再被當成須要躲避的教法，反而變成新潮而入流的東西了。**歐美國家很流行修金剛乘，……**》》（179-178~179）

宗薩欽哲如是說辭，已足以證明：自古以來，常有佛教界人士對密教有所檢討反對之事實。而今吾人「公正地研讀金剛乘典籍」之後，「就能瞭解到它們和佛法基本教義一點兒也不相干」；如今吾人對於「密教之邪謬」與「絕非佛法」之事實，已經明確舉證於此書中，而非如宗薩所說之「一直都無法證明自己的觀點」。

宗薩所說：「**這些日子以來**，金剛乘不再被當成須要躲避的教法，反而變成新潮而入流的東西了。**歐美國家很流行修金剛乘：**」，正是吾人所欲阻止之現象。西洋人未曾深入瞭解佛法，極易被密教所誤導而誤認密宗即是佛教；莫說洋人，單說熏習佛法已久之中國人，乃至「佛學專家」之印順法師，尚且被密宗應成派中觀邪見所誤導，可知台灣大陸兩地已有如是衆多學人被密教所誤導者，乃是常事；何況洋人從未熏習佛教正法，云何能分辨密教法義之邪正？是故宗薩欽哲以此洋人學密之表象，引證爲「密教法義即是佛教法義」之邏輯，其言全不可信，凡我佛教學人，悉當有智明辨之也。

由此書中前後四輯之證據引證，顯示密教純是古天竺與西藏喇嘛們自己創立之「宗教」，只是喇嘛們追求欲界性樂之世間技術爾，絕非佛教；我諸佛教學人大師，閱此舉證事實，若尚有疑者，悉應一一加以查證，審斷平實所引證據，是否有如印順法師之「斷章取義、斷句取義、曲解法義」情況？若所引完全是事實，而無同於印順法師之「斷章取義、斷句取義、曲解法義」情況者，即應立即採取行動而護佛教正法：爲所當爲，不爲所不當爲。則是自身之福，亦是佛教界之福，更是今時後世廣大衆生之福也。

第六節　密宗是入篡佛教正統者

密宗本是依附於佛門而存在之法，本是護持佛教之護法諸神相關之法，本無經典。後來開始長期集體創作密經：先有《金剛頂經》，所說唯是儀軌觀想法門，不言實相；經中唯說觀想成佛，及建立手印咒語等行門。後來方有《大日經》之解說「實相無相」法出現，然而所說之實相無相法義，迥異 世尊之所說（詳見《金剛頂經》大正藏18冊208~220頁）；故說彼等諸經絕非 佛說，乃是密宗中人逐漸結集而成之僞造「佛經」，非佛法也。然印順法師對此竟不嚴詞譴責之，竟不多所說明，反以極多篇幅而說**大乘諸經是佛滅後之弟子長期結集而有**，究竟居心何在？

密宗以此種種邪謬知見，及從外道蒐求得來之種種怪異「修行」法門，而創造《大日經…》等，假稱爲 釋迦牟尼佛之莊嚴報身與法身所說之法，混入佛教之中；如是，彼諸外道邪見，遍佈密宗種種修行法門之中。藏密古今上師更喜互相抄襲，以著作之繁多而炫耀之，是故西藏密宗之密續典籍，可謂汗牛充棟，其數甚衆，難以具舉；此書雖然增爲四輯，然仍未能具足舉之；縱使增爲四十輯，亦難具舉之。亦因密續所說千篇一律，悉屬同一雙身修法，理論行門大同小異，唯是西密諸師爲其弘法時令人崇拜之需要、而從以前上師著作抄襲所得者，並無不同之處；若一一具舉，讀者閱已必生煩躁，是故不必一一列舉。然由四輯中所舉主要宗派之理論及修法之中，可知密教之梗概矣。

由如是種種緣故，說密宗乃是以方便為究竟之宗教（以表為真故），乃是以外道法代替佛法之宗教（以無上瑜伽雙身修法為佛法正修故），乃是迷信上師與密續之宗教（依上師與密續而不依顯教經典故），乃是眞正破壞佛教之宗教（擅以身中明點瓶氣淫樂等有為法配置佛法十地等覺妙覺果位名相故）。密教一向索隱行怪，蒐集外道所修種種無關佛法之行門，虛妄建立為佛教中之更高修行法門，以為顯教中所尚未宣說之眞正密義，並令人生信，其實皆是狡辯之說，絕非佛教。密教之如是邪見，以《甚深內義》一書最為代表之作，是故密宗所言，不可信受，以免修之日久，反離佛道愈遠。

然而密教諸師極善狡辯，譬如密教上師陳健民作如是言：《《今當略攝其義，**如上宣說之甚深內義之二諦：無分別為正見，於氣脈明點約束以方便成辦一切事業為正行，其現證如來藏正果。**》》（34-513~514）

然而密宗所說之如來藏，並非　佛所說之如來藏，而是自行發明中脈明點等有為法作為　佛所說之如來藏，迥異　佛之所說。密宗以外道法之明點觀修，而作為已實證如來藏正果，如是將佛法代以外道法，然後謂諸顯教實證如來藏之菩薩為證量粗淺，以此而崇密抑顯；然顯教大師普皆不知其底蘊而不敢破斥之，便令顯教逐漸萎縮、無人肯信肯學肯修，乃至消失；逮至密宗勢力廣大時，成為佛教之唯一代表者，便完成**入篡**

佛教正統之大業。

如是妄稱已證佛法、已成賢聖已，又攀緣顯教往昔古德，謂彼等修證同於古德，如是崇顯自宗：《《又阿闍黎**月稱**論師云：「寂靜之身，如摩尼明顯，心無分別如彼如意寶，眾生未盡，常住於世間。能仁一時，等流離戲身，色身剎那功德顯現時，明顯了別正法出生理，無餘示現，作無餘宣說。」又云：「殊勝寂靜世間未曾有，盡虛空界未曾通達時，智慧佛母與大悲乳母，認持涅槃，能仁世希有。」可引證：如上密宗道理，與龍樹、無著、月稱等所建立佛果，無有差別。》》（34-512）

然而此等言說，皆為妄說也。謂龍樹及無著菩薩之所弘傳者，乃是如來藏法之大乘正義，絕非天竺**月稱**「菩薩」唯認前六識而否定七八識之應成派中觀邪見也，亦絕對異於密教以明點為如來藏之邪見也，焉得將月稱之外道見與龍樹無著等地上菩薩之正法相提並論、貪緣附會？復次，龍樹及無著皆弘傳第八識如來藏法，月稱則否定第八識，成為從根本破壞佛教正法者，與二聖者相反，云何可謂三人之法為無有差別？

而密教一向皆以自意妄解佛所說經，以自意妄解而自稱能知能證佛法，實與佛教修行無關，不可言是佛教之宗派也。密教以如是隨意解釋佛法之凡夫知見，引入外道之「修行」法門，代替佛法，令人以為眞是佛教之分支宗派，然後崇密抑顯而篡奪顯教之代表地位，其實純是邪見、邪法、邪修之外道爾，乃是**入篡佛教正統**者。

、密宗如是入篡佛教正統，眞乃破壞佛法之重罪者；學人不知如是事實而修學密宗法門，最後所得果報即是：現世墮入邪見及常見外道法中，與解脫道及佛菩提道絕緣，死後墮入地獄中，未來將以無量世而受尤重純苦正報；參與密教之修行即是自造墮落之業行故，弘傳密教法門即是誤導衆生、破壞佛法故，以密教之「修證境界」而言已證佛法果位者即是大妄語之地獄業故。

譬如《楞嚴經》卷六之末，佛開示云：《《阿難！……婬心不除，塵不可出；縱有多智、禪定現前，如不斷婬，必落魔道：上品魔王、中品魔民、下品魔女。彼等諸魔亦有徒衆，各各自謂成無上道，我滅度後末法之中，多此魔民熾盛世間，廣行貪婬爲善知識，令諸衆生落愛見坑、失菩提路。汝教世人修三摩地：先斷心婬。是名如來先佛世尊第一**決定清淨明誨**。……殺心不除、塵不可出，縱有多智禪定現前，如不斷殺，必落神道，上品之人爲大力鬼，中品即爲飛行夜叉諸鬼帥等，下品尚爲地行羅剎；彼諸鬼神亦有徒衆，各各自謂成無上道，**我滅度後末法之中多此神鬼熾盛世間，自言食肉得菩提路**……奈何如來滅度之後、食衆生肉名爲釋子？汝等當知：是食肉人縱得心開似三摩地，皆大羅刹，報終必沉生死苦海，非佛弟子；如是之人相殺相吞、相食未已，云何是人得出三界？汝教世人修三摩地、次斷殺生，是名如來先佛世尊**第二決定清淨明誨**。……偷心不除、塵不可出，縱有多智、禪定現前，如不斷偷必落邪道，上品精靈、中品妖魅、下品邪人諸魅所著，……汝教世人修三摩地、後斷偷盜，是名如來先佛世尊**第三決定清淨明誨**。……若大妄語，即三摩提不得清淨，成愛見魔、失如來種，所謂未得謂得、未證言證；或求世間尊勝第一，謂前人言：我今已得須陀洹果、……十地地前諸位菩薩，求彼禮懺、貪其供養。……我滅度後敕諸菩薩及阿羅漢應身生彼末法之中，作種種形度諸輪轉：或作沙門、白衣居士、人王宰官、童男童女，如是乃至婬女寡婦、姦偷屠販，與其同事、稱歎佛乘，令其身心入三摩地，終不自言「我眞菩薩、眞阿羅漢」，泄佛密因、輕言未學，唯除命終、陰有遺付。云何是人惑亂衆生、成大妄語？汝教世人修三摩地、後復斷除諸大妄語，是名如來先佛世尊**第四決定清淨明誨**。是故阿難！若不斷其大妄語者，如刻人糞爲栴檀形，欲求香氣、無有是處。……如我是說，名爲佛說；不如此說，即波旬說。》》

顯教菩薩絕不向人說言：淫行得成佛道。返觀密教，既自倡言「淫欲第四喜之貪求、可以即身成就佛道」，則必墮落魔道，違　佛第一清淨明誨。顯教菩薩必定令人素食不殺，慈愍衆生；密教宗喀巴等古今上師則又倡言：食肉無罪，且可藉以超度衆生。復以五肉供諸化現爲佛菩薩像之鬼神羅刹…等，不斷殺生，違　佛第二清淨明誨。

顯教菩薩必令世人廣修布施而獲來世之財報；密教上師則以觀想而修福德，及以火供而修財神法，欲求違於布施之因果、而由鬼神之力獲得此世之不當利得，則是竊盜他人本所應得之資財果報，成就竊盜重罪，偷心不除，違　佛世尊第三清淨明誨。

顯教菩薩證果已，終不向人倡言：已得某地、已經成佛。密教上師則一向常作種種大妄語，以諸外道法代替佛說之法—未證如來藏而自言已證如來藏，未悟般若而言已悟般若，未證解脫果而言已證解脫果，未證諸地而言已證諸地，未證佛果而言已成佛果，如是大妄語等，違　佛第四清淨明誨。

如是密教邪謬之法，害人害己—害人非唯一世，遺害今人後人於無量世受地獄尤重純苦，經歷多劫，慘痛無比，焉可要求平實不說其過、坐令密教繼續殘害衆生耶？

又：《楞嚴經》卷八，佛說：《《復次阿難！是諸衆生非破律儀，犯菩薩戒、毀佛涅槃，諸餘雜業、歷劫燒燃，後還罪畢，受諸鬼形。……阿難！是等皆於人間鍊心，不循正覺，別得生理，壽千萬歲；休止深山或大海島、絕於人境。斯亦輪迴妄想流轉，不修三昧，報盡還來散入諸趣。》》密教所弘之法，處處引導衆生「非破律儀，犯菩薩戒、毀佛涅槃」，如 佛所言：捨壽之後，將與學密所造「諸餘雜業」合併受報而「歷劫燒燃，後還罪畢，受諸鬼形」，此後難生人中而聞佛教正法。此事於諸學密之行者而言，事關重大，焉可含糊置之、而不議論？是故一切密教上師學人，悉應摒除情執與情緒，善加辨正思惟，而後別作取捨，方是智者也。

又《楞嚴經》卷九，佛云：《《是諸人等將佛涅槃菩提法身即是現前我肉身上、父父子子遞代相生，即是法身常住不絕。都指現在即爲佛國，無別淨居及金色相。其人信受忘失先心，身命歸依、得未曾有。是等愚迷惑爲菩薩，推究其心。破佛律儀、潛行貪欲，口中好言「眼耳鼻舌皆爲淨土，**男女二根即是菩提涅槃眞處**。」……汝當先覺，不入輪迴；迷惑不知，墮無間獄。》》（《大正藏》19-150上）

密教每言男女二根即是成佛菩提涅槃之眞實處，故於證得淫樂之第一喜乃至第四喜時，皆須以淫樂之觸受供養住於明妃下體中之「佛」，亦須於性高潮時觀想男女雙身裸體交抱之「報身佛」在女性密宗行者下體中行淫而受淫樂果報，名之爲供養報身佛。密宗此法，即是《楞嚴經》中所說之天魔「淫淫相傳」之邪法也。如是以外道法代替佛教正法之密教，最後竟能代表天竺全體佛教，云何而非**入篡佛教正統**者？印順法師因何緣故極力爲密教辯護耶？而說密教「非是入篡佛教正統者」？

又：密宗之法乃是邪見，佛早破斥：**《《阿難當知：是十種魔於末來世時，在我法中出家修道；或附人體、或自現形，皆言已成正遍知覺，讚歎淫欲、破佛律儀。先惡魔師與魔弟子婬婬相傳；如是邪精魅其心腑；近則九生，多踰百世；令眞修行總爲魔眷，命終之後畢爲魔民，失正遍知，墮無間獄。》》**（《楞嚴經》卷九、大正藏 19-151 中）。藏密師徒如是淫淫相傳，成魔弟子，必墮地獄，密教行者不可不加以詳審探究。

密教自言以欲止欲、貪欲爲道，言可由欲而成佛道；然若觀乎密宗之大祖師假冒多羅那他之名而造《打那拉達密傳》之內容，眞正是記錄彼僞造密傳之上師一生與無數女人淫樂之性愛史也；又於此冒名所造「傳記」之中，常可見其思欲共諸女人行淫，追求第四喜之樂觸，以爲精進成佛之要行，而**密教內之老修行人普皆視為重要密續而珍寶至極**。以如是作爲，而強辯爲眞正之佛法修行無上法門，而崇密抑顯、取代天竺往昔之佛教正法，最後代表天竺佛教，眞是**入篡佛教正統**者。

密宗以「索隱行怪」而聞名於「佛教學術界」，其荒謬怪誕之理論及行門繁多，此書中僅舉其大者而言，其餘未舉之小者不克一一枚舉，教內學者詳讀此書中所說之理，自維可知也。

天竺佛教之亡於密宗，良有以也——皆因密教之李代桃僵所致，而諸顯教比丘及比丘尼等出家菩薩未能警覺，是故坐令**密教入篡佛教正統**之手段得以達成目標，天竺佛教於焉滅於密教之手。若雙身淫樂修行法門眞可令人證得解脫道者，余實無有理由反對之；若依之修行眞可成就佛菩提道者，余必須贊成之；然現見其理論與行門，俱皆違背解脫道與佛菩提道，實已嚴重無喩，故反對之。

密教自矜本宗有雙身修法，故輕蔑顯教諸宗之無此即身成佛法；然若此法所言之「**男女紅白明點經由性交淫樂而混合交換之，方可迅速成佛**」者，則非如佛所說之「一切衆生皆悉本來具足成佛之『無漏法種』」，密宗行者要待雙方皆入性高潮時、取得異性對方之明點「無漏**法種**」，而後始能成就佛道故。如是「無漏**法種**」，焉得名爲本來具足者耶？尚須取自他人身中故，眞乃無智者之成佛狂想也。密教以如是狂想而施設之即身成佛法，取代顯教　釋迦世尊所說之正法，加以崇密抑顯而達成完全控制佛教之目的，令眞正之佛教滅亡，乃是**入篡佛教正統**者，印順法師不應爲密宗之入篡正統而作辯護。

如西藏密宗典籍中所言：《《從氣脈所得登地以上，女人雖依不致於犯戒；譬如印藏諸大成就者，依女人能不壞顯神通。若不變現神通顯功能，氣脈雖好亦可用女人，於佛教化損害罪亦大；出家僧眾彼此互出精，現在各寺此種行爲多，雖然犯戒輕重各不同，無量地獄苦痛豈易受？》》（出處詳前所舉）由此密續典籍所載之文，可証彼時西藏密宗各寺院中，已至夜夜皆有喇嘛與女人行淫之狀況，如是寺院可以認定是佛教之寺院乎？而印順竟於此事實視而不見，不承認密宗是「入篡正統」者？而造書爲彼辯護？

如印順書中所云：《《「佛法的世界悉檀，還是勝於世間的神教，因爲這還有傾向於解脫的成份」，這一切都是佛法；「**秘密大乘**」**是晚期佛教的主流，這是佛教史上的事實**，所以我不能同意「入篡正統」的批評。都是流傳中的佛法，所以**不會徹底否定某些佛法**。》》（《華雨集．四》契理契機之人間佛教32頁）

然而密宗絕非晚期佛教之主流，其法義完全不同於佛教流傳中的佛法故，其法義完全是外道法故。而密教之中觀，尤其是由印順所推崇、而一生極力弘揚之應成派中觀，其實正是外道無因論之中觀戲論，徹底否定　佛所說之第八識如來藏勝法，非是如印順所說之「密宗不會徹底否定**某些法**」，是故印順爲密宗而辯護之所說言語，非誠實語也，印順明知密宗應成派中觀徹底否定　佛所說之第八識如來藏法故。

密宗**黃教宗喀巴**，繼承天竺**月稱**上師所弘傳之應成派中觀，徹底否定　佛所說之如來藏勝法第八識，與佛法般若之中道觀完全相背；其餘三大派之自續派中觀，則是常見外道之意識心境界妄想，絕非佛法，故說密宗之本質純是外道，絕非佛教。印順昧於事實，謂密宗是晚期佛教之主流，實有大過；何以故？謂密教內之中觀見及即身成佛法，皆非佛教之正法故，皆是外道法故。

譬如密宗之自續派中觀見，其明光大手印，或明空大手印，皆以無念靈知心作爲如來藏，乃是錯認意識心爲法界實相心，同於常見外道法，絕非佛教之主流思想。應成派中觀見則是無因論之虛相法、而非　佛所說之實相法，將般若、唯識、阿含諸經所說之實相法第八識**徹底否定**故，令二乘無學所證之無餘涅槃成爲斷滅見故，令無餘涅槃成爲不可知、不可證之臆想故。應成派之無因論「中觀」，如是**徹底否定**佛教三乘正法之根本，而印順竟睜眼說瞎話，在書中公開爲密教美言：《都是流傳中的佛法，所以**不會徹底否定某些佛法**》，以此支持密宗破壞佛教正法等邪說邪教，令人不能諒解。

而男女雙身淫合之即身成佛法，則純是外道性力派之思想故，唯能令人永遠墮落於欲界之中故，亦完全違背 佛說之解脫道與大菩提道故；佛教出家人若修之、則必墮入毀破十重戒之地獄罪中故。如是邪淫之雙身法，由於應成派「**中觀見**」之**徹底否定第八識如來藏**，不承認第八識實有，所以便不需修證第八識如來藏，便不以修證如來藏為佛法正修之標的，而令雙身修法獲得生存之空間，並於今時在台灣廣為弘傳開來，此即是印順「**法師**」對密教法義加以護持之**偉大功勞**也，印順一向支持密宗應成派「**中觀**」虛相法之「**空性見**」故，使密宗從此不須再以求證最難證得之如來藏密法作為佛法修證故。由於不以如來藏為大乘佛法修證之唯一標的，密宗的雙身修法便取得了生存之空間。

如是，密宗之法義，既完全異於佛教之眞正理論與修行法門，本質完全是外道──只是披著佛教外衣之外道爾。如是以外道之本質而完全取代天竺本有之佛教，眞正是**入篡佛教正統者**，云何印順可以謂之為**晚期佛教之主流**？云何印順可以否定密宗**入篡正統**之事實？云何印順可以為密宗之應成派中觀邪見爭取生存空間？不應正理！

是故印度之佛教，在波羅王朝時即已全面滅亡，彼時天竺之「密宗佛教」根本已非佛教，只是被外道密宗所篡位之表相佛教而已，彼時之佛教早已被外道密教**入篡正統**而完全轉易成外道法。印順法師明知此眞正事實，卻爲密宗之**入篡佛教正統**而作辯護，主張密宗非是入篡佛教正統者，主張密宗是「晚期佛教之主流」，以此而爲徹底滅亡佛教之密宗辯護，其言云何可以信受？

由密宗法義及其所弘傳之修行法門等事實觀之，密宗確是**入篡佛教正統者**—以外道法之法義及行門，藉用佛經中之種種名相爲包裝，而代替眞正之佛法，並誇大其證德證量；另一方面則處處貶抑顯教，令人信受密宗而不信顯教，如是排擠顯教、消滅顯教，如是取眞正之佛教而代替之，令眞正之佛教消失於無形之中，成爲純粹外道法的宗教，這就是印順佛教思想史中所認定的**晚期佛教**。

密宗有計劃而平和地滅亡天竺佛教，於諸學人不知不覺之際消滅眞正之佛教，至印順所說的**晚期佛教**時，只餘佛教之名相與寺院及出家人之表相，內容卻是外道之性力派淫欲爲道之修法—始自灌頂、末至成佛之道，皆是外道淫欲爲道之性樂貪著法門，顯教已被密宗平和地完全消滅掉了。如是李代桃僵，消滅天竺佛教於大眾不知不覺之中，取代眞正之佛教，使密宗成爲印度晚期佛教之唯一代表者、終至成爲印順所說「天竺最後佛教之正統」，云何不是「**入篡佛教正統**」者？有諸認定「**密教是入篡佛教正統**」之歐美佛教研究學者，彼等所作如是評論，只是表顯事實眞相而已，對密宗絕無絲毫誣枉之處。

印順之所以如是反對「**密宗是入篡佛教正統**」者，只因印順法義之中心思想，來自西藏密宗黃教所繼承之天竺晚期密宗寂天、月稱等人，乃因印順之「佛法」中心思想永遠不能自外於密宗故。何以故？此謂印順之中心思想即是天竺密宗之月稱、寂天、阿底峽、西藏密宗之宗喀巴、土觀、歷代達賴……等人一脈相傳之應成派「**無因論中觀**」之虛相法，妄謂般若即是「**一切法空、性空唯名**」之斷滅見。

若全面否定密宗，則印順之中心思想亦必隨同被否定而宣告破滅，全部瓦解；是故印順雖批評密宗淫欲爲道之不當，然卻仍舊支持密宗，眼見密宗「**入篡正統**」之事實，卻仍不肯承認密宗爲「**入篡正統**」者；復又私心自用而寫入書中，極力爲密教辯護而廣爲流通，以書籍而爲密教滅亡佛教之事實作永久之辯護，實屬不當之舉。

印順法師如是行爲，乃是**以批評密宗之表，而行支持密宗之實**，乃是眞正破壞佛教正法者。如是作爲，對於未來佛教正法弘傳住世，必定產生極爲嚴重之破壞力故，必令後世學人永遠無法修證佛教之眞實正理之如來藏法故，必令未來之佛教學人永遠不能親證眞正之般若慧故，必令密宗邪見於佛教界永遠保有一席之地故，必令密宗仍如往昔千餘年來緊咬佛教命脈之事繼續不斷故。如是，印順於著作之中極力承認密宗是佛教之正法，並以大量著作而廣傳流通之，則已爲密教重新滅亡全球佛教之作爲，**永助一臂之力**，而令密教重新滅亡未來之佛教種下導因，令密教滅亡未來佛教之舉，得以於未來世成就，是故吾人於今必須揭露其事實，對於印順如此支持密宗，所帶來之**再度入篡佛教正統**之未來發展，加以消弭。

印順以佛教界導師之崇高地位，以如是錯誤之思想而支持密宗，而令密宗永續傷害佛教、乃至將來**再度入篡佛教正統之種子**可以繼續存在佛教中，以俟未來之機會而再度成功。印順作如是著作及言語而支持密宗者，云何不是眞正破壞佛教者？而彼徒衆顧慮一世之名聞利養及顏面，竟繼續弘傳其破壞菩薩藏之應成派中觀邪見邪法，大造共業而不自知，誠乃佛教界之最大可悲者。

印順以如是之邪見支持密宗者，所說言語表象之天衣無縫，令一般人難以了知其法義邪謬之眞相。最可悲者，乃是佛門內之出家法師不辨邪正，而繼承印順所弘之應成派「中觀」邪見，以出家身而廣弘之，令佛教法義加速外道化、空洞化，令佛教法義漸漸轉變而成爲斷滅見本質之密宗應成派「中觀見」無因論虛相法。如是以出家身之表相，住如來家、食如來食、說如來法而破如來法—以如來所遺之廣大資源，用來消滅佛說眞正中觀之如來藏實相法，令一般學佛人皆被矇蔽而不知其底蘊，而以彼等之出家相故一味迷信支持之，共成破壞三乘佛法根本之大惡業，難以挽救，豈非今時佛教界最大之悲哀乎！

第七節 對密宗法義之判論

密宗之修行法門，本是貴族、國王、皇帝之間，爲求對於後院諸宮衆多后妃之淫樂及攝受，而令國王皇帝能夠廣御后妃之技術爾，本是貴族之間不爲人知之床笫遊戲爾，同於中國流傳之黃帝洞房御女術，無少差異，唯是密宗以佛教表相及佛法名相、果位名相而附會包裝之，有所不同；是故密宗如是不傳之秘，往昔「唯流傳於皇宮中之種種雙身修法圖像及實修法秘本」，一向不對平民百姓弘傳。如某上師云：《《本來密宗在昔日，只有帝王可修，民間連密宗之名尚且未聞，遑論修持哉！雍正皇帝因敬重喇嘛之故，特將其自居之雍和宮供養喇嘛，作爲喇嘛修

法之地，由此可知密宗之實貴、喇嘛之尊高矣！》》（62-59）

明末與清朝皇帝及當時蒙古統治者，皆與此法有所牽連—支持其法乃至自身實修之；西藏密宗攀緣明朝中末期皇帝與清朝皇帝等政治勢力、使其政教合一制度得以延續數百年（由《雍正御選語錄》四巨册中，現見雍正之選錄禪宗錯悟祖師語錄而讚揚之，選錄真悟祖師之語錄而否定之，已可了知雍正之所悟者，同於西藏密教所認定之意識—以離念靈知心為第八識真如，可以判定雍正乃是錯悟之人。復提供雍和宮與西藏喇嘛修雙身法）。

密宗之法義，始自因灌瓶灌，末至最後之即身成佛雙身合修法，皆是淫欲爲道之法，從來未曾稍離淫欲爲道之理論與行門：《《那洛空行母係「上樂佛母」，上樂王係五大金剛之一；五大金剛乃：上樂王、密聚、空智、時輪及大威德是也。那洛空行母雖爲上樂佛母，但與凡間夫婦不同，無貪慾之心。爾等對佛母等不可以世法看。此中另有深理，彼心不清淨者，其器不大；不明密意之人，對密教此種道理而難懂得，猶如泥盆非盛甘露之具。此無上密宗之秘密大法，本來只可傳與有緣利根之人。**金剛乘諸佛在壇城中皆與明母互抱，即所謂雙身是也**。修法成就者，起先修單身，**後來無不修雙身**。》》（62-58~59）。

從**宗喀巴**所造之《密宗道次第廣論》所說初始灌頂之法中，上師之觀想本尊與明妃交合而生甘露，降下而入上師梵穴，再下降至尿道而出，灌入受灌之弟子頂門，然後再作水灌頂等，已可知密宗之法自始至終不離雙身淫合之法，乃是以雙身法從始至終貫串全部密宗行法；是故密宗之法，本來即是淫欲爲道之法，自始至終圍繞雙身修法而成立其修行理論與行門，欲冀望密宗遠離雙身法之淫欲爲道者，殆無可能。

今時由於部份密宗上師不能謹守密教之三昧耶戒，爲求密法修證之證量爲人所知而求名利，故廣弘之；復因有人於密宗法義信心極強，認作眞能超勝顯教一切宗派之勝法，絕無絲毫懷疑，因此而廣弘之；加以今日印刷術之發達，傳播媒體衆多而又方便迅速，以致不唯今時之台灣一島廣有密宗之教典密續流傳，乃至歐美日韓及中國各地，無不公開翻印、公開研究，故令本來少有外傳之密宗法義完全曝露於佛教徒之眼前。今時偏又遭逢已證般若之智者住世，復曾身任法王之職於往昔之覺囊派中而知時輪金剛之內涵，故能了知其密意而處處加以如實之辨正，令密宗邪淫怪誕之法義廣爲世人所知，是故密宗之「密」今時已不復存在，實已無密之可言也。

西藏密宗遭致今日之窘境者，實因彼等諸師爲求名聞利養，及求廣爲世人支持而冀回復往昔政教合一之夢想，以及急切期望往昔天竺取代顯教之故事重演，故對大眾廣傳，並繼之以書籍而廣流通，已令密法不再神秘，所以遭致此一進退兩難之窘境。

當知密宗之法，本質既非佛法，而欲假冒佛教佛法之名以吸取佛教資源者，實應小心而對少數人弘傳之，不應廣傳也。而今密宗不此之圖，於台灣本島及全世界，皆將雙身法廣爲推崇而大力弘傳之，已經普爲世人所知；既已普爲世人所知，則已不復神秘，失其吸引學人之神秘性質；復爲眞善知識之所廣破，而必無力扭轉此一形勢，故密宗之氣數至此將盡，嗣後必將每下愈況，料其二十年後必將漸漸步入唯能苟延殘喘之地步，終不能再有全面大力弘傳之作爲也，終將不復能有「取顯教以代」之成功時日也。

由是之故，今時後世之佛教學人已可免於密宗邪謬法義之誤導也（唯除假藉密宗佛教之名而貪求淫樂、自願信受密宗之愚癡信徒），由此而觀，密宗諸師於此二十年來之廣弘密法者，於長遠之佛教而言，未必是惡事。然若此時無有菩薩智勇雙全、出而破邪顯正者，則將坐令往昔天竺密宗佛教消滅眞正佛教之故事重演於今時之全球佛教。**今日全球顯教若復重滅於密教之手，則眞正之佛教將再度滅亡，而且是全面滅亡、永遠滅亡，永無翻身再起之日，一切佛子皆須正視此事之嚴重性與急迫性。**

如是虛妄怪誕之密宗，而誇言其法冠於顯教之上，言為修証顯教法門圓滿後所應修學者，實乃虛妄之言也；譬如**宗喀巴**作如是言：《《**別於金剛乘修學之法者，如是於諸顯密共道淨修之後，不應猶豫，當入密乘，此道較餘法特為寶貴，以能速疾圓滿二資糧故。若入彼者，當如道炬論所說，於初令師歡喜**（以英俊美麗之勇父明妃供養喇嘛令悅，或以自己色身供養異性喇嘛令悅），**較前所說尤須增上**（不但須如是供養上師或喇嘛，而且必須作種種較前來所說之供養更為殊勝增上之淫樂供養），**此亦須於彼中所說最下之性相全者，而如是作也。**》》（《菩提道次第略論》20-181）

此乃虛妄之言說也，讀者閱畢此書已，當已了知宗喀巴所說之邪謬所在，勿庸贅言。**宗喀巴**如是，密宗各大派諸師所說亦復如是，悉皆不能自外於密宗雙身法之邪見也。復次，密宗以觀想明點，及寶瓶氣修鍊，而能於射精後，將明妃下體中之自身所射精液及明妃淫液吸回腹中之功夫，作為修學雙身法而證「佛地」功德之資糧者，其實荒謬無知；所以者何？謂彼等縱能修鍊成就此功夫者，亦仍與修證佛法之資糧無關也，唯與密宗自設之雙身法修學資格有關故。

平實今於此書中將**密宗最大之秘密**公開，令天下人從此皆知其謬：「**密宗自設此法，作為能否修學雙身法之資格限制者，其實完全無義；**

此謂密宗法王、喇嘛、上師，縱能於射精後再從明妃（或名空行母、佛母）下體中，將明妃之淫液及自己之精液吸回自己腹中，言能增益自己色身者，實乃不明事相之言，亦是自欺欺人之言，何以故？謂吸回後，實際上仍未能保住吸回身中之自己精液，亦未能保住吸入身中之明妃淫液；此因密宗諸師於吸回腹中時，並非吸回精囊中故，只是吸回膀胱，與尿液混合在一處而已；稍後仍將隨同尿液排出體外，是故此功夫從裨益自己色身而觀之，實無作用可言也，何況能助益佛道之修證？」

一切已修成吸回之功夫者，皆無法反駁余此說法，余所說者是如實語故，彼等吸回身中者皆是吸入膀胱中故，余三百年前在密宗覺囊派中任法王時已曾練成而發覺其虛妄，是故摒棄雙身法；由此緣故，依親證如來藏之見地而破斥雙身法，故為達賴五世所不能忍，藉政治力量消滅覺囊巴，並篡改覺囊巴之他空見。今者**宗喀巴**與**蓮花生**，悉言藉諸女人合修、而可成就寶瓶氣——將已射出之精液連同明妃之淫液吸回腹中，謂能增益自己色身，以此作為修證密法成佛之資糧者，其言完全虛妄不實，此一功夫實與佛法之修集見道修道資糧完全無關故，吸回後仍將隨同尿液一併排出身外故，是故一切佛教學人不應被**宗喀巴**、**蓮花生**⋯⋯等人之世俗邪說所惑，墮入外道法中，成就魔業及破壞正法之大惡業。

而密宗邪法之所以能在佛教中存在者，咎在應成派中觀見之弘傳，及「無人了知其謬」與「不知其對佛教爲害之大」，亦無人敢於發起大願而作誠實言所致。是故末法季時，一切在家出家佛教徒，皆應正視密宗破壞佛教正法之事實，愼作抉斷：爲所當爲，不爲所不當爲者。莫再心存鄉愿，應當奮勇護持佛教正法令不斷絕，以待月光菩薩之來臨。

佛入滅前，觀此土未來佛法因緣，憐憫衆生而墮清淚者，乃因預見末法時之邪法猖狂，普被天魔遣人受生人間，以出家身相誤導衆生廣入密教歧途而不能知，故墮清淚。當知天魔波旬由其宿願欲破佛法，早已明言：「**佛入滅後，當派魔子魔民受生人間，出家受具足戒，著如來衣、住如來家、食如來食、說如來法而破如來法。**」是故所派魔子魔民受生人間時，必令出家受具足戒；說法時雖亦教善，然於根本法上，必如印順法師之歪曲而說，必定於究竟法上作否定之說，令正法支離破碎，以加速佛教正法之消失，則密宗邪淫之法便可取得生存空間，則學人便將永遠爲其掌控，永遠不出其所掌控境界，本質上仍爲魔之子民。

世尊既已如是預記，則知末法時天魔波旬必定不間斷的派遣魔子來人間受生出家、攝取佛教資源而破壞佛教法義。既知 佛曾如是預記，則吾人應當冷靜細心加以辨別：**何人爲魔所遣來破壞佛教者？**則於今時之西藏密宗喇嘛上師，及顯教中嚴重破壞如來藏正法之印順法師等人之本質，可以了知矣！此諸喇嘛等人，心中所思所想者，皆是如何夜夜與年輕美麗之女人合修雙身法而受淫樂，皆是常思如何崇密抑顯而取代顯教，皆是常思如何否定如來藏勝妙法義。古來之西密四大派法王，常受女人淫樂，在其所住持之宮殿寺院中，與諸女人行淫雜交、淫聲喧騰，美其名為「精進修行無上瑜伽、精進修行成佛之道」者，事極平常，無足為奇。號稱最清淨之改革派西密黃教，其教主**宗喀巴**乃至主張應每日八時（每日十六小時）精進合修雙身法，乃至言應整月、整年、整劫、整整十百千劫與女人精進修行雙身法。**顯教經中所說之後世比丘蓄養妻、子者，即是此等西藏密宗喇嘛也**；何以故？謂彼等喇嘛若稍一不慎，即因淫樂之故而射精生子也：明妃追求第四喜時之衝動，極易使喇嘛射精故。如是之事，在西藏密宗已然層出不窮！如是破壞佛教正法等事，寧非魔所遣來破壞佛教正法者？

而天魔所派受生人間諸魔，出家成喇嘛已，悉皆未離胎昧，出生已，不復憶念前世為魔子魔民；然因宿習邪見及其破法宿願之種子現行，加以天魔之廣設邪見誘導故，便主動造諸破法衆行；而彼心中不覺自己正造破法之行，翻認自己所為所說皆是弘揚最勝佛法之正行。由如是行故，令諸欲界學佛法者普被導入邪見中，永遠墮於天魔掌控之中。

至於印順法師則示現清淨梵行，不近女人淫欲，而由另一層次破壞佛教正法：以密宗應成派中觀之無因論邪見來誤導顯教一切大師與學人。並否定西方極樂世界與十方諸佛淨土，不承認其有，令其信衆及慈濟功德會之會員不能發願而往生諸佛淨土；亦於書中否定釋迦佛入滅後所轉入之圓滿莊嚴報身，認爲實際並無盧舍那佛尚在此界之色究竟天宮廣說唯識種智妙法，則令其信衆悉皆不能證得一切種智而生色究竟天；亦於書中倡言唯識增上慧學是虛妄法，是方便說，否定唯識增上慧學根本之第八識如來藏，否定三乘法所說之第七識意根，如是否定唯識一切種智已，則令其徒衆牴觸彌勒尊佛所弘「唯心識觀」正義，故又不能與兜率天之彌勒菩薩相應，不能得彌勒菩薩之攝受而往生至兜率天，未來龍華三會時亦將與彌勒尊佛不能相應，乃至因於宿習之故而篤信印順之理，將來龍華三會時聞說如來藏妙法後，難免將成爲破法謗法者。

印順否定第七識意根，破壞佛所施設之十八界法，成爲十七界法，令人無法於十八界法如實觀行，則將永遠不能如實觀行二乘菩提，則將永遠不能親證二乘菩提；又將二乘菩提之解脫道，作種種臆想之說，引諸學人入於歧途；又於書中將涅槃作種種臆想之虛妄說，令涅槃之證得，成爲空想，使得信受其法之佛弟子，永遠不能出離三界生死。如是作爲，必令佛教學人及信受其法之一切大師等人，悉皆不能上生至兜率天，亦不能生至他方諸佛世界，亦不能實證佛法三乘菩提之一，將來其法廣弘至全球之後，則此地球世界之一切佛教徒，悉將永遠輪迴於人間，悉將在其諸書誘引之下，漸漸轉入邪思謬想之中，然後依印順之邪見起而「修行」及「護持正法」，必將次第成就破壞佛教正法之地獄業，然猶自以爲是在眞修佛法、護持佛法。印順法師如是誤導衆生之作爲，寧非天魔遣來破壞佛教正法者？

或有人曰：「余初不覺天魔有掌控余諸身口意行之事，云何爾平實居士作如是言？非如實語也。」如是迷惑，以譬喻言之，有智之人普皆可解：譬如有人巨富，以十萬公頃草原作爲牧地，週邊山林圍繞；其間林木蓊鬱、牧草豐盛，泉水潺潺清澈甘美，放牧羊隻百頭；此諸羊隻生活其間，安適愉悅，不思遠遊，從生至死未曾睹見牧場外圍邊際，如是安樂生活於牧場之中。富人觀視諸羊於其掌控之中生活，不思出離，是故令其安樂生活於其中、而不稍加干預，此等諸羊以無智慧故，完全不知自己及諸眷屬皆在富人之掌控下生活。

然若有羊心生智慧，欲探究牧場外之廣大世界，而作脫離之行；富人見羊欲出其勢力範圍，於此諸羊尚未脫離其掌控之前，便遣一善牧之老羊僞作引導之行，破斥彼等樂住牧場內之諸羊所行淫樂生子成家之法，令餘羊確信其清淨自守之德行，以爲老羊眞是爲欲幫助諸羊出離牧場者，便生信心於老羊；彼老羊便爲諸羊宣說離此牧場之法，並多方助益之；然於能出牧場之法及已出牧場之境相，悉皆故意以錯誤之法、之境相而言之，身亦佐之，令彼諸羊不覺其謬，永隨其邪謬知見方向而轉，永無出期而自以爲能出、已出。

天魔亦復如是，見諸欲界衆生悉在欲界中安樂生活，不出其掌控境界，便不作任何干預，令衆生不覺自身皆在天魔掌控之勢力範圍中，如是永遠輪迴於欲界法之中。若有衆生求來世更大安樂，而欲出其掌控之欲界範圍者，天魔便派部屬受生人間，教導衆生行於十善，捨壽便生欲界六天之中，受勝妙五欲，仍在其掌控之中，此即一神教之教義所說善法也。

然若有人欲出三界，不願受天魔掌控，亦了知密宗之邪謬，故修學佛法時，不願受學密宗之法道，意欲正修了義般若者；魔便派其部屬受生人間，示現出家受具足戒，示現清高之相，亦示現破斥密宗雙身法之表相，令人以爲其法正眞；卻在佛法之重要處，加以錯說，令人無法親證了義正法：無法證得二乘菩提——不能出離生死，更不能親證佛菩提——不能證得如來藏故不能實證般若與種智，永絕於實相般若之緣。如是著如來衣、住如來家、食如來食、說如來法而破如來法，令末法學人永絕於了義正法修證之緣。

今觀印順法師之行、之言、之著作，在在莫非如是：其長壽相、持戒相、無貪相、慈悲相、有智相、出家僧寶相等，悉皆具足；又於密宗之雙身法**略加**破斥，令佛門學人以爲彼乃反對密宗法義者，因此生信於彼；彼則於顯教二乘菩提及大乘了義正法之弘傳上，代以密宗邪見，扭曲正法根本，令人信受意識心境與意識所思惟法，如是誤導學人。印順六十餘年來如是作爲，必令全球佛教了義正法於三十年後湮滅，唯餘密宗應成派中觀之**虛相法**、**無因論**邪見續存人間，將以**一切法空**邪見之虛相法，稱名爲般若實相法；令**如來藏實相法**永滅於人間，唯餘密宗佛教續存人間而無修證之實質，悉墮意識境界，唯承認六識，不再承認有第七、八識；然後密宗之雙身法便可取得生存空間，雙身法與意識相應故，印順唯承認六識故。然而我諸佛門大衆，普皆不知其嚴重性，而四大法師仍舊支持印順之邪說，眞乃今時及未來佛教學人之大悲哀也。

學人試思：魔來人間破佛法時，豈現頭上長角、口出獠牙之形耶？

豈現惡形惡狀、陰沉狡詐之形耶？豈現破戒貪欲之形耶？如是之形必爲佛門之初機學人共同摒棄，何況老修行者？魔豈無智而現此形？爲欲誘引初機學人，是故受生於人間時，必定故示慈悲之貌、口說佛法名相……等，絕不示現夜叉羅刹等恐怖之形，如是以傳密宗雙身法。

若欲誘引清淨而不貪淫之學佛人，則現清淨不淫之相，出家於顯教中，於雙身法則稍作破斥，然卻繼續宣示：「**西藏密宗確是佛教中之支派，所說確屬佛法**」，令人不完全否定密宗，如是以支持密宗；此即是印順之所行所說者。是故魔若遣人來人間受生而欲壞佛法者，必現長壽相、持戒相、不貪淫相、慈悲相、有智相、出家僧寶相，處處勸人爲善，自身持戒不貪，一切欲界善法皆必具足示現，而後方爲學人所信，印順「法師」之所示現者完全如是。然而彼於「**弘揚佛法**」之時，必定於三乘菩提之根本法上，一一歪曲而說；必定於究竟法之般若實相上，作否定之說，狡辯爲是究竟之說，以加速佛教究竟了義之大乘正法消失於人間，則學人便將永遠爲天魔波旬所掌控，永遠不出其所掌控之欲界境界，本質上仍爲其子民。然而印順自身由隔陰之迷故，不自知其所造之行乃是魔所支遣，永遠不可能承認自身是魔所遣來破法者。

菩薩見此事已，乃出世摧破邪說，不假情面。而諸學人昧於表相，以魔所示現之出家相及具足世間善相，故崇信之；復又不知魔子假藉世尊僧衣之威德而示現僧寶莊嚴相，故不知檢查彼等破壞正法之嚴重事實，反而稱歎彼破法之出家凡夫僧爲眞正僧寶，翻謂示現在家相之勝義菩薩僧破邪顯正、救護衆生等行是誹謗僧寶，而不肯於法義上加以深入探究之；如是無智，如是愚癡，令人慨嘆！無怪乎末法之際、少有菩薩願來娑婆人間住持正法。

彼印順「法師」者，以有諸多研究佛教之學術界人士之崇拜故，作諸文章、出諸書籍而奉承之，高推其爲有証量者，遂有學人從學其法。諸多佛學院亦因不知其謬，紛紛選定其應成派中觀之邪見著作，以之爲教材，將其邪見傳授與各佛學院之學僧與學生。彼諸佛學院之學僧，及彼學生將來出家已，印順諸書所授邪見便將成爲未來佛教之主流，屆時佛教及一切學人，皆將墮入密宗應成派中觀之**虛相法**邪見中，佛教便於本質上宣告滅亡，唯餘表相佛教存在—成爲密宗應成派中觀法義本質之表相佛教。唯餘表相佛教存在人間時，密宗雙身法便又可以取得生存之空間，便又可以繼續其取代佛教之陰謀與陽謀。於佛教而言：此事若不可悲者，復有何事爲可悲者？

密宗諸外道法之所以能立足於佛教中，皆因應成派中觀之否定第八識如來藏，及否定第七識意根，令彼密宗意識境界之外道法具有其立場，佛教中諸多學人便難以辨正之。而今仍有諸多「佛教學術研究」之學術界人士，繼續大力推崇印順之邪法爲如實法，並將之編入「國史」中。譬如台灣國史館主辦之「二十世紀台灣歷史人物學術討論會」中，侯坤宏先生極力推崇印順法師之邪見，而作不當之讚歎，印製成篇：《《他（印順）對傳統中國佛學的全面判批，並不是宗派之間不同立場的義理爭辯，而是針對佛法在中國傳播中，所造成失眞現象，而作的全面反省。》》（《印順法師對中國佛教的研究與批判》2001.10.23。1-1C-2。62頁）

然而印順對於中國傳統佛教之批判，反令中國傳統佛教更加失眞，其著作中所說之「反省」，反將造成中國傳統佛教法義修證上更大之偏差，將令中國傳統佛教本來完整之法義系統變成支離破碎。中國傳統佛教近百年來雖無眞實證悟者之廣傳如來藏法，然而並非眞實無人親證了義之佛菩提，只是因緣所限而不能善加廣傳而已（猶如廣欽和尚之不識字，恐人在其引導下悟入而生疑不信，對其質疑；自身卻不能引經據典印證其悟之真實，故不敢隨意廣傳）；或如余前世現居士身，在江浙生活，由於證悟後心中沒有領導欲而不欲出頭廣作宣傳、謀取大師之位而已，故了義正法並非已完全失傳也。若佛教主流之中國大乘傳統佛教法義，由於印順之邪說而支離破碎者，則全球佛教之法義必將更加支離破碎；太虛大師有鑒於此，早已對印順之錯誤判教提出反對，謂其判教及對佛法之釋義，已令大乘佛教法義支離破碎，太虛大師此言具載於印順所造著作之中，現仍可稽。

衡於印順《妙雲集、華雨集、如來藏研究、性空學探究……》等著作中所說之「**佛法**」，完全是以**密宗應成派中觀**之邪見爲藍本、爲其中心思想，而破斥 世尊於三乘諸經中所說之第七八識；於法義上之考證，亦以密宗應成派中觀邪見爲其基礎而立論，而破斥世尊在三乘諸經所說三乘菩提根本之第七八識。如是破斥 佛於三乘法教所說「可知可證之第七八識」已，則令 佛所說之無餘涅槃成爲斷滅論，亦令 佛說本來**可證**而非斷滅之涅槃，成爲不可知、不可證、不可說之臆想法—成爲戲論虛相之法，完全脫離實相；成爲印順著作中所說一切法空「**性空唯名**」之**虛相法、斷滅法**，而無實相可證。

然而 佛所說之涅槃，實非斷滅法，亦復確實可證，今時正覺同修會中仍亦廣有多人能證，非獨平實一人。印順所說之法，則誤導學人之方向，令 佛所說之涅槃實際，成爲信受印順思想之人永遠不能知、永遠不能證之臆想法。如是錯誤知見之廣弘，若被全體佛教徒所信受者，非唯必令印順之隨學者永不能實證涅槃，亦將導致未來世中一切學人永遠不能證得有餘涅槃及無餘涅槃、永遠不能證得本來自性清淨涅槃，如是則令佛法本質同於斷見外道法，成爲應成派中觀之一切法空**虛相法**，令唯識正義變成西密應成派中觀所弘之虛妄唯識法門，令眞正了義究竟之大乘般若空法成爲戲論—**性空唯名**—有名無實之戲論，則符印順之說。

印順法師一向否定第八識如來藏，亦復否定第七識意根，一向主張「一切法空，般若即是性空、是故唯名」；如是等言，令眞佛法墮於戲論之中，令三乘佛法皆墮一切法空之**無因論**中，令佛說「依如來藏爲因、方有蘊處界之緣起性空法」，轉變爲「無因唯緣」之外道緣起性空戲論，亦令二乘無學捨壽所證非斷滅之無餘涅槃，成爲世人心中臆想之斷滅空，令般若慧學成爲印順所判之「性空唯名」**虛相法**，違遠**實相**。印順法師所造如是破壞佛教正法之行爲嚴重至極，此過必墮無間地獄七十大劫，行者不可等閑視之。如佛所言：

《《**琉璃大王、善星比丘：琉璃爲誅瞿曇族性、善星妄說一切法空，生身陷入阿鼻地獄**《楞嚴經》卷八。》》是故必須依佛所說：「依如來藏爲本，而說蘊處界…等一切法空」，必須以如來藏爲因，而說蘊處界…等一切法空；不得外於蘊處界等一切法之根本因如來藏，而說一切法空；否則即成**妄說一切法空**，成爲破壞佛教正法者，其罪極重。一切學人於此務必謹言愼行，善加明辨，以免弘法時之所言所行成爲破法毀戒之地獄行。行者之證道或入地獄，僅在正邪一念之間，萬勿輕忽、一言蠱禍！以免捨報時現行而救之不及。

如是，印順及達賴、宗喀巴所崇奉**虛相法**之密宗應成派中觀見，墮於無因論之緣起性空邪見中，迥異　佛所弘傳「**如來藏爲因**之緣起性空」，如是嚴重過失，凡我佛教學人，悉應知悉；佛教一切宗派之大德、住持、法師、居士，悉皆不應視而不見，悉應攘臂而起，加以辨正，摧滅其邪見，令佛教法義之弘傳、回歸三乘諸經之眞正意旨，則今時後世一切佛教學人幸甚！娑婆有情幸甚！苟能如是，亦可減輕印順、達賴二人及其廣大徒衆之後世尤重純苦果報─雖然印順本人及其徒衆不信有地獄及極樂等世界爲後世受報之處，然極樂世界及地獄果報，絕不因印順師徒及達賴等人之不信便無。

復次，印順之支持與廣弘密宗應成派中觀邪見─弘揚虛相派中觀而否定實相中觀之如來藏法，唯承認六識，不承認　佛於四阿含諸經中所說之第七識意根、第八識如來藏，必將助成密宗淫欲爲道之法義流行，令密宗如是邪見邪法有其生存之空間；何以故？謂：既無七、八識，則唯有六識；六識之中則以意識爲主，意識覺知之心性則與密宗淫欲爲道之男女淫觸法門極爲相應，故令密宗之男女雙身修法有其繼續存在之空間。弘傳應成派**虛相法之中觀見**者，如是爲西藏密宗邪法預留生存之空間，而印順師徒等人，卻爲密宗應成派中觀見之**虛相法**極力辯護，並終生戮力弘揚之，絕不認錯，故令密宗可以繼續存在、繼續吸取顯教資源而壯大其外道邪見法門；印順師徒等人如是作爲，眞乃**爲虎作倀**者，眞乃**助紂爲虐**者。**如是嚴重傷害佛教根本之舉，而佛教界自視爲有智有慧之四大法師與諸居士，竟然繼續爲印順之邪思邪說辯護、而廣支持、而廣弘傳，真乃末法佛教學人之悲哀也！**

密宗之應成派中觀見若不消滅，淫欲爲道之邪法終將繼續存在於「密宗佛教」之中；由其續存於密宗之內，以及印順、聖嚴、星雲等人一向認定密教亦是佛教故，則西密邪淫之雙身法最後終將復傳於顯教之內，未來之世終將重又漸漸導致出家二眾信受與實修雙身法，則密宗終將繼續成爲未來佛教之大患。

吾人雖極力摧破密宗應成派中觀，將其邪謬之說盡皆顯示之，然而應成派中觀之邪見，若藉書籍而繼續存在世間者，終將有人會繼續信受，不可能永遠消滅之，娑婆世界必定永遠皆有愚痴無智衆生會接續信受其法故；是故密宗仍將繼續以佛教之表相而求生存，是故密宗仍將繼續以佛教之果位名相而誇大其證量，而籠罩未來世之佛教學人，而繼續吸取佛教資源、藉此資源之運作力量而從本質上消滅佛教，終將成爲佛教之最後代表者，終將再度成爲佛教之終結者；往昔天竺佛教被密宗李代桃僵之故事，仍將重演於今時之中國台灣大陸乃至全世界，則佛教便將宣告完全滅亡，無法維持至月光菩薩之降生人間也。

何故余作是言？此謂印順師徒之鼎力支持密宗應成派中觀見，而否定佛所說之第八識如來藏，必令正法難以弘揚故。印順又否定**密宗入篡佛教正統**之事實，今猶承認密宗是佛教之眞正宗派，支持密宗；如是行爲，已先爲密宗邪淫法門在佛教界取得合法性，與意識相應故，不須修證第七八識故，以印順所臆想之一切法空思惟作爲般若空之實證故。印順先爲西密取得生存空間已，然後則有星雲法師承認邪淫之西密爲佛教之眞正宗派，復有（台灣之）中國佛教會會長淨心、淨良長老：等人邀請西藏密宗黃教之達賴喇嘛，來台宣揚邪淫邪見之密宗外道法，聖嚴法師復又攀緣達賴喇嘛而爲自己廣作宣傳，益發奠定邪淫之西藏密宗在全球佛教界之合法地位。

由此緣故，已令台灣不具正知見之出家法師普遍承認密宗爲正統佛教；是故今時已有部份台灣佛教出家人開始修學西藏密法，是故今時台灣為修西藏密法而購買「普賢王如來」雙身淫合全裸銅像之佛教法師已明顯增多，可見已有許多出家人開始信受密宗雙身法而修學之，期望藉密宗之淫欲修法而一世修成「究竟佛」，藉此可以出家身而行在家人之法，乃至藉密法而與衆多女人保有淫樂生活。由是之故，未來若繼續有兼傳密法之佛教寺院住持法師，發生性醜聞而被報導於新聞媒體者，余對此事絕無意外之感，藏傳密法本以淫樂之第四喜境界之追求作為中心思想故，藏密之菩薩果位修證及成佛法門修證，自瓶灌起即以雙身法之淫樂第四喜為其修證標的故，藏密修法本以淫樂境界而貫串始終故。

今日全球佛教修持藏密法門之法師，特須在意預防：常有俗人冒稱佛教徒，貌似虔誠之人，往諸傳授藏密法門之道場求法，悉皆如法供養上師及受灌頂，令彼傳授密法之法師不覺其居心。俟法師信之不疑，然後求受密灌；密灌後則常以色身供養傳授密法之法師，令法師久之不再提防，然後加以偷錄行淫之影像，然後由其配偶出面要脅之，需索鉅金；若該傳授密法之法師吝惜鉅金而不從其意，彼則加以公佈羞辱，令佛教形象再受重大傷害。

凡此現象，若不從破斥及摧滅印順所弘藏密應成派中觀見著手，不從摧滅密宗雙身法之邪謬法義而著手者，將來佛教中，必將繼續重演如是戲碼，必將繼續不斷傷害佛教，直到永遠永遠……，不斷上演。凡我佛教在家出家之一切大師與學人，皆應特別注意提防之。而根本對治之法、則在摒除密宗之邪知邪見及邪修法門於佛教之外，否則極難將此必定長期傷害佛教之現象加以根除也。

猶如往昔天竺及罽賓國「佛教」寺院中、及西藏「佛教」寺院中，喇嘛夜夜共諸女人行淫（詳見第九章所舉實例、及印順《華雨集·四》淫欲爲道之文），而說爲修證即身成佛之法、說爲精進修行、說爲精進修證佛教禪定；如是依**宗喀巴**之開示：「**每日八時精進而修、整月而修、整年而修、整劫而修**」，致令往昔西藏密宗寺院夜夜淫聲喧騰，乃至有諸喇嘛令女人生其子女，而大衆習以爲常。乃至密宗黃教第四灌頂之出家喇嘛與弟子，共諸女人同床行淫雜交（詳見宗喀巴著《密宗道次第廣論》中所說：九位明妃與上師在壇中行淫後，再將九位明妃交與弟子共淫，而由喇嘛當場指導其修證第四喜之開示。紅白花…等教思亦可知矣），汙穢佛教寺院及佛教純淨之形像，而竟習以爲常；若有人提出質疑者，彼等則振振有辭，言爲遵照宗喀巴開示而精進修行成佛之道；終至使得佛教完全轉變成**喇嘛教**，將使佛教成爲**喇嘛教本質**之宗教，佛教於焉正式滅亡，唯餘佛教之名，及佛教寺院與顯密宗出家人之表相爾。

余作是言，絕非危言聳聽者，有密宗上師之文爲證：《《越一年，三十一歲，閉關色卯，某夜無眠，直至初明；相見上樂金剛壇城，作大樂之會聚（作大眾同享淫樂之會聚）：東方金剛空行母藍色，如人間女，年及卉，與金剛嚇嚕噶年相若（年齡相似），如平常姿勢交；南方那媽空行母，十六歲，與雜寶嚇嚕噶年相若，作比目魚姿勢交；西方空行母東吉媽，二十歲，與不打嚇嚕噶年相若，如畜生姿勢交；北方空行母，二十五歲，與寶生嚇嚕噶年相若，互倒足擱肩交。其餘眷屬交態不一而足：或如人、或如神；主尊佛父唯智慧本尊形：白色勝樂輪，四面十二臂、兩足跨立、自亥母右足盤佛左腿上，吻口、説淫語。母握杵，父摟乳及蓮，於大樂支分盡力而行（於求進入第四喜之樂所應作之事、盡力而行）；如是主伴貪欲方式，余一餐頃觀察遍，樂智覺受明顯增長。又該地有女子二：一曰彭錯綱木，一曰澤往柘木，初十、彼二人皆骨飾莊嚴來（皆於身上掛滿所應有之死人骨頭莊飾而來）；與上供畢，抱彭錯綱木行（抱彭錯綱木行淫），彼年三十，然貌若處子（但是顏貌猶如處女），爲智慧增長之相；加持供時，彼身顯威光，心入智境甚久（此女心入住淫樂第四喜之「智慧」甚久），余爲除其執著，伊乃如醉如醒。殘食未施前，唱歌舞蹈，談笑偎傍；其後乃眞實契入，伊脈入杵道（女之海螺脈進入男之屎道中），氣相合，樂不可忍，延時約三小時，二大觴酒傾（二大壺酒喝盡）。伊出各種不同歡樂聲，形容屢有變態，此為空樂遊戲所幻現。又夜中與彼二女及使女添鈴祝木參枕而眠（而且晚上與彼二女及婢女、枕頭交參而同睡），交換與二女行（與二女換來換去而行淫）；間食供品（有時吃供品），狂傾大白（將酒狂飲而乾），又與交六、七次（又與彼二女交合六、七次），澤往柘木貪相極治豔，智慧已契無疑（第四喜之「智慧」必已證得）。與狂吻，猛抽擲，女方騰挪，每人輪御十二次（與每人輪流交合共十二次），杵剛乾如不倒翁，乃與使女添鈴祝木交（乃又與婢女交合）；交已（與婢女交合之後），澤往柘木請再行（澤往柘木請求再與之交合），又與交（所以又與之交合），時間約三四杯茶頃（此次交合時間大約在三至四泡茶之久）；澤復請求放明點（澤往柘木請求射精與她），因少溢焉（因此而稍微射出一些）；餘仍提升（射出後，女方未能上提之多餘精液，我仍上提收回），大樂不滅，狂飲三十觴不醉，盡力掀杵不倒。繼續努力，直至拂曉，或主或僕，蓮杵未嘗須臾離。……》》（34-619~620）

由此不具名之密教大修行者大喇嘛，為贓誣覺囊派法王多羅那他而寫成之文中所說：於寺院中、與諸女人雜交而合修雙身法實況以觀，可證余於此處所說：「西藏寺院喇嘛依宗喀巴開示『每日八時（16 小時）而修等（等字謂整月、整年、整劫而修）』雙身法，乃至整月中每日十六小時而修，夜晚常有女人同宿、淫聲喧騰」，如是之言絕非虛語構陷，必定上行下效故，大眾悉皆好樂此法故，悉遵**宗喀巴**所造《密宗道次第廣論》之語「八（個）時（辰）精進而修、整月整年整劫而修」故。

西密喇嘛豈唯背離解脫道及佛菩提？簡直邪淫荒謬至極，不如顯教居士「於自妻室而得滿足」。如是與眾女人淫合，皆是邪淫破重戒者，焉可謂為佛教？我 佛聖教乃至絲毫皆不應與邪淫之西藏喇嘛教有所關連，而印順法師竟於書中極力主張密教是佛教之一支，竟否認「密教滅亡天竺佛教」之事實，竟否認「密宗入篡佛教正統」之歷史事實，竟以著作支持邪淫之密教，而為邪淫之密教辯護—只因密教亦隨同佛教而說表相之佛法名言，**只因印順之全部思想出自密宗應成派中觀之虛相法**。

然而密教雖亦宣說「佛法」等名相，只是作為竊取佛教資源、入篡佛教正統之掩護而已，其目的並非弘揚我 佛聖教，終極目的仍在弘傳其雙身法之「樂空雙運」淫樂邪法而已，其根本思想自始至終皆是外道雙身法之「第四喜樂空不二」故，純以佛法名相掩護而弘雙身法之喜樂境界而已，其果位修證純是意識境界，純是外道法。而彼等所說「佛法」實非佛法，乃是「自續派中觀」之常見見、及「應成派中觀」之「無因論緣起性空」，迴異佛說「依第八識而有之緣起性空」法，故密教應成派中觀之緣起性空法絕非眞正之佛法。

如是密教即是楞嚴 佛說「根本成淫之魔道」，印順焉得因密教亦說佛法名相、便承認其爲佛教之一支而支持之？印順支持密教、承認密教爲佛教支派者，其目的只是在爲自己從密教中所學得之應成派中觀邪見而辯護爾，所以者何？謂密教若被否定，則印順中心思想之應成派中觀亦將隨之而滅，六十餘年來所弘之一切法義，即無絲毫立足之地，印順所學得之應成派中觀邪見來自邪淫之西藏密教、而遠溯邪淫之天竺佛教末期之坦特羅佛教故，**印順之全部思想即是密宗之應成派中觀邪見故**。

往昔罽賓國中，有一極負名氣之法師弘傳雙身法密旨，是故亦與王后合修雙身法；後爲國王所知，乃驅擯而殺之，佛教正法之弘傳亦因此而受牽累，並導致三千比丘之被國王殺害，對佛教之傷害極爲嚴重；此一歷史事實，印順非爲不知，並曾載於其著作中（詳見印順著作《佛教史地考論》頁 308~311，及《華雨集（四）》頁 217~221）。

以此爲鑒，我諸佛教出家在家學人，皆應正視此事，迅速摒棄西藏**密宗邪法邪見**於佛教之外，以免佛門之中爆發**性醜聞**之事一再出現、一再傷害佛教。亦須將密宗與佛教劃清界限——一切佛教寺院皆應同聲指斥密教，令大眾悉知：「**密宗與佛教無關**」。苟能如是雷厲風行，令全球社會大衆週知，則以後若再有密宗佛教道場爆發**性醜聞**者，社會大衆及新聞媒體即可了知：彼醜聞實與佛教無關，乃是附佛教之密宗外道所爲者。苟能如是，未來佛教將可不再受密教雙身法引生**性醜聞**之傷害，未來佛教正法方有弘傳之空間，方能眞正長久利益今時後世一切學人。

由此之故，若繼續包容密宗之邪見，令其繼續依附佛教，而不加以公開之破斥、令大衆廣知者，則密宗終將重演往昔滅亡天竺佛教、鳩賓佛教之戲碼——**再度入篡佛教正統**，則久後將令台灣及大陸佛教寺院於未來漸漸轉變成密宗之邪淫行門；則往昔天竺及西藏寺院中，出家人廣修雙身法，與衆女人日夜雜交而淫聲喧騰、乃至生子之現象，恐亦難免重演於未來三十年之台灣及大陸佛教寺院中。苟眞如是，則**密教入篡佛教正統之歷史**，仍將重演。

我諸佛教出家法師，若不出而破邪顯正、摧毀密宗邪說者，誠恐密宗之法終將日漸廣弘，則未來一切世人若遇見佛教出家法師時，必將雙身法與出家法師作諸聯想——揣測彼**法師於夜晚寺院中如何修證雙身法**？如是將令佛教一切出家法師蒙羞，將來於世人之前尚難以抬頭見人，何況弘揚正法？何況能作佛弟子之皈依師、軌範師、親教師？衡於今時西藏密教之廣弘於台灣與大陸、而出家法師信修西藏密宗者日多之情況，此類可以預見之傷害，必將日益嚴重；是故一切顯教出家法師皆應努力排除密宗邪說於佛教之外，皆應普令弟子衆等知悉密宗絕非佛教，一切顯教法師皆應以此事爲己任，否則我佛教一切出家法師，將來終將爲西藏密宗邪法所牽累，終將難以抬頭見諸世人，亦將令天竺佛教被密宗所滅之故事重演於未來之全世界。

而破斥密宗之首要大事，則是先滅除應成派中觀之邪見，純屬**虛相法**之應成派中觀邪見，能令密宗之邪法在佛教中取得生存空間故；欲滅**應成**派**中**觀之虛相法邪見，則應先破印順師徒及達賴師徒所弘傳之應成派「**中觀**」**虛相法**，彼等皆是密宗應成派「**中觀**」邪見之忠實弘傳者故；應成派「中觀」邪見之否定第七八識，已使「**以意識心爲主**」之男女雙身法等邪修邪見法門、獲得生存之空間故。

謹摘錄《佛說法滅盡經》，警覺大衆，共籌未來大計，而免聖教未至最後五十二年便先滅亡：《聞如是：一時佛在拘夷那竭國。如來三月當般涅槃。與諸比丘及諸菩薩，無央數衆來詣佛所、稽首於地。世尊寂靜、默無所說，光明不現。賢者阿難作禮白佛言：「世尊前後說法，威光獨顯；今大衆會，光更不現，何故如此？其必有故，願聞其意。」佛默不應。如是至三，佛告阿難：「吾涅槃後，法欲滅時，五逆濁世、魔道興盛，**魔作沙門**，**壞亂吾道**；著俗衣裳、樂好袈裟**五色之服**，飲酒、噉肉、殺生、貪味。……奴爲比丘，婢爲比丘尼，無有道德，淫逸濁亂，男女不別；令道薄淡，皆由斯輩。……」賢者阿難作禮白佛：「當何名斯經？云何奉持？」佛言：「阿難！此經名爲法滅盡。宣告一切，宜令分別。功德無量不可稱計。」四部弟子聞經，悲慘惆悵，皆發無上聖眞道意，悉爲佛作禮而去。》

五色之服、五色之旗、五色之佛、五色之菩薩，以及飲酒、殺生噉肉、貪著肉味，乃至淫逸濁亂男女不別，而令佛道薄淡者，正是今日西藏密宗**喇嘛教**之寫照，完全無異；佛於《楞嚴經》中所指斥者，即是今時西藏密宗所傳法道也。如是末法時期**正法即將滅盡**之現象，已開始出現於今時中國之台灣大陸地區，乃至歐美諸國人民今已普遍認爲：「**佛教只有密宗**，**密宗就是佛教**」（詳見中華佛教居士會《中華寶筏》第 15 期第 24 頁文），然而西洋人所知之密宗，就是西藏密宗，而非日本密宗之唐密、東密，由此可知西藏密宗爲害佛教之鉅也。

令密宗如是破壞佛教者，其**始作俑者**即是古天竺**月稱法師**所廣弘之應成派中觀邪見，此邪見否定第八識如來藏，主張一切大乘學人不必修證無餘涅槃之本際——第八識**實相心**阿賴耶識；由是緣故，令密教意識境界之雙身法得以合理化，是故**月稱法師**亦修學雙身法，是故雙身法得以正式生存於天竺「晚期佛教」中；然後繼之以崇密抑顯而漸漸坐大，終至取顯教而代之，成功的**入篡佛教正統**；於衆人不知不覺間、滅亡天竺眞正之佛教，成爲以外道法而代表佛教之天竺密宗，即是印順所言之天竺晚期佛教，然而天竺密宗及西藏密宗之本質絕非佛教。

我教四衆弟子若有警覺，不願令此萬年後始應出現之滅法事件提前出現於今時者，不願令此「密教入篡正統而滅佛教之歷史」再度重演於今時乃至未來之全球佛教者，即不應效法台灣四大道場主持大師等人之如鴕鳥埋首沙中、逃避現實不肯破斥密宗，乃至如聖嚴、星雲之夤緣密宗法教；實應正視之，群起共爲 世尊正法久住而採取一致行動，摒棄印順所弘之密宗應成派中觀邪見，摒棄密宗之邪謬思想及邪淫行門。

《佛臨涅槃記法住經》云：《《從是已後，諸比丘等惡轉深，國王、大臣、長者、居士益不恭敬；三寶餘勢猶未全滅，故於彼時復有比丘、比丘尼等少欲知足，護持禁戒，修行靜慮，愛樂多聞、受持如來三藏教法，廣爲四衆分別演說，利益安樂無量有情。復有國王、大臣、長者、居士等愛惜正法，於三寶所、供養恭敬、尊重讚歎，護持建立，無所顧戀；當知皆是不可思議諸菩薩等，以本願力生於此時，護持如來無

上正法，與諸有情作大饒益。》》

為有如是出家在家菩薩尚在人間，平實至誠呼籲佛教一切出家在家菩薩：**面對事實，嚴謹看待西藏密宗法義與行門，細加探討，然後「為所應為」，亦當「不為所不應為」，如是以護佛教正法，真正之佛教正法方有未來繼續弘傳之空間，後世未離胎昧之諸多再來菩薩及諸學人方可免受誤導，今時及未來諸出家法師方可免受世人投以怪異眼光。**苟能如是，則密宗行者幸甚！普能回歸佛教正法故；則出家法師幸甚！能受世人供敬供養及隨從修學正法故；則今時未來之一切學人幸甚！從此可免再受密教邪師之誤導故；則娑婆眾生幸甚！可免今時未來一切學人誤入歧途而不自知故；則佛教幸甚！佛法慧命可以因之而久傳故，可以因之而清淨故，可以因之而受世人信受支持故。

（《狂密與真密》全書四輯，至此圓滿。於公元 2002/1/5 完稿，2002/2/9 凌晨 3.30 潤飾完竣）

西藏密宗諸師，最擅攀緣附會，並依密宗邪見之自意妄想加以擅解，藉以達成令人誤會「密宗爲佛教支派」之目的，故其密續所說者，悉屬虛妄邪謬之說也。譬如近代西密之攀緣顯教經典爲密教經典：「關於上述的主題，下文還將細說。能認清這主題，的確是漢土學者高明之處，因爲褒歎大乘中道思想，實在是《維摩》的中心思想，這一點可謂無可置疑。不過，古代漢土學者卻從未有人把《維摩》看成是密乘的經典，因爲從沒有人知道維摩詰是密乘的祖師。**現在西藏佛學家流亡歐美者漸多，便有以歐美文字爲媒介的論著出版，所以維摩詰爲密乘祖師之說已顯，這樣一來，說《維摩》爲密乘經典便有依據**。西藏密宗寧瑪派所傳爲印度的密乘，是故寧瑪派的說法，可以代表印度密乘的說法。依照這派的說法，《維摩》不但是密乘經典，而且還是密乘『大圓滿』重要經典。」（談錫永著《維摩詰經導讀》頁28）

然而藏密寧瑪派之自續派中觀見，完全是以意識心之變相（離念靈知心及淫樂第四喜中之受樂覺知心）作爲眞心如來藏，與《維摩詰經》所說者迥異，焉得攀緣附會此經爲藏密經典？維摩詰大士以第八識「非心心、無心相心」為眞心如來藏，藏密紅教則以覺知心（第六意識）作為如來藏、作為眞實心，焉得援引此經為密乘之經典？復次，**近代**漢土學者雖認為此經是密乘經典，然此所說唯是彼研究學者自說之語，非必即是佛教界之看法，亦未必為佛教界所認同。如今密宗將此近代漢土研究學者一己之說，作為依據而引證為實，寧無太過隨便之譏？三者，西藏流亡歐美之喇嘛教等喇嘛與上師，可以說之為佛學家耶？彼等悉屬邪淫之雙身法信奉者，亦悉墮於紅白花教所墮之自續派中觀之意識境界中（同以淫觸之覺知心及離念覺知心作為如來藏故），何曾知解佛法？焉得說之為佛學家？四者，此諸流亡海外之藏密喇嘛教等人認定《維摩詰經》是密乘之經典，便得以此作為引證之證據耶？便可因此而認定《維摩詰經》是密乘之經典耶？有如是荒謬之眞理乎！如是，由現代學者及藏密喇嘛之攀緣顯教經典，便可認定顯教部份經典為密乘之經典，如是作為，實與古時密教中人之貪緣顯教等作為，如出一轍。

然而此等密宗古今諸師之作為，皆屬為求達成同一目的而作之行為：不欲改變密宗之根本法義、回歸顯教，只欲將顯教經典援為自宗之經典，以此欲令佛教界誤以為密教亦是佛教。此是密宗援引顯教經典為密乘經典之主要目的所在。援引之後，復以密宗邪淫之見解及自續派中觀之常見外道見爲主旨，用以註解顯教之經典，使大衆誤認爲顯教經典符合密宗之常見外道見，符合密宗之雙身修法。此乃密宗中人古今一貫之伎倆，後世亦將繼續使用之，實可預料者。如是密宗中人之移花接木伎倆，我諸佛門學人皆應了知；於彼等加之於顯教經典之錯誤註解，亦應審愼加以抉擇，以免藏密「移花接木、李代桃僵」之伎倆繼續得逞，以免佛教再度滅於密宗之手。

數十年來，西藏密宗法王與諸上師，悉皆咐囑諸弟子：「若有外人詢問密宗是否有雙身修法？應一律答覆：『古時密宗有雙身法，但現在已經廢棄不用。現在上師都嚴禁弟子們修學雙身法，所以現在的密宗已經沒有人弘傳及修學雙身法了。』」

然而實際上，西藏密宗仍有甚多上師繼續弘傳雙身法，並非未傳，亦非禁傳，而是繼續在物色適合修雙身法之弟子，爲彼等諸人暗中作秘密灌頂，令其成爲勇父與空行母，然後合修雙身法。今時西藏密宗如是繼續暗中弘傳雙身法，以延續其密法之命脈；睽於電視新聞之報導陳履安公子陳宇廷，求藏女爲其**空行母**等言，亦可知矣。是故密宗弟子與上師等人，雖然對外口徑一致，悉皆倡言：「西藏密宗現在已捨棄雙身法，今已無人弘傳或修學雙身法。」其實是欺瞞社會之言，以此令社會大衆對西藏密宗不致加以太多之注意，以便繼續暗中弘傳雙身法。

觀乎西藏密宗黃教徒衆，悉皆倡言：「黃教絕對不傳雙身法，宗喀巴亦嚴禁弟子修學雙身法。」而黃教之達賴喇嘛實際上仍在暗中倡導性高潮中之明光心，以之作爲究竟佛法之修証法門，由此已知過半矣！猶如**宗喀巴**公開倡言改革，對外表示：**已明令喇嘛禁止使用實體明妃修雙身法**；卻於其著作《密宗道次第廣論》中主張：第三灌頂時，弟子須準備九位年輕貌美之明妃，由黃教之金剛上師在密壇中與九位明妃一一行淫，蒐集金剛上師與各明妃行淫後之淫液，混合後再加以酒，作爲第三密灌之甘露。

非唯如此，宗喀巴於其所造《密宗道次第廣論》中更主張：「唯有俱生喜（第四喜之淫樂大貪）是眞實樂，若離淫樂之貪，即是違犯西藏密宗三昧耶戒，必墮金剛地獄」。亦以雙身法之樂空不二、樂空雙運作爲西藏密宗究竟成佛之標準修法，如是表裡不一，外示清淨之表，內藏極垢之實，以欺瞞社會、欺瞞佛教顯宗學人。非唯黃教上師弟子，如是言行裡外不一，欺瞞世人；其餘各派亦復如是，同以巧言佞色欺瞞世人、誘人入彀，手段無異，是故西藏密宗禁止上師與弟子合修雙身法之言不實，不可信也。

苟如彼等所言：今已不傳不修雙身法者，則亦有過。所以者何？謂西藏密宗各大派之即身成佛理論，悉皆同以雙身法之樂空不二及樂空雙運爲其正修故；若摒棄其雙身法，則密宗之即身成佛法隨之破滅不存，無復有密可言，無復如其所言之爲無上也。

今由拙著《狂密與眞密》前後四輯書中所舉証據，証實西藏密宗始終皆以雙身淫合之法作爲即身成佛之正修行，無可抵賴飾言。西藏密宗既以雙身法之樂空雙運作爲即身成佛之標準修法，當知絕無可能廢棄之；若廢棄之，則西藏密宗即無勝妙可言故。是故西藏密宗所言「今已不傳不修雙身法」者，乃是欺瞞世人之言，非誠實言，其實仍在暗中繼續弘傳，繼續與諸異性弟子合修雙身法也。

東密（亦稱唐密，於唐時傳往東方日本故名），雖早已不傳雙身法，亦禁止修學或弘傳雙身法；然其根本經典之《大日經⋯⋯》等經中，其實仍以雙身法之樂空不二理論爲即身成佛之根本理論，殊無二致。然東密已作改革，摒棄雙身法而不弘不傳者，爲時已久；由是緣故，邪淫之西藏密宗輕鄙東密，謂東密捨棄雙身法已，不可能即身成佛──不能即此肉身成就長受淫樂果報之報身佛；如是貶抑不邪淫之東密。

然而不論西密或東密，不論有無傳修雙身法，密宗所言、所修、所証之觀想成佛等即身成佛法，悉皆不及第一義諦—不能觸及萬法根源之自心如來藏；是故彼等密宗上師縱有著作等身，所言高妙，令人以爲証量高深者，其實皆未曾見道；於諸見道者觀之，其實書中所言無比勝妙諸說，悉是空言，並無實義，悉未証得如來藏故，未証如來藏者即無可能發起般若之總相智與別相智故，則不可能証得般若之一切種智故，是故東密眞言宗之即身成佛法等証量，亦皆與佛教之眞實証量無關，於此應予一併說明。

復次，觀察彼等諸多密宗上師所說所著文獻，悉皆同墮意識心境，以意識作爲佛地眞如，如是修証則墮常見外道見中，尚且未能証得聲聞初果之分証解脫，何況能了聲聞初果乃至四果所不能知之大乘佛菩提道？完全不知聲聞解脫道與大乘佛菩提道之凡夫，而言能知能証佛果，而言能即身成佛、轉復教他者，無有是處！

復次，西藏密宗以雙身法之即身成佛法門自矜於顯教，以此緣故處處崇密抑顯；然今拙著《狂密與眞密》中，已作種種辨正，顯示西藏密宗之邪淫與荒謬，証實西密不如外道婆羅門之多數捨棄雙身法而清淨自修。如是西藏密宗喇嘛，既食肉飲酒、食屎尿淫液等不淨物，又與女人貪欲纏綿而求淫樂之最大樂受，以諸外道法而取代佛教正法，成爲破戒及破壞佛教正法者，乃是地獄種性衆生，猶不如世俗凡夫；乃竟公然倡言勝妙於顯教出家在家四衆，乃竟公然以顯教諸師之上師自居，而顯教淨心、淨良、聖嚴、星雲等法師竟未之知，率諸居士共探西藏密宗邪淫之法義，或倡言八宗共弘而弘西藏密宗之法，乃竟公然夤緣西密邪淫破戒宗徒，推崇爲至高之佛法修証者，引狼入室貽患自身，愚癡至此！

由西密宗徒擅於圓謊，擅於欺瞞世人，故代代有人爲其所誘，墮於密宗之雙身法中，如是自始至終不能自拔，而亦不敢公開內情令世人知悉者，其數非寡；今時仍然如是，未曾外於古時。由是緣故特造此跋，說其實情。願我佛門大師及諸學人，皆得知其言行不一之事實，有所提防，以免被誘、入於外道邪淫破戒之法中，成就破法及違犯重戒之大惡業，導致後世之無量純苦重報。謹以造作《狂密與眞密》一書護持佛教正法及救護衆生之功德，迴向今時後世一切佛門大師學人：遠離邪見，早証菩提！

佛法慧命廣弘無斷！佛日增輝，普照佛弟子衆！

平實居士　敬跋

2002/3/10 於喧囂居

註：此篇跋文，於 2002/8/5 因應美國共修處曾學盧勝彥密法之學員建議，增補開頭三段文字。合予註明。

參　考　書　目

本書舉證文詞之出處示意：例一：（230-3）爲第 230 冊之第三頁。

例二：（62-55-9）爲第 62 冊之 55 頁第九行。

例三：（1-24-B）爲第一冊之 24 頁 B 面。

編號說明：依取得之先後順序加以編號。

1、蓮花生大師應化史略（諾那活佛譯述，新文豐出版公司 1983.1.再版）

2、土觀宗派源流（土觀羅桑卻季尼瑪著，劉立千譯，佛教慈慧服務中心 1993.7.出版）

3、入菩薩行（寂天著，陳玉蛟譯註，藏海出版社 1992.1.初版）

4、密勒日巴全集（共三冊，張澄基譯，慧炬出版社 1980.6.初版）

5、岡波巴大師全集（張澄基譯，法爾出版社 1985.9.初版）

6、阿底峽與菩提道燈釋（陳玉蛟著，東初出版社 1991.4.再版）

7、阿底峽尊者傳（法尊法師譯，佛教出版社 1986.1.出版）

8、入中論善顯密意疏（宗喀巴著，法尊法師譯，世界佛學院漢藏教理院 1942.3.30.出版）

9、入中論釋（宗喀巴著，法尊法師譯，方廣文化出版公司 1998.6.初版再刷）

10、佛家經論導讀叢書—密續部總建立廣釋

（克主杰造論，談錫永譯及導讀，佛陀教育基金會印行）

11、勝集密教王五次第教授善顯炬論

（宗喀巴著，法尊法師譯，方廣文化出版公司 1995.5.初版）

12、覺囊派教法史（阿旺諾追札巴著，許得存譯，西藏人民出版社 1993.1.西藏初版）

13、藉古鑑今話心經（王武烈著，台灣正見學會，1997.8.08.初版）

14、西藏的佛教（山口瑞鳳等人著，許詳主譯，法爾出版社 1991.2.1.初版）

15、西藏佛教史（矢崎正見著，陳季菁譯，文殊出版社 1986.10.初版）

16、密乘閉關寶典（昆秋仁欽及仁津卻紮著，赤列倫珠譯，大手印出版社 2000.？月出版）

17、直指大印（赤列倫珠講授，黃英傑譯，大手印出版社 2000.？月出版）

18、菩提道次第略論上冊（昂旺朗吉堪布口授，郭和卿譯，方廣文化出版公司 1994.1.初版精裝）

19、菩提道次第略論下冊（昂旺朗吉堪布口授，郭和卿譯，方廣文化出版公司 1994.1.初版精裝）

20、菩提道次第略論（宗喀巴著，大勇法師譯，佛教出版社，出版年月不詳）

21、密宗道次第廣論（宗喀巴著，法尊法師譯，妙吉祥出版社 1986.6.20.精裝版）

22、辨了不了義善說藏論（宗喀巴著，法尊法師譯，大千出版社 1998.3.精裝版）

23、顯密修行次第科頌、慧行習練刻意成念記

（宗喀巴著，能海上師集著，方廣文化出版公司 1985.1.初版）

24、菩提道次第論科頌講記（宗喀巴著，能海上師集著，方廣文化出版公司 1984.11.初版）

25、宗喀巴應化因緣集（修慧法師編述，佛教出版社 1985.5.初版）

26、至尊宗喀巴大師傳（周加巷著，郭和卿譯，華藏教理院 1992.9.精裝初版）

27、至尊宗喀巴大師傳上冊（周加巷著，郭和卿譯，青海人民出版社 1993 年精裝初版）
28、至尊宗喀巴大師傳下冊（周加巷著，郭和卿譯，青海人民出版社 1993 年精裝初版）
29、菩提正道菩薩戒論（宗喀巴著，湯薌銘譯，
金輪山西天佛學研究院華藏文化中心 1989.11.精裝贈閱版）
30、菩提道次第六加行課誦法本（宗喀巴佛學會印行，出版日期不詳）
31、兜率上師瑜伽（宗喀巴佛學會印行，出版日期不詳）
32、曲肱齋全集（一）（陳健民著，徐芹庭編，普賢王如來佛教會 1991.7.10.出版精裝本）
33、曲肱齋全集（二）（陳健民著，徐芹庭編，普賢王如來佛教會 1991.7.10.出版精裝本）
34、曲肱齋全集（三）（陳健民著，徐芹庭編，普賢王如來佛教會 1991.7.10.出版精裝本）
35、曲肱齋全集（四）（陳健民著，徐芹庭編，普賢王如來佛教會 1991.7.10.出版精裝本）
36、曲肱齋全集（五）（陳健民著，徐芹庭編，普賢王如來佛教會 1991.7.10.出版精裝本）
37、佛教禪定上冊（陳健民述，康地保羅筆錄，無憂子譯，普賢王如來印經會 1991.6.出版）
38、佛教禪定下冊（陳健民述，康地保羅筆錄，無憂子譯，普賢王如來印經會 1991.6.出版）
39、密咒道次第寶鬘釋（蓮花生著，歐陽鷙教授講授，劉銳之譯，
南亞協進會西藏研究委員會藏書影印本）
40、大幻化網導引法（蓮花生著，敦珠仁波切講授，劉銳之譯，
南亞協進會西藏研究委員會藏書影印本）
41、諸家大手印比較研究（劉銳之著，1958 年出版，
南亞協進會西藏研究委員會藏書影印本）
42、俱生契合深導了義海心要（阿逸多法自在造，陳濟博譯，
1981 中秋出版，南亞協進會西藏研究委員會藏書影印本）
43、大乘要道密集上冊（元、發思巴上師輯著，自由出版社壬辰年影刊）
44、大乘要道密集下冊（元、發思巴上師輯著，自由出版社壬辰年影刊）
45、大圓滿無上智廣大心要（智悲光著，根桑澤程講授，1982.出版）
46、甚深內義（讓蔣多傑著，陳健民譯，林鈺堂等人 1998.2.1.印行）
47、仰兌一趣入光明道（龍清巴結集，貢噶上師講授，1972 中秋出版，
南亞協進會西藏研究委員會藏書影印本）
48、大圓滿虛幻休息妙車疏（龍清巴著，無垢光譯，根桑澤程講授，
劉立千譯，1983.10.10.出版，南亞協進會西藏研究委員會藏書影印本）
49、詞義寶藏論（龍欽巴造，吉美袞桑滇真譯，喜林苑了義文化出版社 1998.2.初版）
50、密乘法海（多覺傑拔格西著，新文豐公司 1987.6.台一版）
51、那洛空行母生起次第導引—金剛空行母眾心明點
（尼梅巴德欽黑噜嘎著，法護譯，南天書局 1997.7.初版）
52、現觀莊嚴論《略釋》（法尊法師譯，老古文化公司 1990.3.再版）

53、現觀莊嚴論《初探》（陳玉蛟著，東初出版社 1992.2.初版二刷）
54、現觀莊嚴論《略釋及科判表》（法尊法師譯，密乘出版社 1987.1.初版）
55、般若波羅蜜多教授現證莊嚴論名句頌解（能海上師釋，方廣文化公司 1994.9.初版）
56、菩提宗道菩薩戒集頌（能海上師集著，方廣文化公司 1995.1.初版）
57、定道資糧論頌等（能海上師集著，方廣文化公司 1995.1.初版）
58、最勝耳傳修心七義論等（宗喀巴造，昂旺朗吉口授，郭和卿譯，福智之聲出版社 1994.7.初版）
59、大圓滿心性休息導引（龍欽巴造，談錫永譯釋，香港密乘學會 1996.9.初版）
60、大圓滿三自解脫論（龍欽巴造，法護譯，大藏文化出版社 1995.3.初版）
61、道果—金剛句偈註（畢瓦巴著，薩迦班智達講釋，法護譯，大藏文化出版社 1992.5.初版）
62、那洛六法（道然巴羅布倉桑布講述，盧以炤筆錄，晨曦文化公司 1994.8.初版）
63、寶性論新譯（彌勒菩薩造，無著菩薩釋，談錫永譯，香港密乘佛學會 1996.12.初版）
64、九乘次第論集（敦珠法王著，許錫恩譯，香港密乘佛學會 1997.9.初版）
65、吉祥集密大續王（寶法稱.仁欽曲札譯，佛教慈慧服務中心 1997.7.出版）
66、一切法大圓滿—菩提心普作王（詩列星哈喀拉.毗盧渣那藏譯，陳文仁漢譯，圓明出版社 1997.6.初版）
67、大圓滿—佛陀的終極理念（卓格多傑著，圓明出版社 1996.8.初版）
68、大手印—最高成就修行法（泰錫杜著，唵阿吽出版社 1998.7.初版）
69、相對世界・究竟的心（泰錫杜著，台北噶舉佛學會 1996.6.初版）
70、密宗大解脫法（蓮花生原著，嘉初釋義，楊弦、丁乃筠譯，圓神出版社 1997.11.初版）
71、月燈—三摩地王經釋（創古著，帕滇卓瑪譯，眾生出版社 1997.10.31.初版）
72、大樂光明—金剛乘之大手印（格桑嘉措著，崔忠鎮譯，文殊出版社 1988.8.再版）
73、喜金剛本續（D.L.斯奈格羅夫英譯，崔忠鎮中譯，時輪譯經院 1989.3.初版）
74、時輪本續註（嘎旺・達吉講述，崔忠鎮譯，時輪譯經院 1989.10.初版）
75、大樂光明《增訂版》（格桑嘉措著，崔忠鎮譯，時輪譯經院 1992.4.增訂版）
76、時輪金剛生起次第灌頂儀軌（崔忠鎮譯，時輪譯經院 1992.4.初版）
77、香巴噶舉法寶集（達賴二世著，崔忠鎮譯，時輪譯經院 1989.4.初版）
78、勝樂略續（印度貝瑪嘎惹與惹瑪傳授，仁欽桑波藏譯，仁欽曲札漢譯，香港佛教慈慧服務中心 1997.7.精裝版）
79、三主要道（帕繃喀傳授，仁欽曲札譯，經續法林 1997.8.初版）
80、遠離四種執著修心法集解（傑森、達巴、嘉辰等著，孫一譯，陳聖群 1989.4.印行）
81、釋量論略釋（法尊法師編，佛教出版社 1984.2.初版）
82、量理寶藏論（薩班慶喜幢編著，明性法師中譯，東初出版社 1994.7.初版）

83、入中論頌講義（釋寶幢著，三揚印刷公司，未載出版年月）
84、入中論（古印度月稱法師造，法尊法師譯，新文豐出版公司 1984.1.初版）
85、法尊法師論文集（法尊法師著，大千出版社 1997.5.精裝版）
86、聖僧鐵記（貢拉堪布編譯，普濟法音事業公司 1999.9.初版）
87、上師五十法頌略釋（印度跋維諦瓦原著，丹吉仁波切譯，佛教出版社 1983.7.初版）
88、大圓滿禪定休息清淨車解（無垢光原著，龍清善將巴釋，自由出版社 1992.5.出版）
89、密宗道次第論（克主杰著，法尊法師譯，佛教出版社，印行年度未載）
90、無上密乘修持三要冊（宗喀巴、敦珠、龍清巴等著，金剛乘學會 1987.12.初版）
91、四部宗義略論講釋（日慧法師集述，法爾出版社 1991.5.1.初版精裝本）
92、空行教授（蓮花生口授岩傳，艾歷卑瑪恭桑英譯，
羅啓安及黃英傑漢譯，密乘出版社 1994.7.初版）
93、臨終教授解脫幻境（寶法稱譯，佛教慈慧服務中心 1997.7.初版）
94、利器之輪（法護著，永楷、滿華法師譯，佛光出版社 1994.9.初版）
95、菩提道次第甘露藏（耶西尊珠造，釋法音譯，佛陀教育基金會 1995.5.初版）
96、修道與生活（巴巴哈哩達士著，靜濤譯，中國瑜伽出版社 1985.1.再版）
97、西藏密宗史略（王輔仁著，佛教出版社 1985.3.初版）
98、藏傳佛教世界（十四世達賴著，陳琴富譯，立緒文化公司 1997.8.初版）
99、薩迦傳承史（秋吉崔欽著，黃英傑譯，大手印文化公司 1994.10.初版）
100、西藏十六代噶瑪巴的歷史（噶瑪聽列著，孫一譯，大乘精舍印經會 1986.2.出版）
101、吐番僧諍記（法國戴密微著，耿昇譯，商鼎文化出版社 1994.3.15.初版）
102、西藏生死書（索甲著，鄭振煌譯，張老師文化公司，1998.4.初版第 210 刷）
103、帝洛巴（貢噶著，正法眼出版社 1998.4.1.初版）
104、馬爾巴傳（查同傑布著，張天鎖等人譯，眾生出版社 1998.4.15.初版）
105、八十四成就者傳記（巴渥偉色著，徐寶鈴、呂旻容合譯，
薩迦諾爾旺遍德林佛學會 1996.3.初版）
106、薩迦法王訪問記（薩迦天津著，黃英傑譯，大手印文化公司 1994.10.初版）
107、訪雪域大士·藏密的指路明燈（吳玉天著，諦聽文化公司 1996.4.出版）
108、甚深內義（第三世大寶法王造，卡塔講述，寶鬘印經會 1997.11.30.出版）
109、大手印（卡塔著，台北噶瑪噶舉法輪中心印行，未載年月）
110、證悟的女性（卡塔講述，寶鬘印經會 1995.11.1.出版）
111、岡波巴四法（卡塔講述，寶鬘印經會 1997.1.初版）
112、西藏佛教略記（恒演法師著，佛教出版社 1994.8.初版）
113、密乘解脫之道、卡盧仁波切行傳（麥克劉德著，徐進夫譯，台北佛教利生中心）
114、蓮花金剛藏上師開示錄（吳潤江講，諾那精舍金剛印經會第三輯五版 1980.印行）

115、蓮花金剛藏上師開示錄（吳潤江講，諾那精舍金剛印經會第四輯初版 1981.印行）
116、蓮花金剛藏上師開示錄（吳潤江講，諾那精舍金剛印經會第五輯再版 1982.印行）
117、金剛上師諾那活佛法語（依 1941 年上海諾那精舍再版重印第五輯三版 1975.印行）
118、沐恩錄（林鈺堂著，1985.出版）
119、藏密修法密典《卷一》（呂鐵鋼編，北京華夏出版社 1995.1.初版）
120、藏密修法密典《卷二》（呂鐵鋼編，北京華夏出版社 1995.1.初版）
121、藏密修法密典《卷三》（呂鐵鋼編，北京華夏出版社 1995.1.初版）
122、藏密修法密典《卷四》（呂鐵鋼編，北京華夏出版社 1995.1.初版）
123、藏密修法密典《卷五》（呂鐵鋼編，北京華夏出版社 1995.1.初版）
124、西藏佛教論集（西藏叢書編委會，文殊出版社 1987.2.初版）
125、西藏佛教經研究（西藏叢書編委會，文殊出版社 1987.4.初版）
126、上品華嚴之金剛經（李善單著，佛乘世界文教基金會 1996.3.初版）
127、密宗十四根本墮戒釋論（曹巴嘉辰著，薩迦諾爾旺遍德林佛學會 1997.2.出版）
128、閒話密宗（談錫永著，全佛出版社 1997.8.出版）
129、宇宙靈源（邱立堅著，宇宙靈源基金會 1995.初版）
130、薄伽梵母正智正道心經之研究（王武烈著，正見學會 1996.10.30.出版）
131、聖妙吉祥真實名經（梵漢藏文合璧，貝葉本，密乘出版社 1985.5.初版）
132、道之三主要（貝葉本，大藏寺印本，出版日期未載）
133、金剛瑜伽女卡雀母珍寶鬘修習儀軌（薩迦諾爾旺遍德林，貝葉式壓克力皮活頁本，出版日期未載）
134、怎樣認識真假密法（丹吉佛爺等著，佛教出版社 1982.10.10.第三版）
135、金剛密鑒（貢那格西等著，聯合影藝雜誌社出版，未載日期）
136、虔誠的獲得（喜饒根登著，雲慈正覺會 1997.9.第 20 版）
137、藏密真宗（郭元興等著，出版者及發行者皆未載，日期亦未載）
138、般若波羅蜜多心經講義（義雲高著，雲慈正覺會 1997.8.第四版）
139、西藏度亡經（蓮花生著，徐進夫譯，天華出版公司 1985.1.1.再版）
140、密宗綱要（王弘願著，天華出版公司 1992.4.初版四刷）
141、殊勝的成佛之道：龍欽心髓導引（蔣揚欽哲旺波著，頂果講述，黃英傑譯，全佛文化出版社 1992.10.25.初版）
142、大圓滿之門（秋吉林巴取出岩藏，敦珠等講述，黃英傑譯，全佛文化出版社 1992.10.25.初版）
143、如是我聞：來自西藏的法音（貝諾、崔津合著，黃英傑譯，全佛文化出版社 1992.10.25.初版）
144、佛所行處：道果心印加持海（黃英傑編著，全佛文化出版社 1992.10.25.初版）
145、大手印教言：摧動空行心弦（噶瑪巴十六世著，黃英傑譯，

全佛文化出版社 1992.10.25.初版）
146、民國密宗年鑑（黃英傑編著，全佛文化出版社 1992.10.25.初版）
147、貢噶老人雪山修行記（林維洋編輯，正法眼出版社 1994.5.19.出版）
148、西藏佛法入門（林維洋編輯，正法眼出版社 1997.5.19.出版）
149、自性光明（龍昭宇編輯，正法眼出版社 1995.7.19.出版）
150、正法眼（一）（噶瑪三乘法輪中心編輯及出版 1995.12.1.第三版）
151、正法眼（四）（噶瑪三乘法輪中心編輯及出版 1990.09.20.初版）
152、正法眼（五）一見修行果（噶瑪三乘法輪中心編譯，正法眼出版社 1992.9.12.初版）
153、見即解脫（歷代止貢法王著，黃英傑譯，大手印文化公司 1995.12.初版）
154、密乘之門（黃英傑譯著，大手印文化公司 1996.9.初版）
155、生死自在（黃英傑譯著，大手印文化公司 1996.9.初版）
156、慈氏妙音（泰錫杜開示，黃英傑譯，大手印文化公司 1996.11.初版）
157、照見清淨心（波卡著，吳嘉真譯，張老師文化公司 1998.9.初版）
158、生起次第釋論集（楊堅葛威洛覺、袞謙濵貝尼瑪合著，法護譯，南天書局 1998.7.初版）
159、宗義寶鬘（貢卻亟美汪波著，陳玉蛟譯，法爾出版社 1997.5.1.二版一刷）
160、菩提道燈抉微（釋如石著，法鼓文化公司 1997.6.初版）
161、敦珠新寶藏前行讚頌（敦珠造，邵頌雄譯，香港密乘佛學會 1998.9.初版）
162、密宗氣功（馬爾巴譯，余萬治、萬果共同譯註，百通圖書公司 1998.9.初版）
163、心月溶華：菩提心修學次第（洛桑嘉措著，釋法音譯，1997.1.出版）
164、大中觀論集（上下冊）（談錫永著，香港密乘佛學會 1998.11.初版）
165、寧瑪次第禪（摧魔洲著，許錫恩譯，香港密乘佛學會 1998.12.初版）
166、大金剛威德起分之行三身寶藏（古洗里袞卻多吉述，
新文豐出版公司 1995.5.初版二刷）
167、怖畏十三尊壇儀（外四種）（無謬智者口傳，新文豐公司 1987.6.初版）
168、追尋無瑕甘露（昆丘嘉真著，謝思仁譯，眾生文化公司 1998.1.15.初版）
169、我的師父是大喇嘛仁波切（韋其爰著，圓明出版社 1996.7.初版）
170、少年耶喜喇嘛（維琪・麥肯基著，葉文可譯，躍昇文化公司 1995.9.初版三刷）
171、密宗道次第論、宗秘論（克主杰著，法尊法師譯，新文豐公司 1997.9.二版三刷）
172、心經密意闡釋（劉銳之講，談延祚記金，密乘出版社 1985.6.再版）
173、密宗六成就法（徐芹庭編著，聖環圖書公司 1998.2.初版）
174、吉祥喜金剛成就法（徐芹庭編著，聖環圖書公司 1998.10.初版）
175、蓮花生大士寶藏（徐芹庭編著，聖環圖書公司 1998.10.初版）
176、大圓滿成就法（徐芹庭編著，聖環圖書公司 1998.11.初版）
177、大圓滿龍欽心髓（徐芹庭編著，聖環圖書公司 1998.12.初版）

178、無上密宗常修儀軌（徐芹庭編著，聖環圖書公司 1998.11.初版）
179、佛教的見地與修道（宗薩欽哲著，楊憶祖、馬君美、陳冠中譯，眾生出版社 1999.1.5.初版）
180、證悟的女性（卡塔著，何文心編譯，眾生出版社 1998.5.15.初版三刷）
181、修心七要（謝思仁編譯，眾生出版社 1998.5.15.初版三刷）
182、揭開心智的奧秘（傑瑞米海華等編著，靳文穎譯，眾生出版社 1996.6.30.初版）
183、無死之歌（念楚編譯，眾生出版社 1994.6.15.初版）
184、覺醒的心（泰錫杜等 16 人講述，李宜臻編譯，眾生出版社 1995.11.1.初版三刷）
185、覺囊派通論（蒲文成、拉毛札西著，青海人民出版社 1992.8.出版）
186、密宗斷惑論（索達吉著，寧瑪巴喇榮三乘法林佛學會 1999.1.初版）
187、般若實相論（阿王諾布著，世界法音出版社，1999.1.初版）
188、成道必修定觀法（阿王諾布著，大樹林出版社 1997.1.初版）
189、大威德金剛—證分教授彙編（寶法稱譯，香港九龍佛教慈慧服務中心 2000.3.出版）
190、導入正道三續分莊嚴論（哦千貢卻倫珠著，圓明出版社 1999.4.初版）
191、西藏佛教之寶（許明銀著，佛光文化事業公司 1998.8.初版）
192、辨法法性論（世親菩薩論述，談錫永編，香港密乘佛學會 1999.10.初版）
193、菩提伽耶訪道（十四世達賴著，大手印文化事業公司 1997.1.初版）
194、吉祥普巴金剛：成就心要總釋（南佐著，香港佛教慈慧服務中心 2000.3.出版）
195、金剛瑜伽母（洛桑塔欽著，香港佛教慈慧服務中心 2000.3.出版）
196、密宗道次第心要講錄（貢噶・卻生格己講授，慧炬出版社 2000.1.初版）
197、新譯密宗道次第廣論及密續心要
（宗喀巴著，寶法稱、妙音翻譯組同譯，香港九龍佛教慈慧服務中心 2000.3.出版）
198、佛法精髓（仰諤益西著，世界法音出版社 2000.4.初版）
199、正達磨祖師論（仰諤益西著，世界法音出版社 2000.5.初版）
200、六中有自解脫導引（談錫永著，香港密乘佛學會 1999.12.初版）
201、供養上師法—樂空雙運（十四世達賴喇嘛口授，士丹京巴仁波切譯英，仁欽曲札譯漢，香港佛教慈慧服務中心 1995.7.再版）
202、印度佛教史（多羅那他著，張建木譯，四川民族出版社 1985.出版）
203、百業經（圖登諾布著，寧瑪巴喇榮三乘法林佛學會 1999.12.出版）
204、丹增嘉措活佛文集（圖登諾布著，寧瑪巴喇榮三乘法林佛學會 2000.5.出版）
205、空，大自在的微笑（竹清嘉措著，張老師文化公司 2000.3.初版四刷）
206、藏密大師（查同杰布等合著，西藏人民出版社 1997.4.出版）
207、深道那洛六法導引次第論・具三信念
（宗喀巴造，丹增善慧法日譯，香港九龍佛教慈慧服務中心 2000.12.出版）

208、愛心中爆發的智慧（多識·洛桑圖丹瓊排著，甘肅人民出版社 1998.9.初版）
209、達賴喇嘛：我是個平凡僧人（莊耀輝著，圓明出版社 1997.3.初版）
210、禪定道炬—如何修習三昧（卓格多傑著，圓明出版社 1997.5.初版）
211、火舞空行—移喜措嘉傳奇（卓格多傑著，圓明出版社 1997.6.初版）
212、龍欽心髓妙道前行（卓格多傑著，圓明出版社 1997.7.初版）
213、他們來自銅色吉祥山（卓格多傑著，圓明出版社 1997.2.初版）
214、雪域虹光—光明金剛密庫（卓格多傑著，圓明出版社 1996.8.初版）
215、九會毗盧—華嚴圓教啓示錄（卓格多傑著，圓明出版社 1996.7.初版）
216、如何修證密法（卓格多傑著，圓明出版社 1996.8.初版）
217、來自普陀洛伽的信念（卓格多傑著，圓明出版社 1996.7.初版）
218、佛教的真髓—密教（梵天著，圓明出版社 1997.8.修訂版）
219、尋訪香格里拉（伯納得·傑森著，黃朝譯，圓明出版社 1996.9.初版）
220、賢劫—達賴喇嘛談末法人生（尙克勞德·卡列拉著，洪惠嬌譯，圓明出版社 1997.3.初版）
221、雪域中的珍寶—藏傳佛教（姜安著，圓明出版社 1996.1.初版）
222、生死無懼（索甲仁波切著，黃朝譯，圓明出版社 1997.4.初版）
223、小活佛的故事（高登·麥基爾著，圓明出版社 1994.5.初版）
224、西藏佛教譯文小集（朗力唐巴等人著，陳文仁譯，圓明出版社 1997.4.初版）
225、大圓滿禪定休息（一）（無垢光著，龍清巴釋，釋慧門講解，慧炬出版社 2000.8.初版）
226、空性見新角度的闡釋《上下集》（陳淳隆（妙湛）、丁光文 合著，網址：http://city080.mydreamer.com.tw/）
227、拙火之樂（吐登耶些傳授，丹增善慧法日譯，香港佛教慈慧服務中心 2000.12.出版）
228、那洛空行生圓次第論集（格西雅旺達吉等人著，丹增善慧法日譯，香港佛教慈慧服務中心 2000.12.出版）
229、真言密教十卷章（遍照金剛著，光明王寺 1992.7.出版）
230、拈花微笑—藏傳佛教哲學境界（班班多杰著，青海人民出版社 1998.9.初版二刷）
231、臨終不斷經（悟光上師著，內門鄉光明王寺 1993.9.再版）
232、瑜伽養生術與秘密道（悟光法師著，派色文化出版社 1997.2.初版）
233、上帝之選舉（悟光上師著，派色文化出版社 1991.5.初版）
234、真言密教聞中記（悟光上師著，派色文化出版社 1995.12.初版）
235、真言密教即身成佛義顯得鈔（賴瑜著，悟光潤飾，派色文化出版社 1995.12.初版）
236、增修密教思想與生活（（木＋母）尾祥雲著，悟光上師譯，派色文化出版社 1998.12.初版）
237、心經思想蠡測（真言宗悟光上師著，派色文化出版社 1991.12.初版）

238、生活禪（真言宗悟光上師著，派色文化出版社 1991.8.初版）

239、新編正法眼藏（真言宗悟光上師著，太谷文化事業公司 1996.12.出版）

240、禪的講話（真言宗悟光上師著，五智山光明王寺嘉義道場印行，出版日期未載）

241、佛王新境界（盧勝彥著，大日出版公司，1996.12.初版）

242、西藏黑寶冠教主—嘉華噶瑪巴（寶塔山噶瑪噶居寺編印 1999.10.10 出版）

243、清淨道論上（覺音 著，葉均 譯，華宇出版社 1980 年後，未載出版日期）

244、清淨道論中（覺音 著，葉均 譯，華宇出版社 1980 年後，未載出版日期）

245、清淨道論下（覺音 著，葉均 譯，華宇出版社 1980 年後，未載出版日期）

246、中有大聞解脫（蓮花生岩藏，事業洲岩傳，許明銀譯，香港密乘佛學會 2000.10.出版）

247、大圓滿心髓（14 世達賴著，丹增善慧法日翻譯，香港盤逸有限公司 2002.2.出版）

248、大密深道（甘丹墀仁波切堅贊生遮著，丹增善慧法日翻譯，香港盤逸有限公司 2002.2.出版）

249、自性大圓滿道之支分。三律儀決定論釋義（敦珠仁波切著，丹增善慧法日翻譯，香港盤逸有限公司 2002.2.出版）

250、大手印要義（扎勒那措朗著，丹增善慧法日翻譯，香港盤逸有限公司 2002.2.出版）

251、驛明傳承第一輯（清淨照明著，牟尼文化公司 1993.4.再版）

252、維摩詰經導讀（談錫永著，全佛出版社 1999.7.初版）

253、幻化網秘密藏續（無垢友藏譯，沈衛榮漢譯，談錫永主編，香港密乘佛學會 2001.12.初版）

254、幻化網秘密藏續釋－光明藏（不敗著，沈衛榮漢譯，談錫永釋，香港密乘佛學會 2001.12 初版）

255、慧源全集－第七集（悉利公赤珠著，格魯巴出版社 2001.5.修訂版三刷）

256、禪師道皈（典壁尼嘛著，牟尼文化有限公司 1992.10.初版）

257、佛教真言宗道場莊嚴要覽別行抄、諸尊通用私略口訣（悟光上師編著，光明寺教理部 1979.7.初版）

258、秘密真言法要彙聚（悟光上師編著，光明寺教理部 1984.7.再版）

259、密教探源（悟光上師編著，光明寺教理部 1981.8.初版）

260、續真言宗全書第十三－秘密曼荼羅十住心論科註（日本和歌山、續真言宗全書刊行會編纂，昭和 54.3.15.發行）

261、續真言宗全書第十四－秘密曼荼羅十住心論科註（日本和歌山、續真言宗全書刊行會編纂，昭和 54.11.15.發行）

262、大圓滿禪定休息（二）（釋慧門 著，慧炬出版社 2001.6.初版）

註： 宗喀巴所著之《密宗道次第廣論》一書，據報台灣「新文豐出版社」已有精裝本出版，但不知頁次編排是否與「妙吉祥」之排版相同，讀者若有興趣，可逕向新文豐出版社購閱（台北市雙園街 96 號 02-23060757、23088624）。 **成佛之道**網站，亦已將彼書全文登載之，讀者可隨時上網瀏覽及下載。

佛菩提二主要道次第概要表——二道並修，以外無別佛法

佛菩提道——大菩提道

十信位修集信心——一劫乃至一萬劫

資糧位

初住位修集布施功德（以財施爲主）。
二住位修集持戒功德。
三住位修集忍辱功德。
四住位修集精進功德。
五住位修集禪定功德。
六住位修集般若功德（熏習般若中觀及斷我見，加行位也）。

外門廣修六度萬行

見道位

七住位明心般若正觀現前，親證本來自性清淨涅槃。
八住位起於一切法現觀般若中道。漸除性障。
十住位眼見佛性，世界如幻觀成就。

一至十行位，於廣行六度萬行中，依般若中道慧，現觀陰處界猶如陽焰，至第十行滿心位，陽焰觀成就。

一至十迴向位熏習一切種智；修除性障，唯留最後一分思惑不斷。第十迴向滿心位成就菩薩道如夢觀。

內門廣修六度萬行

遠波羅蜜多

初地：第十迴向位滿心時，成就道種智一分（八識心王一一親證後，領受五法、三自性、七種第一義、七種性自性、二種無我法）復由勇發十無盡願，成通達位菩薩。復又永伏性障而不具斷，能證慧解脫而不取證，由大願故留惑潤生。此地主修法施波羅蜜多及百法明門。證「猶如鏡像」現觀，故滿初地心。

二地：初地功德滿足以後，再成就道種智一分而入二地；主修戒波羅蜜多及一切種智。滿心位成就「猶如光影」現觀，戒行自然清淨。

解脫道：二乘菩提

→ 斷三縛結，成初果解脫

→ 薄貪瞋癡，成二果解脫

→ 斷五下分結，成三果解脫

入地前的四加行令煩惱障現行悉斷，成四果解脫，留惑潤生。分段生死已斷，煩惱障習氣種子開始斷除，兼斷無始無明上煩惱。

近波羅蜜多 —— 大波羅蜜多 —— 圓滿波羅蜜多

修道位 —— 究竟位

三地：二地滿心再證道種智一分，故入三地。此地主修忍波羅蜜多及四禪八定、四無量心、五神通。能成就俱解脫果而不取證，留惑潤生。滿心位成就「猶如谷響」現觀及無漏妙定意生身。

四地：由三地再證道種智一分故入四地。主修精進波羅蜜多，於此土及他方世界廣度有緣，無有疲倦。進修一切種智，滿心位成就「如水中月」現觀。

五地：由四地再證道種智一分故入五地。主修禪定波羅蜜多及一切種智，斷除下乘涅槃貪。滿心位成就「變化所成」現觀。

六地：由五地再證道種智一分故入六地。此地主修般若波羅蜜多——依道種智現觀十二因緣一一有支及意生身化身，皆自心眞如變化所現，「非有似有」，成就細相觀，不由加行而自然證得滅盡定，成俱解脫大乘無學。

七地：由六地「非有似有」現觀，再證道種智一分故入七地。此地主修一切種智及方便波羅蜜多，由重觀十二有支一一支中之流轉門及還滅門一切細相，成就方便善巧，念念隨入滅盡定。滿心位證得「如犍闥婆城」現觀。

七地滿心斷除故意保留之最後一分思惑時，煩惱障所攝色、受、想三陰有漏習氣種子同時斷盡。

八地：由七地極細相觀成就故再證道種智一分而入八地。此地主修一切種智及願波羅蜜多。至滿心位純無相觀任運恆起，故於相土自在，滿心位復證「如實覺知諸法相意生身」故。

九地：由八地再證道種智一分故入九地。主修力波羅蜜多及一切種智，成就四無礙，滿心位證得「種類俱生無行作意生身」。

十地：由九地再證道種智一分故入此地。此地主修一切種智——智波羅蜜多。滿心位起大法智雲，及現起大法智雲所含藏種種功德，成受職菩薩。

等覺：由十地道種智成就故入此地。此地應修一切種智，圓滿等覺地無生法忍；於百劫中修集極廣大福德，以之圓滿三十二大人相及無量隨形好。

煩惱障所攝行、識二陰無漏習氣種子任運漸斷，所知障所攝上煩惱任運漸斷。

妙覺：示現受生人間已斷盡煩惱障一切習氣種子，並斷盡所知障一切隨眠，永斷變易生死無明，成就大般涅槃，四智圓明。人間捨壽後，報身常住色究竟天利樂十方地上菩薩；以諸化身利樂有情，永無盡期，成就究竟佛道。

斷盡變易生死
成就大般涅槃

圓滿成就究竟佛果

佛子**蕭平實** 謹製
（二〇〇九、〇二 修訂）
（二〇一二、〇二 增補）

佛教正覺同修會〈修學佛道次第表〉

第一階段

* 以憶佛及拜佛方式修習動中定力。
* 學第一義佛法及禪法知見。
* 無相拜佛功夫成就。
* 具備一念相續功夫—動靜中皆能看話頭。
* 努力培植福德資糧，勤修三福淨業。

第二階段

* 參話頭，參公案。
* 開悟明心，一片悟境。
* 鍛鍊功夫求見佛性。
* 眼見佛性〈餘五根亦如是〉親見世界如幻，成就如幻觀。
* 學習禪門差別智。
* 深入第一義經典。
* 修除性障及隨分修學禪定。
* 修證十行位陽焰觀。

第三階段

* 學一切種智眞實正理—楞伽經、解深密經、成唯識論…。
* 參究末後句。
* 解悟末後句。
* 透牢關—親自體驗所悟末後句境界，親見實相，無得無失。
* 救護一切衆生迴向正道。護持了義正法，修證十迴向位如夢觀。
* 發十無盡願，修習百法明門，親證猶如鏡像現觀。
* 修除五蓋，發起禪定。持一切善法戒。親證猶如光影現觀。
* 進修四禪八定、四無量心、五神通。進修大乘種智，求證猶如谷響現觀。

佛教正覺同修會 共修現況 及 招生公告　2015/09/06

一、共修現況：（請在共修時間來電，以免無人接聽。）

台北正覺講堂 103 台北市承德路三段 277 號九樓 捷運淡水線圓山站旁
Tel..**總機** 02-25957295（晚上）（**分機：九樓**辦公室 10、11；知客櫃檯 12、13。 **十樓**知客櫃檯 15、16；書局櫃檯 14。 **五樓**辦公室 18；知客櫃檯 19。**二樓**辦公室 20；知客櫃檯 21。）
Fax..25954493

第一講堂　台北市承德路三段 277 號九樓

禪淨班：週一晚上班、週三晚上班、週四晚上班、週五晚上班、週六下午班、週六上午班（皆須報名建立學籍後始可參加共修，欲報名者詳見本公告末頁）

增上班：瑜伽師地論詳解：每月第一、三、五週之週末 17.50～20.50 平實導師講解（僅限已明心之會員參加）

禪門差別智：每月第一週日全天　平實導師主講（事冗暫停）。

佛藏經詳解　平實導師主講。已於 2013/12/17 開講，歡迎已發成佛大願的菩薩種性學人，攜眷共同參與此殊勝法會聽講。詳解 釋迦世尊於《佛藏經》中所開示的眞實義理，更爲今時後世佛子四眾，闡述佛陀演說此經的本懷。眞實尋求佛菩提道的有緣佛子，親承聽聞如是勝妙開示，當能如實理解經中義理，亦能了知於大乘法中：如何是諸法實相？善知識、惡知識要如何簡擇？如何才是清淨持戒？如何才能清淨說法？於此末法之世，眾生五濁益重，不知佛、不解法、不識僧，唯見表相，不信眞實，貪著五欲，諸方大師不淨說法，各各將導大量徒眾趣入三塗，如是師徒俱堪憐憫。是故，平實導師以大慈悲心，用淺白易懂之語句，佐以實例、譬喻而爲演說，普令聞者易解佛意，皆得契入佛法正道，如實了知佛法大藏。

此經中，對於實相念佛多所著墨，亦指出念佛要點：以實相爲依，念佛者應依止淨戒、依止清淨僧寶，捨離違犯重戒之師僧，應受學清淨之法，遠離邪見。本經是現代佛門大法師所厭惡之經典：一者由於大法師們已全都落入意識境界而無法親證實相，故於此經中所說實相全無所知，都不樂有人聞此經名，以免讀後提出問疑時無法回答；二者現代大乘佛法地區，已經普被藏密喇嘛教滲透，許多有名之大法師們大多已曾或繼續在修練雙身法，都已失去聲聞戒體及菩薩戒體，成爲地獄種姓人，已非眞正出家之人，本質只是身著僧衣而住在寺院中的世俗人。這些人對於此經都是讀不懂的，也是極爲厭惡的；他們尚不樂見此經之印行，何況流通與講解？今爲救護廣大學佛人，兼欲護持佛教血脈永續常傳，特選此經宣講之。每逢週二 18.50~20.50 開示，不限制聽講資格。會外人士需憑身分證件換證入內聽講（此是大樓管理處之安全規定，敬請見諒)。桃園、台中、台南、高雄等地講堂，亦於每週二晚上播放平實導師所講本經之 DVD，不必出示身分證件即可入內聽講，歡迎各地善信同霑法益。

第二講堂　台北市承德路三段 267 號十樓。

禪淨班：週一晚上班、週四晚上班、週六下午班。

進階班：週三晚上班、週五晚上班（禪淨班結業後轉入共修)。

佛藏經詳解：平實導師講解。每週二 18.50~20.50（影像音聲即時傳輸)。本會學員憑上課證進入聽講，會外學人請以身分證件換證進入聽講（此為大樓管理處安全管理規定之要求，敬請諒解)。

第三講堂　台北市承德路三段 277 號五樓。

進階班：週一晚上班、週三晚上班、週四晚上班、週五晚上班、週六下午班。

佛藏經詳解：平實導師講解。每週二 18.50~20.50（影像音聲即時傳輸)。本會學員憑上課證進入聽講，會外學人請以身分證件換證進入聽講（此為大樓管理處安全管理規定之要求，敬請諒解)。

第四講堂　台北市承德路三段 267 號二樓。

進階班：週三晚上班、週四晚上班（禪淨班結業後轉入共修)。

佛藏經詳解：平實導師講解。每週二 18.50~20.50（影像音聲即時傳輸)。本會學員憑上課證進入聽講，會外學人請以身分證件換證進入聽講（此為大樓管理處安全管理規定之要求，敬請諒解)。

第五、第六講堂　為**開放式講堂**，不需以身分證件換證即可進入聽講，台北市承德路三段 267 號地下一樓、地下二樓。已規劃整修完成，每逢週二晚上講經時段開放給會外人士自由聽經，請由大樓側面梯階逕行進入聽講。**聽講者請尊重講者的著作權及肖像權，請勿錄音錄影，以免違法；若有錄音錄影被查獲者，將依法處理**。

正覺祖師堂　大溪鎮美華里信義路 650 巷坑底 5 之 6 號（台 3 號省道 34 公里處 妙法寺對面斜坡道進入）電話 03-3886110　傳眞 03-3881692 本堂供奉 克勤圓悟大師，專供會員每年四月、十月各二次精進禪三共修，兼作本會出家菩薩掛單常住之用。除禪三時間以外，每逢單月第一週之週日 9:00~17:00 開放會內、外人士參訪，當天並提供午齋結緣。教內共修團體或道場，得另申請其餘時間作團體參訪，務請事先與常住確定日期，以便安排常住菩薩接引導覽，亦免妨礙常住菩薩之日常作息及修行。

桃園正覺講堂（第一、第二講堂）：桃園市介壽路 286、288 號 10 樓（陽明運動公園對面）電話：03-3749363（請於共修時聯繫，或與台北聯繫)

禪淨班：週一晚上班、週三晚上班、週四晚上班、週五晚上班。

進階班：週六上午班、週五晚上班。

佛藏經詳解：平實導師講解 每逢週二晚上，以台北正覺講堂所錄 DVD 放映；歡迎會外學人共同聽講，不需出示身分證件。

新竹正覺講堂 新竹市東光路 55 號二樓之一　電話 03-5724297（晚上）

第一講堂：

禪淨班：週一晚上班、週三晚上班、週五晚上班、週六上午班。

進階班：週三晚上班、週四晚上班（由禪淨班結業後轉入共修）。

佛藏經詳解：平實導師講解，每週二晚上。以台北正覺講堂所錄 DVD 放映。歡迎會外學人共同聽講，不需出示身分證件。

第二講堂：

禪淨班：週三晚上班、週四晚上班。

佛藏經詳解：每週二晚上與第一講堂同時播放佛藏經詳解 DVD。

台中正覺講堂 04-23816090（晚上）

第一講堂 台中市南屯區五權西路二段 666 號 13 樓之四（國泰世華銀行樓上。鄰近縣市經第一高速公路前來者，由五權西路交流道可以快速到達，大樓旁有停車場，對面有素食館）。

禪淨班：週三晚上班、週四晚上班、週五晚上班、週六早上班。

進階班：週一晚上班（由禪淨班結業後轉入共修）。

增上班：單週週末以台北增上班課程錄成 DVD 放映之，限已明心之會員參加。

佛藏經詳解：平實導師講解。以台北正覺講堂所錄 DVD 放映。每週二晚上放映，歡迎會外學人共同聽講，不需出示身分證件。

第二講堂 台中市南屯區五權西路二段 666 號 4 樓

禪淨班：週一晚上班。

進階班：週五晚上班、週六早上班（由禪淨班結業後轉入共修）。

佛藏經詳解：每週二晚上與第一講堂同時播放佛藏經詳解 DVD。

第三講堂、第四講堂：台中市南屯區五權西路二段 666 號 4 樓。

嘉義正覺講堂 嘉義市友愛路 288 號八樓之一　電話：05-2318228

第一講堂：

禪淨班：預定 2014 /10/23 週四開課，歡迎報名參加共修。

佛藏經詳解：自 2014/10/28 起每週二晚上 18:50～20:50 播放台北講堂錄製的講經 DVD。

第二講堂 嘉義市友愛路 288 號八樓之二。

台南正覺講堂

第一講堂 台南市西門路四段 15 號 4 樓。06-2820541（晚上）

佛藏經詳解：平實導師講解。以台北正覺講堂所錄 DVD 放映。每週二晚上放映，歡迎會外學人共同聽講，不需出示身分證件。

禪淨班：週一晚上班、週三晚上班、週六下午班。

進階班：雙週週末下午班（由禪淨班結業後轉入共修）。

增上班：單週週末下午，以台北增上班課程錄成 DVD 放映之，限已明心之會員參加。

第二講堂　台南市西門路四段 15 號 3 樓。

佛藏經詳解：每週二晚上與第一講堂同時播放佛藏經詳解 DVD。

第三講堂　台南市西門路四段 15 號 3 樓。

佛藏經詳解：每週二晚上與第一講堂同時播放佛藏經詳解 DVD。

禪淨班：週四晚上班、週六晚上班。

進階班：週五晚上班、週六早上班（由禪淨班結業後轉入共修）。

高雄正覺講堂　高雄市新興區中正三路 45 號五樓 07-2234248（晚上）

第一講堂（五樓）：

佛藏經詳解：平實導師講解。以台北正覺講堂所錄 DVD 放映。每週二晚上放映，歡迎會外學人共同聽講，不需出示身分證件

禪淨班：週三晚上班、週四晚上班、週末上午班。

進階班：週一晚上班（由禪淨班結業後轉入共修）。

增上班：單週週末下午，以台北增上班課程錄成 DVD 放映之，限已明心之會員參加。

第二講堂（四樓）：

佛藏經詳解：每週二晚上與第一講堂同時播放佛藏經詳解 DVD。

禪淨班：週三晚上班、週四晚上班。

進階班：週四晚上班（由禪淨班結業後轉入共修）。

第三講堂（三樓）：（尚未開放使用）。

美國洛杉磯正覺講堂　**☆已遷移新址☆**

825 S. Lemon Ave Diamond Bar, CA 91798 U.S.A.
Tel. (909) 595-5222（請於週六 9:00~18:00 之間聯繫）
Cell. (626) 454-0607

禪淨班：每逢週末 15：30~17：30 上課。

進階班：每逢週末上午 10：00 上課。

佛藏經詳解：平實導師講解 以台北正覺講堂所錄 DVD，每週六下午放映(13：00~15：00)，歡迎各界人士共享第一義諦無上法益，不需報名。

香港正覺講堂　**☆另覓新址正在遷移中，暫停招收新學員☆**

二、招生公告 本會台北講堂及全省各講堂，每逢四月、十月中旬開新班，每週共修一次（每次二小時。開課日起三個月內仍可插班）；但美國洛杉磯共修處得隨時插班共修。各班共修期間皆爲二年半，欲參加者請向本會函索報名表（各共修處皆於共修時間方有人執事，非共修時間請勿電詢或前來洽詢、請書），或直接從成佛之道網站下載報名表。共修期滿時，若經報名禪三審核通過者，可參加四天三夜之禪三精進共修，有機會明心、取證如來藏，發起般若實相智慧，成爲實義菩薩，脫離凡夫菩薩位。

三、新春禮佛祈福 農曆年假期間停止共修：自農曆新年前七天起停止共修與弘法，正月 8 日起回復共修、弘法事務。新春期間正月初一～初七 9.00～17.00 開放台北講堂、大溪禪三道場（正覺祖師堂），方便會員供佛、祈福及會外人士請書。美國洛杉磯共修處之休假時間，請逕詢該共修處。

密宗四大派修雙身法，是外道性力派的邪法；又以生滅的識陰作為常住法，是常見外道，是假的藏傳佛教。

西藏覺囊巴以他空見弘揚第八識如來藏勝法，才是真藏傳佛教

佛教正覺同修會　弘法行事表

2014/08/19

1、**禪淨班**　以無相念佛及拜佛方式修習動中定力，實證一心不亂功夫。傳授解脫道正理及第一義諦佛法，以及參禪知見。共修期間：二年六個月。每逢四月、十月開新班，詳見招生公告表。

2、**《佛藏經》詳解**　平實導師主講。已於 2013/12/17 開講，歡迎已發成佛大願的菩薩種性學人，攜眷共同參與此殊勝法會聽講。詳解釋迦世尊於《佛藏經》中所開示的眞實義理，更爲今時後世佛子四眾，闡述 佛陀演說此經的本懷。眞實尋求佛菩提道的有緣佛子，親承聽聞如是勝妙開示，當能如實理解經中義理，亦能了知於大乘法中：如何是諸法實相？善知識、惡知識要如何簡擇？如何才是清淨持戒？如何才能清淨說法？於此末法之世，眾生五濁益重，不知佛、不解法、不識僧，唯見表相，不信眞實，貪著五欲，諸方大師不淨說法，各各將導大量徒眾趣入三塗，如是師徒俱堪憐憫。是故，平實導師以大慈悲心，用淺白易懂之語句，佐以實例、譬喻而爲演說，普令聞者易解佛意，皆得契入佛法正道，如實了知佛法大藏。每逢週二 18.50~20.50 開示，不限制聽講資格。會外人士需憑身分證件換證入內聽講（此是大樓管理處之安全規定，敬請見諒）。桃園、新竹、台中、台南、高雄等地講堂，亦於每週二晚上播放平實導師講經之 DVD，不必出示身分證件即可入內聽講，歡迎各地善信同霑法益。

有某道場專弘淨土法門數十年，於教導信徒研讀《佛藏經》時，往往告誡信徒曰：「後半部不許閱讀。」由此緣故坐令信徒失去提升念佛層次之機緣，師徒只能低品位往生淨土，令人深覺愚癡無智。由有多人建議故，平實導師開始宣講《佛藏經》，藉以轉易如是邪見，並提升念佛人之知見與往生品位。此經中，對於實相念佛多所著墨，亦指出念佛要點：以實相爲依，念佛者應依止淨戒、依止清淨僧寶，捨離違犯重戒之師僧，應受學清淨之法，遠離邪見。本經是現代佛門大法師所厭惡之經典：一者由於大法師們已全都落入意識境界而無法親證實相，故於此經中所說實相全無所知，都不樂有人聞此經名，以免讀後提出問疑時無法回答；二者現代大乘佛法地區，已經普被藏密喇嘛教滲透，許多有名之大法師們大多已曾或繼續在修練雙身法，都已失去聲聞戒體及菩薩戒體，成爲地獄種姓人，已非眞正出家之人，本質上只是身著僧衣而住在寺院中的世俗人。這些人對於此經都是讀不懂的，也是極爲厭惡的；他們尙不樂見此經之印行，何況流通與講解？今爲救護廣大學佛人，兼欲護持佛教血脈永續常傳，特選此經宣講之，主講者平實導師。

3、**瑜伽師地論**詳解　詳解論中所言凡夫地至佛地等 17 師之修證境界與理論，從凡夫地、聲聞地……宣演到諸地所證一切種智之眞實正理。由平實導師開講，每逢一、三、五週之週末晚上開示，僅限已明心之會員參加。

4、**精進禪三**　主三和尚：平實導師。於四天三夜中，以克勤圓悟大師及大慧宗杲之禪風，施設機鋒與小參、公案密意之開示，幫助會員剋期取證，親證不生不滅之眞實心——人人本有之如來藏。每年四月、十月各舉辦二個梯次；平實導師主持。僅限本會會員參加禪淨班共修期滿，報名審核通過者，方可參加。並選擇會中定力、慧力、福德三條件皆已具足之已明心會員，給以指引，令得眼見自己無形無相之佛性遍佈山河大地，眞實而無障礙，得以肉眼現觀世界身心悉皆如幻，具足成就如幻觀，圓滿十住菩薩之證境。

5、**阿含經**詳解　選擇重要之阿含部經典，依無餘涅槃之實際而加以詳解，令大眾得以現觀諸法緣起性空，亦復不墮斷滅見中，顯示經中所隱說之涅槃實際—如來藏—確實已於四阿含中隱說；令大眾得以聞後觀行，確實斷除我見乃至我執，證得**見到**眞現觀，乃至**身證**……等眞現觀；已得大乘或二乘見道者，亦可由此聞熏及聞後之觀行，除斷我所之貪著，成就慧解脫果。由平實導師詳解。不限制聽講資格。

6、**大法鼓經**詳解　詳解末法時代大乘佛法修行之道。佛教正法消毒妙藥塗於大鼓而以擊之，凡有眾生聞之者，一切邪見鉅毒悉皆消殞；此經即是大法鼓之正義，凡聞之者，所有邪見之毒悉皆滅除，見道不難；亦能發起菩薩無量功德，是故諸大菩薩遠從諸方佛土來此娑婆聞修此經。由平實導師詳解。不限制聽講資格。

7、**解深密經**詳解　重講本經之目的，在於令諸已悟之人明解大乘法道之成佛次第，以及悟後進修一切種智之內涵，確實證知三種自性性，並得據此證解七眞如、十眞如等正理。每逢週二 18.50~20.50 開示，由平實導師詳解。將於《大法鼓經》講畢後開講。不限制聽講資格。

8、**成唯識論**詳解　詳解一切種智眞實正理，詳細剖析一切種智之微細深妙廣大正理；並加以舉例說明，使已悟之會員深入體驗所證如來藏之微密行相；及證驗見分相分與所生一切法，皆由如來藏—阿賴耶識—直接或展轉而生，因此證知一切法無我，證知無餘涅槃之本際。將於增上班《瑜伽師地論》講畢後，由平實導師重講。僅限已明心之會員參加。

9、**精選如來藏系經典**詳解　精選如來藏系經典一部，詳細解說，以此完全印證會員所悟如來藏之眞實，得入不退轉住。另行擇期詳細解說之，由平實導師講解。僅限已明心之會員參加。

10、**禪門差別智**　藉禪宗公案之微細淆訛難知難解之處，加以宣說及剖析，以增進明心、見性之功德，啓發差別智，建立擇法眼。每月第一週日全天，由平實導師開示，僅限破參明心後，復又眼見佛性者參加（事冗暫停）。

11、**枯木禪**　先講智者大師的《小止觀》，後說《釋禪波羅蜜》，詳解四禪八定之修證理論與實修方法，細述一般學人修定之邪見與岔路，及對禪定證境之誤會，消除枉用功夫、浪費生命之現象。已悟般若者，可以藉此而實修初禪，進入大乘通教及聲聞教的三果心解脫境界，配合應有的大福德及後得無分別智、十無盡願，即可進入初地心中。親教師：平實導師。未來緣熟時將於大溪正覺寺開講。不限制聽講資格。

註：本會例行年假，自 2004 年起，改爲每年農曆新年前七天開始停息弘法事務及共修課程，農曆正月 8 日回復所有共修及弘法事務。新春期間（每日 9.00~17.00）開放台北講堂，方便會員禮佛祈福及會外人士請書。大溪鎮的正覺祖師堂，開放參訪時間，詳見〈正覺電子報〉或成佛之道網站。本表得因時節因緣需要而隨時修改之，不另作通知。

佛教正覺同修會　贈閱書籍 目錄　　2015/09/29

1.**無相念佛**　平實導師著　回郵 10 元
2.**念佛三昧修學次第**　平實導師述著　回郵 25 元
3.**正法眼藏—護法集**　平實導師述著　回郵 35 元
4.**真假開悟簡易辨正法&佛子之省思**　平實導師著　回郵 3.5 元
5.**生命實相之辨正**　平實導師著　回郵 10 元
6.**如何契入念佛法門**（附：印順法師否定極樂世界）平實導師著　回郵 3.5 元
7.**平實書箋**—答元覽居士書　平實導師著　回郵 35 元
8.**三乘唯識**—如來藏系經律彙編　平實導師編　回郵 80 元
（精裝本　長 27 cm　寬 21 cm　高 7.5 cm　重 2.8 公斤）
9.**三時繫念全集**—修正本　回郵掛號 40 元（長 26.5 cm×寬 19 cm）
10.**明心與初地**　平實導師述　回郵 3.5 元
11.**邪見與佛法**　平實導師述著　回郵 20 元
12.**菩薩正道**—回應義雲高、釋性圓…等外道之邪見　正燦居士著　回郵 20 元
13.**甘露法雨**　平實導師述　回郵 20 元
14.**我與無我**　平實導師述　回郵 20 元
15.**學佛之心態**—修正錯誤之學佛心態始能與正法相應　孫正德老師著　回郵 35 元
附錄：平實導師著**《略說八、九識並存…等之過失》**
16.**大乘無我觀**—《悟前與悟後》別說　平實導師述著　回郵 20 元
17.**佛教之危機**—中國台灣地區現代佛教之真相（附錄：公案拈提六則）
平實導師著　回郵 25 元
18.**燈 影**—燈下黑（覆「求教後學」來函等）平實導師著　回郵 35 元
19.**護法與毀法**—覆上平居士與徐恒志居士網站毀法二文
張正圜老師著　回郵 35 元
20.**淨土聖道**—兼評**選擇本願念佛**　正德老師著　**由正覺同修會購贈**　回郵 25 元
21.**辨唯識性相**—對「紫蓮心海《辯唯識性相》書中否定阿賴耶識」之回應
正覺同修會 台南共修處法義組 著　回郵 25 元
22.**假如來藏**—對法蓮法師《如來藏與阿賴耶識》書中否定阿賴耶識之回應
正覺同修會 台南共修處法義組 著　回郵 35 元
23.**入不二門**—公案拈提集錦 第一輯（於平實導師公案拈提諸書中選錄約二十則，
合輯為一冊流通之）平實導師著　回郵 20 元
24.**真假邪說**—西藏密宗索達吉喇嘛《破除邪說論》真是邪說
釋正安法師著　回郵 35 元
25.**真假開悟**—真如、如來藏、阿賴耶識間之關係　平實導師述著　回郵 35 元
26.**真假禪和**—辨正釋傳聖之謗法謬說　孫正德老師著　回郵 30 元

27.**眼見佛性**—駁慧廣法師眼見佛性的含義文中謬說
游正光老師著　回郵 25 元
28.**普門自在**—公案拈提集錦 第二輯（於平實導師公案拈提諸書中選錄約二十則，合輯爲一冊流通之）平實導師著　回郵 25 元
29.**印順法師的悲哀**—以現代禪的質疑為線索　恒毓博士著　回郵 25 元
30.**識蘊真義**—現觀識蘊內涵、取證初果、親斷三縛結之具體行門。
—依《成唯識論》及《惟識述記》正義，略顯安慧《大乘廣五蘊論》之邪謬
平實導師著　回郵 35 元
31.**正覺電子報** 各期紙版本　免附回郵　每次最多函索三期或三本。
(已無存書之較早各期，不另增印贈閱)
32.**現代人應有的宗教觀**　蔡正禮老師 著　回郵 3.5 元
33.**遠惑趣道**—正覺電子報般若信箱問答錄　第一輯　回郵 20 元
34.**遠惑趣道**—正覺電子報般若信箱問答錄　第二輯　回郵 20 元
35.**確保您的權益**—器官捐贈應注意自我保護　游正光老師 著　回郵 10 元
36.**正覺教團電視弘法三乘菩提 DVD 光碟（一）**
由正覺教團多位親教師共同講述錄製 DVD 8 片，MP3 一片，共 9 片。有二大講題：一爲「三乘菩提之意涵」，二爲「學佛的正知見」。內容精闢，深入淺出，精彩絕倫，幫助大眾快速建立三乘法道的正知見，免被外道邪見所誤導。有志修學三乘佛法之學人不可不看。(製作工本費 100 元，回郵 25 元)
37.**正覺教團電視弘法 DVD 專輯（二）**
總有二大講題：一爲「三乘菩提之念佛法門」，一爲「學佛正知見(第二篇)」，由正覺教團多位親教師輪番講述，內容詳細闡述如何修學念佛法門、實證念佛三昧，以及學佛應具有的正確知見，可以幫助發願往生西方極樂淨土之學人，得以把握往生，更可令學人快速建立三乘法道的正知見，免於被外道邪見所誤導。有志修學三乘佛法之學人不可不看。(一套 17 片，工本費 160 元。回郵 35 元)
38.**佛藏經** 燙金精裝本　每冊回郵 20 元。正修佛法之道場欲大量索取者，請正式發函並蓋用大印寄來索取（2008.04.30 起開始敬贈）
39.**喇嘛性世界**—揭開假藏傳佛教譚崔瑜伽的面紗　張善思 等人合著
由正覺同修會購贈　回郵 20 元
40.**假藏傳佛教的神話**—性、謊言、喇嘛教　張正玄教授編著　回郵 20 元
由正覺同修會購贈　回郵 20 元
41.**隨　緣**—理隨緣與事隨緣　平實導師述　回郵 20 元。
42.**學佛的覺醒**　正枝居士 著　回郵 25 元
43.**導師之真實義**　蔡正禮老師 著　回郵 10 元
44.**淺談達賴喇嘛之雙身法**—兼論解讀「密續」之達文西密碼
吳明芷居士 著　回郵 10 元
45.**魔界轉世**　張正玄居士 著　回郵 10 元
46.**一貫道與開悟**　蔡正禮老師 著　回郵 10 元

47.**博愛**—愛盡天下女人　正覺教育基金會 編印　回郵 10 元

48.**意識虛妄經教彙編**—實證解脫道的關鍵經文　正覺同修會編印　回郵 25 元

49.**邪箭囈語**—破斥藏密外道多識仁波切《破魔金剛箭雨論》之邪說
陸正元老師著　上、下冊回郵各 30 元

50.**真假沙門**—依 佛聖教闡釋佛教僧寶之定義
蔡正禮老師著　俟正覺電子報連載後結集出版

51.**真假禪宗**—藉評論釋性廣《印順導師對變質禪法之批判
及對禪宗之肯定》以顯示真假禪宗
附論一：凡夫知見 無助於佛法之信解行證
附論二：世間與出世間一切法皆從如來藏實際而生而顯
余正偉老師著　俟正覺電子報連載後結集出版　回郵未定

52.**假鋒虛焰金剛乘**—揭示顯密正理，兼破索達吉師徒《般若鋒兮金剛焰》。
釋正安 法師著　俟正覺電子報連載後結集出版

★ 上列贈書之郵資，係台灣本島地區郵資，大陸、港、澳地區及外國地區，請另計酌增（大陸、港、澳、國外地區之郵票不許通用）。尚未出版之書，請勿先寄來郵資，以免增加作業煩擾。

★ 本目錄若有變動，唯於後印之書籍及「成佛之道」網站上修正公佈之，不另行個別通知。

函索書籍請寄：佛教正覺同修會　103 台北市承德路 3 段 277 號 9 樓
台灣地區函索書籍者請附寄郵票，無時間購買郵票者可以等值現金抵用，但不接受郵政劃撥、支票、匯票。大陸地區得以人民幣計算，國外地區請以美元計算（請勿寄來當地郵票，在台灣地區不能使用）。欲以掛號寄遞者，請另附掛號郵資。

親自索閱：正覺同修會各共修處。　★請於共修時間前往取書，餘時無人在道場，請勿前往索取；共修時間與地點，詳見書末正覺同修會共修現況表（以近期之共修現況表爲準）。

註：正智出版社發售之局版書，請向各大書局購閱。若書局之書架上已經售出而無陳列者，請向書局櫃台指定洽購；若書局不便代購者，請於正覺同修會共修時間前往各共修處請購，正智出版社已派人於共修時間送書前往各共修處流通。 郵政劃撥購書及 大陸地區 購書，請詳別頁正智出版社發售書籍目錄最後頁之說明。

成佛之道 網站：http://www.a202.idv.tw　正覺同修會已出版之結緣書籍，多已登載於 成佛之道 網站，若住外國、或住處遙遠，不便取得正覺同修會贈閱書籍者，可以從本網站閱讀及下載。　書局版之《宗通與說通》亦已上網，台灣讀者可向書局洽購，售價 300 元。《狂密與眞密》第一輯~第四輯，亦於 2003.5.1.全部於本網站登載完畢；台灣地區讀者請向書局洽購，每輯約 400 頁，售價 300 元（網站下載紙張費用較貴，容易散失，難以保存，亦較不精美）。

＊＊假藏傳佛教修雙身法，非佛教＊＊

正智出版社 籌募弘法基金發售書籍目錄 2015/9/29

1.**宗門正眼**—公案拈提 第一輯 重拈 平實導師著 500 元
因重寫內容大幅度增加故，字體必須改小，並增爲 576 頁 主文 546 頁。比初版更精彩、更有內容。初版《禪門摩尼寶聚》之讀者，可寄回本公司免費調換新版書。免附回郵，亦無截止期限。（2007 年起，每冊附贈本公司精製公案拈提〈超意境〉CD 一片。市售價格 280 元，多購多贈。）
2.**禪淨圓融** 平實導師著 200 元（第一版舊書可換新版書。）
3.**真實如來藏** 平實導師著 400 元
4.**禪—悟前與悟後** 平實導師著 上、下冊，每冊 250 元
5.**宗門法眼**—公案拈提 第二輯 平實導師著 500 元
（2007 年起，每冊附贈本公司精製公案拈提〈超意境〉CD 一片）
6.**楞伽經詳解** 平實導師著 全套共 10 輯 每輯 250 元
7.**宗門道眼**—公案拈提 第三輯 平實導師著 500 元
（2007 年起，每冊附贈本公司精製公案拈提〈超意境〉CD 一片）
8.**宗門血脈**—公案拈提 第四輯 平實導師著 500 元
（2007 年起，每冊附贈本公司精製公案拈提〈超意境〉CD 一片）
9.**宗通與說通**—成佛之道 平實導師著 主文 381 頁 全書 400 頁售價 300 元
10.**宗門正道**—公案拈提 第五輯 平實導師著 500 元
（2007 年起，每冊附贈本公司精製公案拈提〈超意境〉CD 一片）
11.**狂密與真密 一～四輯** 平實導師著 西藏密宗是人間最邪淫的宗教，本質不是佛教，只是披著佛教外衣的印度教性力派流毒的喇嘛教。此書中將西藏密宗密傳之男女雙身合修樂空雙運所有祕密與修法，毫無保留完全公開，並將全部喇嘛們所不知道的部分也一併公開。內容比大辣出版社喧騰一時的《西藏慾經》更詳細。並且函蓋藏密的所有祕密及其錯誤的中觀見、如來藏見……等，藏密的所有法義都在書中詳述、分析、辨正。每輯主文三百餘頁 每輯全書約 400 頁 售價每輯 300 元
12.**宗門正義**—公案拈提 第六輯 平實導師著 500 元
（2007 年起，每冊附贈本公司精製公案拈提〈超意境〉CD 一片）
13.**心經密意**—心經與解脫道、佛菩提道、祖師公案之關係與密意 平實導師述 300 元
14.**宗門密意**—公案拈提 第七輯 平實導師著 500 元
（2007 年起，每冊附贈本公司精製公案拈提〈超意境〉CD 一片）
15.**淨土聖道**—兼評「選擇本願念佛」 正德老師著 200 元
16.**起信論講記** 平實導師述著 共六輯 每輯三百餘頁 售價各 250 元
17.**優婆塞戒經講記** 平實導師述著 共八輯 每輯三百餘頁 售價各 250 元
18.**真假活佛**—略論附佛外道盧勝彥之邪說（對前岳靈犀網站主張「盧勝彥是證悟者」之修正） 正犀居士（岳靈犀）著 流通價 140 元
19.**阿含正義**—唯識學探源 平實導師著 共七輯 每輯 300 元

20.**超意境** CD 以平實導師公案拈提書中超越意境之頌詞，加上曲風優美的旋律，錄成令人嚮往的超意境歌曲，其中包括正覺發願文及平實導師親自譜成的黃梅調歌曲一首。詞曲雋永，殊堪翫味，可供學禪者吟詠，有助於見道。內附設計精美的彩色小冊，解說每一首詞的背景本事。每片 280 元。【每購買公案拈提書籍一冊，即贈送一片。】

21.**菩薩底憂鬱** CD 將菩薩情懷及禪宗公案寫成新詞，並製作成超越意境的優美歌曲。 1.主題曲〈菩薩底憂鬱〉，描述地後菩薩能離三界生死而迴向繼續生在人間，但因尚未斷盡習氣種子而有極深沈之憂鬱，非三賢位菩薩及二乘聖者所知，此憂鬱在七地滿心位方才斷盡；本曲之詞中所說義理極深，昔來所未曾見；此曲係以優美的情歌風格寫詞及作曲，聞者得以激發嚮往諸地菩薩境界之大心，詞、曲都非常優美，難得一見；其中勝妙義理之解說，已印在附贈之彩色小冊中。 2.以各輯公案拈提中直示禪門入處之頌文，作成各種不同曲風之超意境歌曲，值得玩味、參究；聆聽公案拈提之優美歌曲時，請同時閱讀內附之印刷精美說明小冊，可以領會超越三界的證悟境界；未悟者可以因此引發求悟之意向及疑情，眞發菩提心而邁向求悟之途，乃至因此眞實悟入般若，成眞菩薩。 3.正覺總持咒新曲，總持佛法大意；總持咒之義理，已加以解說並印在隨附之小冊中。本 CD 共有十首歌曲，長達 63 分鐘。每盒各附贈二張購書優惠券。每片 280 元。

22.**禪意無限** CD 平實導師以公案拈提書中偈頌寫成不同風格曲子，與他人所寫不同風格曲子共同錄製出版，幫助參禪人進入禪門超越意識之境界。盒中附贈彩色印製的精美解說小冊，以供聆聽時閱讀，令參禪人得以發起參禪之疑情，即有機會證悟本來面目而發起實相智慧，實證大乘菩提般若，能如實證知般若經中的眞實意。本 CD 共有十首歌曲，長達 69 分鐘，每盒各附贈二張購書優惠券。每片 280 元。

23.**我的菩提路**第一輯　釋悟圓、釋善藏等人合著　售價 300 元

24.**我的菩提路**第二輯　郭正益、張志成等人合著　售價 300 元

25.**鈍鳥與靈龜**—考證後代凡夫對大慧宗杲禪師的無根誹謗。

平實導師著 共 458 頁 售價 350 元

26.**維摩詰經講記** 平實導師述 共六輯 每輯三百餘頁 售價各 250 元

27.**真假外道**—破劉東亮、杜大威、釋證嚴常見外道見 正光老師著　200 元

28.**勝鬘經講記**—兼論印順《勝鬘經講記》對於《勝鬘經》之誤解。

平實導師述　共六輯　每輯三百餘頁　售價250 元

29.**楞嚴經講記** 平實導師述 共 **15** 輯，每輯三百餘頁 售價 300 元

30.**明心與眼見佛性**—駁慧廣〈蕭氏「眼見佛性」與「明心」之非〉文中謬說

正光老師著　共 448 頁　售價 300 元

31.**見性與看話頭** 黃正倖老師 著，本書是禪宗參禪的方法論。

內文 375 頁，全書 416 頁，售價 300 元。

32.**達賴真面目**—玩盡天下女人 白正偉老師 等著 中英對照彩色精裝大本 800 元

33.**喇嘛性世界**—揭開假藏傳佛教譚崔瑜伽的面紗　張善思 等人著　200元
34.**假藏傳佛教的神話**—性、謊言、喇嘛教　正玄教授編著　200元
35.**金剛經宗通**　平實導師述　共九輯　每輯售價250元。
36.**空行母**—性別、身分定位，以及藏傳佛教。
珍妮·坎貝爾著 呂艾倫 中譯 售價250元
37.**末代達賴**—性交教主的悲歌　張善思、呂艾倫、辛燕編著 售價250元
38.**霧峰無霧**—給哥哥的信　辨正釋印順對佛法的無量誤解
游宗明 老師著　售價250元
39.**第七意識與第八意識？**—穿越時空「超意識」
平實導師述　每冊300元
40.**黯淡的達賴**—失去光彩的諾貝爾和平獎
正覺教育基金會編著　每冊250元
41.**童女迦葉考**—論呂凱文〈佛教輪迴思想的論述分析〉之謬。
平實導師 著 定價180元
42.**人間佛教**—實證者必定不悖三乘菩提
平實導師 述，定價400元
43.**實相經宗通**　平實導師述　共八輯　每輯250元
44.**真心告訴您(一)**—達賴喇嘛在幹什麼？
正覺教育基金會編著　售價250元
45.**中觀金鑑**—詳述應成派中觀的起源與其破法本質
孫正德老師著　分爲上、中、下三冊，每冊250元
46.**佛法入門**—迅速進入三乘佛法大門，消除久學佛法漫無方向之窘境。
○○居士著　將於正覺電子報連載後出版。售價250元
47.**藏傳佛教要義**—《狂密與真密》之簡體字版　平實導師 著 上、下冊
僅在大陸流通　每冊300元
48.**法華經講義**　平實導師述　共二十五輯　每輯300元
已於2015/05/31起開始出版，每二個月出版一輯
49.**西藏「活佛轉世」制度**—附佛、造神、世俗法
許正豐、張正玄老師合著　定價150元
50.**廣論三部曲**　郭正益老師著　定價150元
51.**真心告訴您(二)**—達賴喇嘛是佛教僧侶嗎？
—補祝達賴喇嘛八十大壽
正覺教育基金會編著　售價300元
52.**廣論之平議**—宗喀巴《菩提道次第廣論》之平議　正雄居士著
約二或三輯　俟正覺電子報連載後結集出版　書價未定
53.**末法導護**—對印順法師中心思想之綜合判攝　正慶老師著　書價未定
54.**菩薩學處**—菩薩四攝六度之要義　陸正元老師著　出版日期未定。
55.**八識規矩頌**詳解　○○居士 註解　出版日期另訂　書價未定。
56.**印度佛教史**—法義與考證。依法義史實評論印順《印度佛教思想史、佛教

史地考論》之謬說　正偉老師著　出版日期未定　書價未定
57.**中國佛教史**—依中國佛教正法史實而論。○○老師 著　書價未定。
58.**中論正義**—釋龍樹菩薩《中論》頌正理。
孫正德老師著　出版日期未定　書價未定
59.**中觀正義**—註解平實導師《中論正義頌》。
○○法師（居士）著　出版日期未定　書價未定
60.**佛藏經講記**　平實導師述　出版日期未定　書價未定
61.**阿含經講記**—將選錄四阿含中數部重要經典全經講解之，講後整理出版。
平實導師述　約二輯　每輯300元　出版日期未定
62.**實積經講記**　平實導師述　每輯三百餘頁 優惠價300元 出版日期未定
63.**解深密經講記**　平實導師述 約四輯　將於重講後整理出版
64.**成唯識論略解**　平實導師著　五～六輯　每輯300元　出版日期未定
65.**修習止觀坐禪法要講記**　平實導師述　每輯三百餘頁
將於正覺寺建成後重講、以講記逐輯出版　出版日期未定
66.**無門關**—《無門關》公案拈提　平實導師著　出版日期未定
67.**中觀再論**—兼述印順《中觀今論》謬誤之平議。正光老師著 出版日期未定
68.**輪迴與超度**—佛教超度法會之真義。
○○法師（居士）著　出版日期未定　書價未定
69.《**釋摩訶衍論**》**平議**—對偽稱龍樹所造《釋摩訶衍論》之平議
○○法師（居士）著　出版日期未定　書價未定
70.**正覺發願文**註解—以真實大願為因 得證菩提
正德老師著　出版日期未定　書價未定
71.**正覺總持咒**—佛法之總持　正圜老師著　出版日期未定　書價未定
72.**涅槃**—論四種涅槃　平實導師著　出版日期未定　書價未定
73.**三自性**—依四食、五蘊、十二因緣、十八界法，說三性三無性。
作者未定　出版日期未定
74.**道品**—從三自性說大小乘三十七道品　作者未定　出版日期未定
75.**大乘緣起觀**—依四聖諦七真如現觀十二緣起 作者未定　出版日期未定
76.**三德**—論解脫德、法身德、般若德。　作者未定　出版日期未定
77.**真假如來藏**—對印順《如來藏之研究》謬說之平議　作者未定 出版日期未定
78.**大乘道次第**　作者未定　出版日期未定　書價未定
79.**四緣**—依如來藏故有四緣。　作者未定　出版日期未定
80.**空之探究**—印順《空之探究》謬誤之平議　作者未定 出版日期未定
81.**十法義**—論阿含經中十法之正義　作者未定　出版日期未定
82.**外道見**—論述外道六十二見　作者未定　出版日期未定

正智出版社有限公司　書籍介紹

禪淨圓融：言淨土諸祖所未曾言，示諸宗祖師所未曾示；禪淨圓融，另闢成佛捷徑，兼顧自力他力，闡釋淨土門之速行易行道，亦同時揭櫫聖教門之速行易行道；令廣大淨土行者得免緩行難證之苦，亦令聖道門行者得以藉著淨土速行道而加快成佛之時劫。乃前無古人之超勝見地，非一般弘揚禪淨法門典籍也，先讀為快。平實導師著　200元。

宗門正眼—公案拈提第一輯：繼承克勤圜悟大師碧巖錄宗旨之禪門鉅作。先則舉示當代大法師之邪說，消弭當代禪門大師鄉愿之心態，摧破當今禪門「世俗禪」之妄談；次則旁通教法，表顯宗門正理；繼以道之次第，消弭古今狂禪；後藉言語及文字機鋒，直示宗門入處。悲智雙運，禪味十足，數百年來難得一睹之禪門鉅著也。平實導師著　500元（原初版書《禪門摩尼寶聚》，改版後補充為五百餘頁新書，總計多達二十四萬字，內容更精彩，並改名為《宗門正眼》，讀者原購初版《禪門摩尼寶聚》皆可寄回本公司免費換新，免附回郵，亦無截止期限）（2007年起，凡購買公案拈提第一輯至第七輯，每購一輯皆贈送本公司精製公案拈提〈超意境〉CD一片，市售價格280元，多購多贈）。

禪—悟前與悟後：本書能建立學人悟道之信心與正確知見，圓滿具足而有次第地詳述禪悟之功夫與禪悟之內容，指陳參禪中細微淆訛之處，能使學人明自眞心、見自本性。若未能悟入，亦能以正確知見辨別古今中外一切大師究係眞悟？或屬錯悟？便有能力揀擇，捨名師而選明師，後時必有悟道之緣。一旦悟道，遲者七次人天往返，便出三界，速者一生取辦。學人欲求開悟者，不可不讀。　平實導師著。上、下冊共500元，單冊250元。

眞實如來藏：如來藏眞實存在，乃宇宙萬有之本體，並非印順法師、達賴喇嘛等人所說之「唯有名相、無此心體」。如來藏是涅槃之本際，是一切有智之人竭盡心智、不斷探索而不能得之生命實相；是古今中外許多大師自以爲悟而當面錯過之生命實相。如來藏即是阿賴耶識，乃是一切有情本自具足、不生不滅之眞實心。當代中外大師於此書出版之前所未能言者，作者於本書中盡情流露、詳細闡釋。眞悟者讀之，必能增益悟境、智慧增上；錯悟者讀之，必能檢討自己之錯誤，免犯大妄語業；未悟者讀之，能知參禪之理路，亦能以之檢查一切名師是否眞悟。此書是一切哲學家、宗教家、學佛者及欲昇華心智之人必讀之鉅著。　平實導師著　售價400元。

宗門法眼—公案拈提第二輯：列舉實例，闡釋土城廣欽老和尚之悟處；並直示這位不識字的老和尚妙智橫生之根由，繼而剖析禪宗歷代大德之開悟公案，解析當代密宗高僧卡盧仁波切之錯悟證據，並例舉當代顯宗高僧、大居士之錯悟證據（凡健在者，爲免影響其名聞利養，皆隱其名）。藉辨正當代名師之邪見，向廣大佛子指陳禪悟之正道，彰顯宗門法眼。悲勇兼出，強捋虎鬚；慈智雙運，巧探驪龍；摩尼寶珠在手，直示宗門入處，禪味十足；若非大悟徹底，不能爲之。禪門精奇人物，允宜人手一冊，供作參究及悟後印證之圭臬。本書於2008年4月改版，增寫爲大約500頁篇幅，以利學人研讀參究時更易悟入宗門正法，以前所購初版首刷及初版二刷舊書，皆可免費換取新書。平實導師著　500元（2007年起，凡購買公案拈提第一輯至第七輯，每購一輯皆贈送本公司精製公案拈提〈超意境〉CD一片，市售價格280元，多購多贈）。

宗門道眼—公案拈提第三輯：繼宗門法眼之後，再以金剛之作略、慈悲之胸懷、犀利之筆觸，舉示寒山、拾得、布袋三大士之悟處，消弭當代錯悟者對於寒山大士……等之誤會及誹謗。　亦舉出民初以來與虛雲和尚齊名之蜀郡鹽亭袁煥仙夫子——南懷瑾老師之師，其「悟處」何在？並蒐羅許多眞悟祖師之證悟公案，顯示禪宗歷代祖師之睿智，指陳部分祖師、奧修及當代顯密大師之謬悟，作爲殷鑑，幫助禪子建立及修正參禪之方向及知見。假使讀者閱此書已，一時尚未能悟，亦可一面加功用行，一面以此宗門道眼辨別眞假善知識，避開錯誤之印證及歧路，可免大妄語業之長劫慘痛果報。欲修禪宗之禪者，務請細讀。平實導師著　售價500元（2007年起，凡購買公案拈提第一輯至第七輯，每購一輯皆贈送本公司精製公案拈提〈超意境〉CD一片，市售價格280元，多購多贈）。

楞伽經詳解：本經是禪宗見道者印證所悟眞僞之根本經典，亦是禪宗見道者悟後起修之依據經典；故達摩祖師於印證二祖慧可大師之後，將此經典連同佛鉢祖衣一併交付二祖，令其依此經典佛示金言、進入修道位，修學一切種智。由此可知此經對於眞悟之人修學佛道，是非常重要之一部經典。此經能破外道邪說，亦破佛門中錯悟名師之謬說，亦破禪宗部分祖師之狂禪：不讀經典、一向主張「一悟即成究竟佛」之謬執。並開示愚夫所行禪、觀察義禪、攀緣如禪、如來禪等差別，令行者對於三乘禪法差異有所分辨；亦糾正禪宗祖師古來對於如來禪之誤解，嗣後可免以訛傳訛之弊。此經亦是法相唯識宗之根本經典，禪者悟後欲修一切種智而入初地者，必須詳讀。平實導師著，全套共十輯，已全部出版完畢，每輯主文約320頁，每冊約352頁，定價250元。

宗門血脈—公案拈提第四輯：末法怪象—許多修行人自以爲悟，每將無念靈知認作眞實；崇尚二乘法諸師及其徒衆，則將外於如來藏之緣起性空—無因論之無常空、斷滅空、一切法空—錯認爲 佛所說之般若空性。這兩種現象已於當今海峽兩岸及美加地區顯密大師之中普遍存在；人人自以爲悟，心高氣壯，便敢寫書解釋祖師證悟之公案，大多出於意識思惟所得，言不及義，錯誤百出，因此誤導廣大佛子同陷大妄語之地獄業中而不能自知。彼等書中所說之悟處，其實處處違背第一義經典之聖言量。彼等諸人不論是否身披袈裟，都非佛法宗門血脈，或雖有禪宗法脈之傳承，亦只徒具形式；猶如螟蛉，非眞血脈，未悟得根本眞實故。禪子欲知 佛、祖之眞血脈者，請讀此書，便知分曉。平實導師著，主文452頁，全書464頁，定價500元（2007年起，凡購買公案拈提第一輯至第七輯，每購一輯皆贈送本公司精製公案拈提〈超意境〉CD一片，市售價格280元，多購多贈）。

宗通與說通：古今中外，錯誤之人如麻似粟，每以常見外道所說之靈知心，認作眞心；或妄想虛空之勝性能量爲眞如，或錯認物質四大元素藉冥性（靈知心本體）能成就吾人色身及知覺，或認初禪至四禪中之了知心爲不生不滅之涅槃心。此等皆非通宗者之見地。復有錯悟之人一向主張「宗門與教門不相干」，此即尚未通達宗門之人也。其實宗門與教門互通不二，宗門所證者乃是眞如與佛性，教門所說者乃說宗門證悟之眞如佛性，故教門與宗門不二。本書作者以宗教二門互通之見地，細說「宗通與說通」，從初見道至悟後起修之道、細說分明；並將諸宗諸派在整體佛教中之地位與次第，加以明確之教判，學人讀之即可了知佛法之梗概也。欲擇明師學法之前，允宜先讀。平實導師著，主文共381頁，全書392頁，只售成本價300元。

宗門正道—公案拈提第五輯：修學大乘佛法有二果須證—解脫果及大菩提果。二乘人不證大菩提果，唯證解脫果；此果之智慧，名爲聲聞菩提、緣覺菩提。大乘佛子所證二果之菩提果爲佛菩提，故名大菩提果，其慧名爲一切種智—函蓋二乘解脫果。然此大乘二果修證，須經由禪宗之宗門證悟方能相應。而宗門證悟極難，自古已然；其所以難者，咎在古今佛教界普遍存在三種邪見：1.以修定認作佛法，2.以無因論之緣起性空—否定涅槃本際如來藏以後之一切法空作爲佛法，3.以常見外道邪見（離語言妄念之靈知性）作爲佛法。如是邪見，或因自身正見未立所致，或因邪師之邪教導所致，或因無始劫來虛妄熏習所致。若不破除此三種邪見，永劫不悟宗門眞義、不入大乘正道，唯能外門廣修菩薩行。平實導師於此書中，有極爲詳細之說明，有志佛子欲摧邪見、入於內門修菩薩行者，當閱此書。主文共496頁，全書512頁。售價500元（2007年起，凡購買公案拈提第一輯至第七輯，每購一輯皆贈送本公司精製公案拈提〈超意境〉CD一片，市售價格280元，多購多贈）。

狂密與眞密：密教之修學，皆由有相之觀行法門而入，其最終目標仍不離顯教經典所說第一義諦之修證；若離顯教第一義經典、或違背顯教第一義經典，即非佛教。西藏密教之觀行法，如灌頂、觀想、遷識法、寶瓶氣、大聖歡喜雙身修法、喜金剛、無上瑜伽、大樂光明、樂空雙運等，皆是印度教兩性生生不息思想之轉化，自始至終皆以如何能運用交合淫樂之法達到全身受樂爲其中心思想，純屬欲界五欲的貪愛，不能令人超出欲界輪迴，更不能令人斷除我見；何況大乘之明心與見性，更無論矣！故密宗之法絕非佛法也。而其明光大手印、大圓滿法教，又皆同以常見外道所說離語言妄念之無念靈知心錯認爲佛地之眞如，不能直指不生不滅之眞如。西藏密宗所有法王與徒眾，都尚未開頂門眼，不能辨別眞僞，以依人不依法、依密續不依經典故，不肯將其上師喇嘛所說對照第一義經典，純依密續之藏密祖師所說爲準，因此而誇大其證德與證量，動輒謂彼祖師上師爲究竟佛、爲地上菩薩；如今台海兩岸亦有自謂其師證量高於 釋迦文佛者，然觀其師所述，猶未見道，仍在觀行即佛階段，尚未到禪宗相似即佛、分證即佛階位，竟敢標榜爲究竟佛及地上法王，誑惑初機學人。凡此怪象皆是狂密，不同於眞密之修行者。近年狂密盛行，密宗行者被誤導者極眾，動輒自謂已證佛地眞如，自視爲究竟佛，陷於大妄語業中而不知自省，反謗顯宗眞修實證者之證量粗淺；或如義雲高與釋性圓…等人，於報紙上公然誹謗眞實證道者爲「騙子、無道人、人妖、癩蛤蟆…」等，造下誹謗大乘勝義僧之大惡業；或以外道法中有爲有作之甘露、魔術……等法，誑騙初機學人，狂言彼外道法爲眞佛法。如是怪象，在西藏密宗及附藏密之外道中，不一而足，舉之不盡，學人宜應愼思明辨，以免上當後又犯毀破菩薩戒之重罪。密宗學人若欲遠離邪知邪見者，請閱此書，即能了知密宗之邪謬，從此遠離邪見與邪修，轉入眞正之佛道。　平實導師著　共四輯　每輯約400頁（主文約340頁）每輯售價300元。

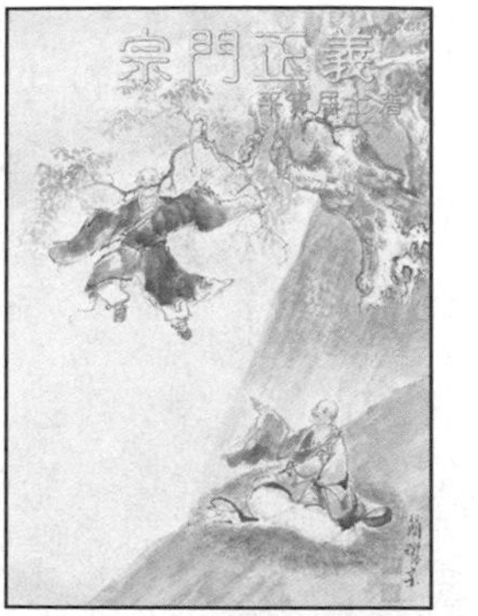

宗門正義—公案拈提第六輯：佛教有六大危機，乃是藏密化、世俗化、膚淺化、學術化、宗門密意失傳、悟後進修諸地之次第混淆；其中尤以宗門密意之失傳，爲當代佛教最大之危機。由宗門密意失傳故，易令 世尊本懷普被錯解，易令 世尊正法被轉易爲外道法，以及加以淺化、世俗化，是故宗門密意之廣泛弘傳與具緣佛弟子，極爲重要。然而欲令宗門密意之廣泛弘傳予具緣之佛弟子者，必須同時配合錯誤知見之解析、普令佛弟子知之，然後輔以公案解析之直示入處，方能令具緣之佛弟子悟入。而此二者，皆須以公案拈提之方式爲之，方易成其功、竟其業，是故平實導師續作宗門正義一書，以利學人。 全書500餘頁，售價500元（2007年起，凡購買公案拈提第一輯至第七輯，每購一輯皆贈送本公司精製公案拈提〈超意境〉CD一片，市售價格280元，多購多贈）。

心經密意—心經與解脫道、佛菩提道、祖師公案之關係與密意。 二乘菩提所證之解脫道，實依親證第八識心之斷除煩惱障現行而立解脫之名；大乘菩提所證之佛菩提道，實依親證第八識如來藏之涅槃性、清淨自性、及其中道性而立般若之名；禪宗祖師公案所證之眞心，即是此第八識如來藏；是故三乘佛法所修所證之三乘菩提，皆依此如來藏心而立名也。此第八識心，即是《心經》所說之心也。證得此如來藏已，即能漸入大乘佛菩提道，亦可因證知此心而了知二乘無學所不能知之無餘涅槃本際，是故《心經》之密意，與三乘佛菩提之關係極爲密切、不可分割，三乘佛法皆依此心而立名故。今者平實導師以其所證解脫道之無生智及佛菩提之般若種智，將《心經》與解脫道、佛菩提道、祖師公案之關係與密意，以演講之方式，用淺顯之語句和盤托出，發前人所未言，呈三乘菩提之眞義，令人藉此《心經密意》一舉而窺三乘菩提之堂奧，迴異諸方言不及義之說；欲求眞實佛智者、不可不讀！ 主文317頁，連同跋文及序文…等共384頁，售價300元。

宗門密意—公案拈提第七輯：佛教之世俗化，將導致學人以信仰作爲學佛，則將以感應及世間法之庇祐，作爲學佛之主要目標，不能了知學佛之主要目標爲親證三乘菩提。大乘菩提則以般若實相智慧爲主要修習目標，以二乘菩提解脫道爲附帶修習之標的；是故學習大乘法者，應以禪宗之證悟爲要務，能親入大乘菩提之實相般若智慧中故，般若實相智慧非二乘聖人所能知故。此書則以台灣世俗化佛教之三大法師，說法似是而非之實例，配合眞悟祖師之公案解析，提示證悟般若之關節，令學人易得悟入。平實導師著，全書五百餘頁，售價500元（2007年起，凡購買公案拈提第一輯至第七輯，每購一輯皆贈送本公司精製公案拈提〈超意境〉CD一片，市售價格280元，多購多贈）。

淨土聖道—兼評日本本願念佛：佛法甚深極廣，般若玄微，非諸二乘聖僧所能知之，一切凡夫更無論矣！所謂一切證量皆歸淨土是也！是故大乘法中「聖道之淨土、淨土之聖道」，其義甚深，難可了知；乃至眞悟之人，初心亦難知也。今有正德老師眞實證悟後，復能深探淨土與聖道之緊密關係，憐憫衆生之誤會淨土實義，亦欲利益廣大淨土行人同入聖道，同獲淨土中之聖道門要義，乃振奮心神、書以成文，今得刊行天下。主文279頁，連同序文等共301頁，總有十一萬六千餘字，正德老師著，成本價200元。

起信論講記：詳解大乘起信論心生滅門與心眞如門之眞實意旨，消除以往大師與學人對起信論所說心生滅門之誤解，由是而得了知眞心如來藏之非常非斷中道正理；亦因此一講解，令此論以往隱晦而被誤解之眞實義，得以如實顯示，令大乘佛菩提道之正理得以顯揚光大；初機學者亦可藉此正論所顯示之法義，對大乘法理生起正信，從此得以眞發菩提心，眞入大乘法中修學，世世常修菩薩正行。平實導師演述，共六輯，都已出版，每輯三百餘頁，售價各250元。

優婆塞戒經講記：本經詳述在家菩薩修學大乘佛法，應如何受持菩薩戒？對人間善行應如何看待？對三寶應如何護持？應如何正確地修集此世後世證法之福德？應如何修集後世「行菩薩道之資糧」？並詳述第一義諦之正義：五蘊非我非異我、自作自受、異作異受、不作不受……等深妙法義，乃是修學大乘佛法、行菩薩行之在家菩薩所應當了知者。出家菩薩今世或未來世登地已，捨報之後多數將如華嚴經中諸大菩薩，以在家菩薩身而修行菩薩行，故亦應以此經所述正理而修之，配合《楞伽經、解深密經、楞嚴經、華嚴經》等道次第正理，方得漸次成就佛道；故此經是一切大乘行者皆應證知之正法。平實導師講述，每輯三百餘頁，售價各250元；共八輯，已全部出版。

真假活佛—略論附佛外道盧勝彥之邪說：人人身中都有眞活佛，永生不滅而有大神用，但衆生都不了知，所以常被身外的西藏密宗假活佛籠罩欺瞞。本來就眞實存在的眞活佛，才是眞正的密宗無上密！諾那活佛因此而說禪宗是大密宗，但藏密的所有活佛都不知道、也不曾實證自身中的眞活佛。本書詳實宣示眞活佛的道理，舉證盧勝彥的「佛法」不是眞佛法，也顯示盧勝彥是假活佛，直接的闡釋第一義佛法見道的眞實正理。眞佛宗的所有上師與學人們，都應該詳細閱讀，包括盧勝彥個人在內。正犀居士著，優惠價140元。

阿含正義—唯識學探源：廣說四大部《阿含經》諸經中隱說之眞正義理，一一舉示佛陀本懷，令阿含時期初轉法輪根本經典之眞義，如實顯現於佛子眼前。並提示末法大師對於阿含眞義誤解之實例，一一比對之，證實唯識增上慧學確於原始佛法之阿含諸經中已隱覆密意而略說之，證實 世尊確於原始佛法中已曾密意而說第八識如來藏之總相；亦證實 世尊在四阿含中已說此藏識是名色十八界之因、之本—證明如來藏是能生萬法之根本心。佛子可據此修正以往受諸大師（譬如西藏密宗應成派中觀師：印順、昭慧、性廣、大願、達賴、宗喀巴、寂天、月稱、……等人）誤導之邪見，建立正見，轉入正道乃至親證初果而無困難；書中並詳說三果所證的心解脫，以及四果慧解脫的親證，都是如實可行的具體知見與行門。全書共七輯，已出版完畢。平實導師著，每輯三百餘頁，售價300元。

超意境CD：以平實導師公案拈提書中超越意境之頌詞，加上曲風優美的旋律，錄成令人嚮往的超意境歌曲，其中包括正覺發願文及平實導師親自譜成的黃梅調歌曲一首。詞曲雋永，殊堪翫味，可供學禪者吟詠，有助於見道。內附設計精美的彩色小冊，解說每一首詞的背景本事。每片280元。【每購買公案拈提書籍一冊，即贈送一片。】

我的菩提路第一輯：凡夫及二乘聖人不能實證的佛菩提證悟，末法時代的今天仍然有人能得實證，由正覺同修會釋悟圓、釋善藏法師等二十餘位實證如來藏者所寫的見道報告，已爲當代學人見證宗門正法之絲縷不絕，證明大乘義學的法脈仍然存在，爲末法時代求悟般若之學人照耀出光明的坦途。由二十餘位大乘見道者所繕，敘述各種不同的學法、見道因緣與過程，參禪求悟者必讀。全書三百餘頁，售價300元。

我的菩提路第二輯：由郭正益老師等人合著，書中詳述彼等諸人歷經各處道場學法，一一修學而加以檢擇之不同過程以後，因閱讀正覺同修會、正智出版社書籍而發起抉擇分，轉入正覺同修會中修學；乃至學法及見道之過程，都一一詳述之。其中張志成等人係由前現代禪轉進正覺同修會，張志成原爲現代禪副宗長，以前未閱本會書籍時，曾被人藉其名義著文評論 平實導師（詳見《宗通與說通》辨正及《眼見佛性》書末附錄…等）；後因偶然接觸正覺同修會書籍，深覺以前聽人評論平實導師之語不實，於是投入極多時間閱讀本會書籍、深入思辨，詳細探索中觀與唯識之關聯與異同，認爲正覺之法義方是正法，深覺相應；亦解開多年來對佛法的迷雲，確定應依八識論正理修學方是正法。乃不顧面子，毅然前往正覺同修會面見平實導師懺悔，並正式學法求悟。今已與其同修王美伶（亦爲前現代禪傳法老師），同樣證悟如來藏而證得法界實相，生起實相般若眞智。此書中尙有七年來本會第一位眼見佛性者之見性報告一篇，一同供養大乘佛弟子。全書四百頁，售價300元。

鈍鳥與靈龜：鈍鳥及靈龜二物，被宗門證悟者說爲二種人：前者是精修禪定而無智慧者，也是以定爲禪的愚癡禪人；後者是或有禪定、或無禪定的宗門證悟者，凡已證悟者皆是靈龜。但後來被人虛造事實，用以嘲笑大慧宗杲禪師，說他雖是靈龜，卻不免被天童禪師預記「患背」痛苦而亡：「鈍鳥離巢易，靈龜脫殼難。」藉以貶低大慧宗杲的證量。同時將天童禪師實證如來藏的證量，曲解爲意識境界的離念靈知。自從大慧禪師入滅以後，錯悟凡夫對他的不實毀謗就一直存在著，不曾止息，並且捏造的假事實也隨著年月的增加而越來越多，終至編成「鈍鳥與靈龜」的假公案、假故事。本書是考證大慧與天童之間的不朽情誼，顯現這件假公案的虛妄不實；更見大慧宗杲面對惡勢力時的正直不阿，亦顯示大慧對天童禪師的至情深義，將使後人對大慧宗杲的誣謗至此而止，不再有人誤犯毀謗賢聖的惡業。書中亦舉證宗門的所悟確以第八識如來藏爲標的，詳讀之後必可改正以前被錯悟大師誤導的參禪知見，日後必定有助於實證禪宗的開悟境界，得階大乘眞見道位中，即是實證般若之賢聖。全書459頁，售價350元。

維摩詰經講記：本經係 世尊在世時，由等覺菩薩維摩詰居士藉疾病而演說之大乘菩提無上妙義，所說函蓋甚廣，然極簡略，是故今時諸方大師與學人讀之悉皆錯解，何況能知其中隱含之深妙正義，是故普遍無法爲人解說；若強爲人說，則成依文解義而有諸多過失。今由平實導師公開宣講之後，詳實解釋其中密意，令維摩詰菩薩所說大乘不可思議解脫之深妙正法得以正確宣流於人間，利益當代學人及與諸方大師。書中詳實演述大乘佛法深妙不共二乘之智慧境界，顯示諸法之中絕待之實相境界，建立大乘菩薩妙道於永遠不敗不壞之地，以此成就護法偉功，欲冀永利娑婆人天。已經宣講圓滿整理成書流通，以利諸方大師及諸學人。全書共六輯，每輯三百餘頁，售價各250元。

真假外道：本書具體舉證佛門中的常見外道知見實例，並加以教證及理證上的辨正，幫助讀者輕鬆而快速的了知常見外道的錯誤知見，進而遠離佛門內外的常見外道知見，因此即能改正修學方向而快速實證佛法。游正光老師著　。成本價200元。

勝鬘經講記：如來藏爲三乘菩提之所依，若離如來藏心體及其含藏之一切種子，即無三界有情及一切世間法，亦無二乘菩提緣起性空之出世間法；本經詳說無始無明、一念無明皆依如來藏而有之正理，藉著詳解煩惱障與所知障間之關係，令學人深入了知二乘菩提與佛菩提相異之妙理；聞後即可了知佛菩提之特勝處及三乘修道之方向與原理，邁向攝受正法而速成佛道的境界中。平實導師講述，共六輯，每輯三百餘頁，售價各250元。

楞嚴經講記：楞嚴經係密教部之重要經典，亦是顯教中普受重視之經典；經中宣說明心與見性之內涵極為詳細，將一切法都會歸如來藏及佛性—妙眞如性；亦闡釋佛菩提道修學過程中之種種魔境，以及外道誤會涅槃之狀況，旁及三界世間之起源。然因言句深澀難解，法義亦復深妙寬廣，學人讀之普難通達，是故讀者大多誤會，不能如實理解佛所說之明心與見性內涵，亦因是故多有悟錯之人引為開悟之證言，成就大妄語罪。今由平實導師詳細講解之後，整理成文，以易讀易懂之語體文刊行天下，以利學人。全書十五輯，全部出版完畢。每輯三百餘頁，售價每輯300元。

明心與眼見佛性：本書細述明心與眼見佛性之異同，同時顯示了中國禪宗破初參明心與重關眼見佛性二關之間的關聯；書中又藉法義辨正而旁述其他許多勝妙法義，讀後必能遠離佛門長久以來積非成是的錯誤知見，令讀者在佛法的實證上有極大助益。也藉慧廣法師的謬論來教導佛門學人回歸正知正見，遠離古今禪門錯悟者所墮的意識境界，非唯有助於斷我見，也對未來的開悟明心實證第八識如來藏有所助益，是故學禪者都應細讀之。　游正光老師著　共448頁　售價300元。

菩薩底憂鬱CD：將菩薩情懷及禪宗公案寫成新詞，並製作成超越意境的優美歌曲。　1.主題曲〈菩薩底憂鬱〉，描述地後菩薩能離三界生死而迴向繼續生在人間，但因尚未斷盡習氣種子而有極深沈之憂鬱，非三賢位菩薩及二乘聖者所知，此憂鬱在七地滿心位方才斷盡；本曲之詞中所說義理極深，昔來所未曾見；此曲係以優美的情歌風格寫詞及作曲，聞者得以激發嚮往諸地菩薩境界之大心，詞、曲都非常優美，難得一見；其中勝妙義理之解說，已印在附贈之彩色小冊中。　2.以各輯公案拈提中直示禪門入處之頌文，作成各種不同曲風之超意境歌曲，值得玩味、參究；聆聽公案拈提之優美歌曲時，請同時閱讀內附之印刷精美說明小冊，可以領會超越三界的證悟境界；未悟者可以因此引發求悟之意向及疑情，眞發菩提心而邁向求悟之途，乃至因此眞實悟入般若，成眞菩薩。　3.正覺總持咒新曲，總持佛法大意；總持咒之義理，已加以解說並印在隨附之小冊中。本CD共有十首歌曲，長達63分鐘，附贈二張購書優惠券。每片280元。

禪意無限CD：平實導師以公案拈提書中偈頌寫成不同風格曲子，與他人所寫不同風格曲子共同錄製出版，幫助參禪人進入禪門超越意識之境界。盒中附贈彩色印製的精美解說小冊，以供聆聽時閱讀，令參禪人得以發起參禪之疑情，即有機會證悟本來面目，實證大乘菩提般若。本CD共有十首歌曲，長達69分鐘，每盒各附贈二張購書優惠券。每片280元。

金剛經宗通：三界唯心，萬法唯識，是成佛之修證內容，是諸地菩薩之所修；般若則是成佛之道（實證三界唯心、萬法唯識）的入門，若未證悟實相般若，即無成佛之可能，必將永在外門廣行菩薩六度，永在凡夫位中。然而實相般若的發起，全賴實證萬法的實相；若欲證知萬法的眞相，則必須探究萬法之所從來，則須實證自心如來—金剛心如來藏，然後現觀這個金剛心的金剛性、眞實性、如如性、清淨性、涅槃性、能生萬法的自性性、本住性，名爲證眞如；進而現觀三界六道唯是此金剛心所成，人間萬法須藉八識心王和合運作方能現起。如是實證《華嚴經》的「三界唯心、萬法唯識」以後，由此等現觀而發起實相般若智慧，繼續進修第十住位的如幻觀、第十行位的陽焰觀、第十迴向位的如夢觀，再生起增上意樂而勇發十無盡願，方能滿足三賢位的實證，轉入初地；自知成佛之道而無偏倚，從此按部就班、次第進修乃至成佛。第八識自心如來是般若智慧之所依，般若智慧的修證則要從實證金剛心自心如來開始；《金剛經》則是解說自心如來之經典，是一切三賢位菩薩所應進修之實相般若經典。這一套書，是將平實導師宣講的《金剛經宗通》內容，整理成文字而流通之；書中所說義理，迴異古今諸家依文解義之說，指出大乘見道方向與理路，有益於禪宗學人求開悟見道，及轉入內門廣修六度萬行。講述完畢後結集出版，總共9輯，每輯約三百餘頁，售價各250元。

空行母—性別、身分定位，以及藏傳佛教：本書作者爲蘇格蘭哲學家，因爲嚮往佛教深妙的哲學內涵，於是進入當年盛行於歐美的假藏傳佛教密宗，擔任卡盧仁波切的翻譯工作多年以後，被邀請成爲卡盧的空行母（又名佛母、明妃），開始了她在密宗裡的實修過程；後來發覺在密宗雙身法中的修行，其實無法使自己成佛，也發覺密宗對女性歧視而處處貶抑，並剝奪女性在雙身法中擔任一半角色時應有的身分定位。當她發覺自己只是雙身法中被喇嘛利用的工具，沒有獲得絲毫應有的尊重與基本定位時，發現了密宗的父權社會控制女性的本質；於是作者傷心地離開了卡盧仁波切與密宗，但是卻被恐嚇不許講出她在密宗裡的經歷，也不許她說出自己對密宗的教義與教制下對女性剝削的本質，否則將被咒殺死亡。後來她去加拿大定居，十餘年後方才擺脫這個恐嚇陰影，下定決心將親身經歷的實情及觀察到的事實寫下來並且出版，公諸於世。出版之後，她被流亡的達賴集團人士大力攻訐，誣指她爲精神狀態失常、說謊……等。但有智之士並未被達賴集團的政治操作及各國政府政治運作吹捧達賴的表相所欺，使她的書銷售無阻而又再版。正智出版社鑑於作者此書是親身經歷的事實，所說具有針對「藏傳佛教」而作學術研究的價值，也有使人認清假藏傳佛教剝削佛母、明妃的男性本位實質，因此洽請作者同意中譯而出版於華人地區。珍妮．坎貝爾女士著，呂艾倫 中譯，每冊250元。

霧峰無霧—給哥哥的信　本書作者藉兄弟之間信件往來論義，略述佛法大義；並以多篇短文辨義，舉出釋印順對佛法的無量誤解證據，並一一給予簡單而清晰的辨正，令人一讀即知。久讀、多讀之後即能認清楚釋印順的六識論見解，與眞實佛法之牴觸是多麼嚴重；於是在久讀、多讀之後，於不知不覺之間提升了對佛法的極深入理解，正知正見就在不知不覺間建立起來了。當三乘佛法的正知見建立起來之後，對於三乘菩提的見道條件便將隨之具足，於是聲聞解脫道的見道也就水到渠成；接著大乘見道的因緣也將次第成熟，未來自然也會有親見大乘菩提之道的因緣，悟入大乘實相般若也將自然成功，自能通達般若系列諸經而成實義菩薩。作者居住於南投縣霧峰鄉，自喻見道之後不復再見霧峰之霧，故鄉原野美景一一明見，於是立此書名爲《霧峰無霧》；讀者若欲撥霧見月，可以此書爲緣。游宗明 老師著　售價250元。

假藏傳佛教的神話—性、謊言、喇嘛教：本書編著者是由一首名叫「阿姊鼓」的歌曲爲緣起，展開了序幕，揭開假藏傳佛教—喇嘛教—的神秘面紗。其重點是蒐集、摘錄網路上質疑「喇嘛教」的帖子，以揭穿「假藏傳佛教的神話」爲主題，串聯成書，並附加彩色插圖以及說明，讓讀者們瞭解西藏密宗及相關人事如何被操作爲「神話」的過程，以及神話背後的眞相。作者：張正玄教授。售價200元。

達賴真面目—玩盡天下女人：假使您不想戴綠帽子，請記得詳細閱讀此書；假使您不想讓好朋友戴綠帽子，請您將此書介紹給您的好朋友。假使您想保護家中的女性，也想要保護好朋友的女眷，請記得將此書送給家中的女性和好友的女眷都來閱讀。本書爲印刷精美的大本彩色中英對照精裝本，爲您揭開達賴喇嘛的眞面目，內容精彩不容錯過，爲利益社會大眾，特別以優惠價格嘉惠所有讀者。編著者：白志偉等。大開版雪銅紙彩色精裝本。售價800元。

童女迦葉考—論呂凱文〈佛教輪迴思想的論述分析〉之謬：童女迦葉是佛世率領五百大比丘遊行於人間的歷史事實，是以童貞行而依止菩薩戒弘化於人間的大菩薩，不依別解脫戒（聲聞戒）來弘化於人間。這是大乘佛教與聲聞佛教同時存在於佛世的歷史明證，證明大乘佛教不是從聲聞法中分裂出來的部派佛教的產物，卻是聲聞佛教分裂出來的部派佛教聲聞凡夫僧所不樂見的史實；於是古今聲聞法中的凡夫都欲加以扭曲而作詭說，更是末法時代高聲大呼「大乘非佛說」的六識論聲聞凡夫極力想要扭曲的佛教史實之一，於是想方設法扭曲迦葉菩薩爲聲聞僧，以及扭曲迦葉童女爲比丘僧等荒謬不實之論著便陸續出現，古時聲聞僧寫作的《分別功德論》是最具體之事例，現代之代表作則是呂凱文先生的〈佛教輪迴思想的論述分析〉論文。鑑於如是假藉學術考證以籠罩大眾之不實謬論，未來仍將繼續造作及流竄於佛教界，繼續扼殺大乘佛教學人法身慧命，必須舉證辨正之，遂成此書。平實導師 著，每冊180元。

末代達賴—性交教主的悲歌：簡介從藏傳僞佛教（喇嘛教）的修行核心—性力派男女雙修，探討達賴喇嘛及藏傳僞佛教的修行內涵。書中引用外國知名學者著作、世界各地新聞報導，包含：歷代達賴喇嘛的祕史、達賴六世修雙身法的事蹟，以及《時輪續》中的性交灌頂儀式……等；達賴喇嘛書中開示的雙修法、達賴喇嘛的黑暗政治手段；達賴喇嘛所領導的寺院爆發喇嘛性侵兒童；新聞報導《西藏生死書》作者索甲仁波切性侵女信徒、澳洲喇嘛秋達公開道歉、美國最大假藏傳佛教組織領導人邱陽創巴仁波切的性氾濫，等等事件背後眞相的揭露。作者：張善思、呂艾倫、辛燕。售價250元。

黯淡的達賴—失去光彩的諾貝爾和平獎：本書舉出很多證據與論述，詳述達賴喇嘛不爲世人所知的一面，顯示達賴喇嘛並不是眞正的和平使者，而是假借諾貝爾和平獎的光環來欺騙世人；透過本書的說明與舉證，讀者可以更清楚的瞭解，達賴喇嘛是結合暴力、黑暗、淫欲於喇嘛教裡的集團首領，其政治行爲與宗教主張，早已讓諾貝爾和平獎的光環染污了。　本書由財團法人正覺教育基金會寫作、編輯，由正覺出版社印行，每冊250元。

第七意識與第八意識？—穿越時空「超意識」：「三界唯心，萬法唯識」是佛教中應該實證的聖教，也是《華嚴經》中明載而可以實證的法界實相。唯心者，三界一切境界、一切諸法唯是一心所成就，即是每一個有情的第八識如來藏，不是意識心。唯識者，即是人類各各都具足的八識心王——眼識、耳鼻舌身意識、意根、阿賴耶識，第八阿賴耶識又名如來藏，人類五陰相應的萬法，莫不由八識心王共同運作而成就，故說萬法唯識。依聖教量及現量、比量，都可以證明意識是二法因緣生，是由第八識藉意根與法塵二法爲因緣而出生，又是夜夜斷滅不存之生滅心，即無可能反過來出生第七識意根、第八識如來藏，當知不可能從生滅性的意識心中，細分出恆審思量的第七識意根，更無可能細分出恆而不審的第八識如來藏。本書是將演講內容整理成文字，細說如是內容，並已在〈正覺電子報〉連載完畢，今彙集成書以廣流通，欲幫助佛門有緣人斷除意識我見，跳脫於識陰之外而取證聲聞初果；嗣後修學禪宗時即得不墮外道神我之中，得以求證第八識金剛心而發起般若實智。平實導師 述，每冊300元。

中觀金鑑—詳述應成派中觀的起源與其破法本質：學佛人往往迷於中觀學派之不同學說，被應成派與自續派所迷惑；修學般若中觀二十年後自以爲實證般若中觀了，卻仍不曾入門，甫聞實證般若中觀者之所說，則茫無所知，迷惑不解；隨後信心盡失，不知如何實證佛法；凡此，皆因惑於這二派中觀學說所致。自續派中觀所說同於常見，以意識境界立爲第八識如來藏之境界，應成派所說則同於斷見，但又同立意識爲常住法，故亦具足斷常二見。今者孫正德老師有鑑於此，乃將起源於密宗的應成派中觀學說，追本溯源，詳考其來源之外，亦一一舉證其立論內容，詳加辨正，令密宗雙身法祖師以識陰境界而造之應成派中觀學說本質，詳細呈現於學人眼前，令其維護雙身法之目的無所遁形。若欲遠離密宗此二大派中觀謬說，欲於三乘菩提有所進道者，允宜具足閱讀並細加思惟，反覆讀之以後將可捨棄邪道返歸正道，則於般若之實證即有可能，證後自能現觀如來藏之中道境界而成就中觀。本書分上、中、下三冊，每冊250元，全部出版完畢。

人間佛教—實證者必定不悖三乘菩提：「大乘非佛說」的講法似乎流傳已久，卻只是日本人企圖擺脫中國正統佛教的影響，而在明治維新時期才開始提出來的說法；台灣佛教、大陸佛教的淺學無智之人，由於未曾實證佛法而迷信日本人錯誤的學術考證，錯認爲這些別有用心的日本佛學考證的講法爲天竺佛教的眞實歷史；甚至還有更激進的反對佛教者提出「釋迦牟尼佛並非眞實存在，只是後人揑造的假歷史人物」，竟然也有少數人願意跟著「學術」的假光環而信受不疑，於是開始有一些佛教界人士造作了反對中國佛教而推崇南洋小乘佛教的行爲，使佛教的信仰者難以檢擇，導致一般大陸人士開始轉入基督教的盲目迷信中。在這些佛教及外教人士之中，也就有一分人根據此邪說而大聲主張「大乘非佛說」的謬論，這些人以「人間佛教」的名義來抵制中國正統佛教，公然宣稱中國的大乘佛教是由聲聞部派佛教的凡夫僧所創造出來的。這樣的說法流傳於台灣及大陸佛教界凡夫僧之中已久，卻非眞正的佛教歷史中曾經發生過的事，只是繼承六識論的聲聞法中凡夫僧依自己的意識境界立場，純憑臆想而編造出來的妄想說法，卻已經影響許多無智之凡夫僧俗信受不移。本書則是從佛教的經藏法義實質及實證的現量內涵本質立論，證明大乘佛法本是佛說，是從《阿含正義》尚未說過的不同面向來討論「人間佛教」的議題，證明「大乘眞佛說」。閱讀本書可以斷除六識論邪見，迴入三乘菩提正道發起實證的因緣；也能斷除禪宗學人學禪時普遍存在之錯誤知見，對於建立參禪時的正知見有很深的著墨。平實導師 述，內文488頁，全書528頁，定價400元。

喇嘛性世界—揭開假藏傳佛教譚崔瑜伽的面紗：這個世界中的喇嘛，號稱來自世外桃源的香格里拉，穿著或紅或黃的喇嘛長袍，散布於我們的身邊傳教灌頂，吸引了無數的人嚮往學習；這些喇嘛虔誠地爲大衆祈福，手中拿著寶杵（金剛）與寶鈴（蓮花），口中唸著咒語：「唵．嘛呢．叭咪．吽……」，咒語的意思是說：「我至誠歸命金剛杵上的寶珠伸向蓮花寶穴之中」！「喇嘛性世界」是什麼樣的「世界」呢？本書將爲您呈現喇嘛世界的面貌。當您發現眞相以後，您將會唸：「噢！喇嘛．性．世界，譚崔性交嘛！」作者：張善思、呂艾倫。售價200元。

見性與看話頭：黃正倖老師的《見性與看話頭》於《正覺電子報》連載完畢，今結集出版。書中詳說禪宗看話頭的詳細方法，並細說看話頭與眼見佛性的關係，以及眼見佛性者求見佛性前必須具備的條件。本書是禪宗實修者追求明心開悟時參禪的方法書，也是求見佛性者作功夫時必讀的方法書，內容兼顧眼見佛性的理論與實修之方法，是依實修之體驗配合理論而詳述，條理分明而且極爲詳實、周全、深入。本書內文375頁，全書416頁，售價300元。

實相經宗通：學佛之目的在於實證一切法界背後之實相，禪宗稱之爲本來面目或本地風光，佛菩提道中稱之爲實相法界；此實相法界即是金剛藏，又名佛法之祕密藏，即是能生有情五陰、十八界及宇宙萬有（山河大地、諸天、三惡道世間）的第八識如來藏，又名阿賴耶識心，即是禪宗祖師所說的眞如心，此心即是三界萬有背後的實相。證得此第八識心時，自能瞭解般若諸經中隱說的種種密意，即得發起實相般若一一實相智慧。每見學佛人修學佛法二十年後仍對實相般若茫然無知，亦不知如何入門，茫無所趣；更因不知三乘菩提的互異互同，是故越是久學者對佛法越覺茫然，都肇因於尚未瞭解佛法的全貌，亦未瞭解佛法的修證內容即是第八識心所致。本書對於修學佛法者所應實證的實相境界提出明確解析，並提示趣入佛菩提道的入手處，有心親證實相般若的佛法實修者，宜詳讀之，於佛菩提道之實證即有下手處。平實導師述著，共八輯，已全部出版完畢，每輯成本價250元。

真心告訴您(一)—達賴喇嘛在幹什麼？這是一本報導篇章的選集，更是「破邪顯正」的暮鼓晨鐘。「破邪」是戳破假象，說明達賴喇嘛及其所率領的密宗四大派法王、喇嘛們，弘傳的佛法是仿冒的佛法；他們是假藏傳佛教，是坦特羅(譚崔性交)外道法和藏地崇奉鬼神的苯教混合成的「喇嘛教」，推廣的是以所謂「無上瑜伽」的男女雙身法冒充佛法的假佛教，詐財騙色誤導眾生，常常造成信徒家庭破碎、家中兒少失怙的嚴重後果。「顯正」是揭櫫眞相，指出眞正的藏傳佛教只有一個，就是覺囊巴，傳的是 釋迦牟尼佛演繹的第八識如來藏妙法，稱爲他空見大中觀。正覺教育基金會即以此古今輝映的如來藏正法正知見，在眞心新聞網中逐次報導出來，將箇中原委「眞心告訴您」，如今結集成書，與想要知道密宗眞相的您分享。售價250元。

法華經講義：此書爲平實導師始從2009/7/21演述至2014/1/14之講經錄音整理所成。世尊一代時教，總分五時三教，即是華嚴時、聲聞緣覺教、般若教、種智唯識教、法華時；依此五時三教區分爲藏、通、別、圓四教。本經是最後一時的圓教經典，圓滿收攝一切法教於本經中，是故最後的圓教聖訓中，特地指出無有三乘菩提，其實唯有一佛乘；皆因眾生愚迷故，方便區分爲三乘菩提以助眾生證道。世尊於此經中特地說明如來示現於人間的唯一大事因緣，便是爲有緣眾生「開、示、悟、入」諸佛的所知所見——第八識如來藏妙眞如心，並於諸品中隱說「妙法蓮花」如來藏心的密意。然因此經所說甚深難解，眞義隱晦，古來難得有人能窺堂奧；平實導師以知如是密意故，特爲末法佛門四眾演述《妙法蓮華經》中各品蘊含之密意，使古來未曾被古德註解出來的「此經」密意，如實顯示於當代學人眼前。乃至〈藥王菩薩本事品〉、〈妙音菩薩品〉、〈觀世音菩薩普門品〉、〈普賢菩薩勸發品〉中的微細密意，亦皆一併詳述之，開前人所未曾言之密意，示前人所未見之妙法。最後乃至以〈法華大意〉而總其成，全經妙旨貫通始終，而依佛旨圓攝於一心如來藏妙心，厥爲曠古未有之大說也。平實導師述　已於2015/5/31起開始出版，每二個月出版一輯，共25輯。每輯300元。

西藏「活佛轉世」制度—附佛、造神、世俗法：歷來關於喇嘛教活佛轉世的研究，多針對歷史及文化兩部分，於其所以成立的理論基礎，較少系統化的探討。尤其是此制度是否依據「佛法」而施設？是否合乎佛法眞實義？現有的文獻大多含糊其詞，或人云亦云，不曾有明確的闡釋與如實的見解。因此本文先從活佛轉世的由來，探索此制度的起源、背景與功能，並進而從活佛的尋訪與認證之過程，發掘活佛轉世的特徵，以確認「活佛轉世」在佛法中應具足何種果德。定價150元。

眞心告訴您（二）—達賴喇嘛是佛教僧侶嗎？補祝達賴喇嘛八十大壽：這是一本針對當今達賴喇嘛所領導的喇嘛教，冒用佛教名相、於師徒間或師兄姊間，實修男女邪淫，而從佛法三乘菩提的現量與聖教量，揭發其謊言與邪術，證明達賴及其喇嘛教是仿冒佛教的外道，是「假藏傳佛教」。藏密四大派教義雖有「八識論」與「六識論」的表面差異，然其實修之內容，皆共許「無上瑜伽」四部灌頂爲究竟「成佛」之法門，也就是共以男女雙修之邪淫法爲「即身成佛」之密要，雖美其名曰「欲貪爲道」之「金剛乘」，並誇稱其成就超越於（應身佛）釋迦牟尼佛所傳之顯教般若乘之上；然詳考其理論，則或以意識離念時之粗細心爲第八識如來藏，或以中脈裡的明點爲第八識如來藏，或如宗喀巴與達賴堅決主張第六意識爲常恆不變之眞心者，分別墮於外道之常見與斷見中；全然違背 佛說能生五蘊之如來藏的實質。售價300元。

佛法入門：學佛人往往修學二十年後仍不知如何入門，茫無所入漫無方向，不知如何實證佛法；更因不知三乘菩提的互異互同之處，導致越是久學者越覺茫然，都是肇因於尚未瞭解佛法的全貌所致。本書對於佛法的全貌提出明確的輪廓，並說明三乘菩提的異同處，讀後即可輕易瞭解佛法全貌，數日內即可明瞭三乘菩提入門方向與下手處。○○菩薩著 出版日期未定。

修習止觀坐禪法要講記：修學四禪八定之人，往往錯會禪定之修學知見，欲以無止盡之坐禪而證禪定境界，卻不知修除性障之行門才是修證四禪八定不可或缺之要素，故智者大師云「性障初禪」：性障不除，初禪永不現前，云何修證二禪等？又：行者學定，若唯知數息，而不解六妙門之方便善巧者，欲求一心入定，未到地定極難可得，智者大師名之爲「事障未來」：障礙未到地定之修證。又禪定之修證，不可違背二乘菩提及第一義法，否則縱使具足四禪八定，亦不能實證涅槃而出三界。此諸知見，智者大師於《修習止觀坐禪法要》中皆有闡釋。作者平實導師以其第一義之見地及禪定之實證證量，曾加以詳細解析。將俟正覺寺竣工啓用後重講，不限制聽講者資格；講後將以語體文整理出版。欲修習世間定及增上定之學者，宜細讀之。平實導師述著。

解深密經講記：本經係 世尊晚年第三轉法輪，宣說地上菩薩所應熏修之唯識正義經典，經中所說義理乃是大乘一切種智增上慧學，以阿陀那識—如來藏—阿賴耶識爲主體。禪宗之證悟者，若欲修證初地無生法忍乃至八地無生法忍者，必須修學《楞伽經、解深密經》所說之八識心王一切種智；此二經所說正法，方是眞正成佛之道；印順法師否定第八識如來藏之後所說萬法緣起性空之法，是以誤會後之二乘解脫道取代大乘眞正成佛之道，尚且不符二乘解脫道正理，亦已墮於斷滅見中，不可謂爲成佛之道也。平實導師曾於本會郭故理事長往生時，於喪宅中從首七開始宣講，於每一七各宣講三小時，至第十七而快速略講圓滿，作爲郭老之往生佛事功德，迴向郭老早證八地、速返娑婆住持正法。茲爲今時後世學人故，將擇期重講《解深密經》，以淺顯之語句講畢後，將會整理成文，用供證悟者進道；亦令諸方未悟者，據此經中佛語正義，修正邪見，依之速能入道。平實導師述著，全書輯數未定，每輯三百餘頁，將於未來重講完畢後逐輯出版。

阿含經講記—小乘解脫道之修證：數百年來，南傳佛法所說證果之不實，所說解脫道之虛妄，所弘解脫道法義之世俗化，皆已少人知之；從南洋傳入台灣與大陸之後，所說法義虛謬之事，亦復少人知之；今時台灣全島印順系統之法師居士，多不知南傳佛法數百年來所說解脫道之義理已然偏斜、已然世俗化、已非眞正之二乘解脫正道，猶極力推崇與弘揚。彼等南傳佛法近代所謂之證果者多非眞實證果者，譬如阿迦曼、葛印卡、帕奧禪師、一行禪師……等人，悉皆未斷我見故。近年更有台灣南部大願法師，高抬南傳佛法之二乘修證行門爲「捷徑究竟解脫之道」者，然而南傳佛法縱使眞修實證，得成阿羅漢，至高唯是二乘菩提解脫之道，絕非究竟解脫，無餘涅槃中之實際尚未得證故，法界之實相尚未了知故，習氣種子待除故，一切種智未實證故，焉得謂爲「究竟解脫」？即使南傳佛法近代眞有實證之阿羅漢，尚且不及三賢位中之七住明心菩薩本來自性清淨涅槃智慧境界，則不能知此賢位菩薩所證之無餘涅槃實際，仍非大乘佛法中之見道者，何況普未實證聲聞果乃至未斷我見之人？謬充證果已屬逾越，更何況是誤會二乘菩提之後，以未斷我見之凡夫知見所說之二乘菩提解脫偏斜法道，焉可高抬爲「究竟解脫」？而且自稱「捷徑之道」？又妄言解脫之道即是成佛之道，完全否定般若實智、否定三乘菩提所依之如來藏心體，此理大大不通也！平實導師爲令修學二乘菩提欲證解脫果者，普得迴入二乘菩提正見、正道中，是故選錄四阿含諸經中，對於二乘解脫道法義有具足圓滿說明之經典，預定未來十年內將會加以詳細講解，令學佛人得以了知二乘解脫道之修證理路與行門，庶免被人誤導之後，未證言證，干犯道禁，成大妄語，欲升反墮。本書首重斷除我見，以助行者斷除我見而實證初果爲著眼之目標，若能根據此書內容，配合平實導師所著《識蘊眞義》《阿含正義》內涵而作實地觀行，實證初果非爲難事，行者可以藉此三書自行確認聲聞初果爲實際可得現觀成就之事。此書中除依二乘經典所說加以宣示外，亦依斷除我見等之證量，及大乘法中道種智之證量，對於意識心之體性加以細述，令諸二乘學人必定得斷我見、常見，免除三縛結之繫縛。次則宣示斷除我執之理，欲令升進而得薄貪瞋痴，乃至斷五下分結…等。平實導師述，共二冊，每冊三百餘頁。每輯300元。

＊喇嘛教修外道雙身法，墮識陰境界，非佛教＊

＊弘揚如來藏他空見的覺囊派才是眞正藏傳佛教＊

國家圖書館出版品預行編目資料

狂密與真密／平實導師著. 初版

台北市：正智，2002－　〔民 91－　〕

冊；　公分

含參考書目

ISBN 957-30019-1-8（第一輯：平裝）

ISBN 957-30019-2-6（第二輯：平裝）

ISBN 957-30019-4-2（第三輯：平裝）

ISBN 957-30019-5-0（第四輯：平裝）

1. 密宗

226.91　　91003012

狂密與真密——第四輯

作者：平實導師

校對：余書偉　陳介源

出版者：正智出版社有限公司

電話：〇二 28327495　28316727（白天）

傳眞：〇二 28344822

111 台北郵政 73-151 號信箱

郵政劃撥帳號：一九〇六八二四一

正覺講堂：總機〇二 25957295（夜間）

總經銷：飛鴻國際行銷股份有限公司

231 新北市新店區中正路 501-9 號 2 樓

電話：〇二 82186688（五線代表號）

傳眞：〇二 82186458　82186459

初版：公元二〇〇二年八月　二千冊

初版七刷：公元二〇一五年十月　二千冊

定價：三〇〇元